星火律师经典案例编委会◎编著

无罪辩护

星火律师经典案例集

中国政法大学出版社

2021·北京

图书在版编目（CIP）数据

无罪辩护:星火律师经典案例集/星火律师经典案例编委会编著. —北京:中国政法大学出版社,2021.10

ISBN 978-7-5764-0143-1

Ⅰ.①无… Ⅱ.①星… Ⅲ.①刑事诉讼－辩护－案例－中国 Ⅳ.①D925.210.5

中国版本图书馆 CIP 数据核字(2021)第 208639 号

出 版 者	中国政法大学出版社
地　　址	北京市海淀区西土城路 25 号
邮寄地址	北京 100088 信箱 8034 分箱　邮编 100088
网　　址	http://www.cuplpress.com (网络实名：中国政法大学出版社)
电　　话	010－58908586(编辑部) 58908334(邮购部)
编辑邮箱	zhengfadch@126.com
承　　印	北京鑫海金澳胶印有限公司
开　　本	710mm×1000mm　　1/16
印　　张	20.5
字　　数	340 千字
版　　次	2021 年 10 月第 1 版
印　　次	2021 年 10 月第 1 次印刷
定　　价	86.00 元

目录
contents

» 不起诉案例

》　撤回起诉案例

» 缓刑案例

» 免于刑事处罚案例

» 无罪判决案例

» 其他案例

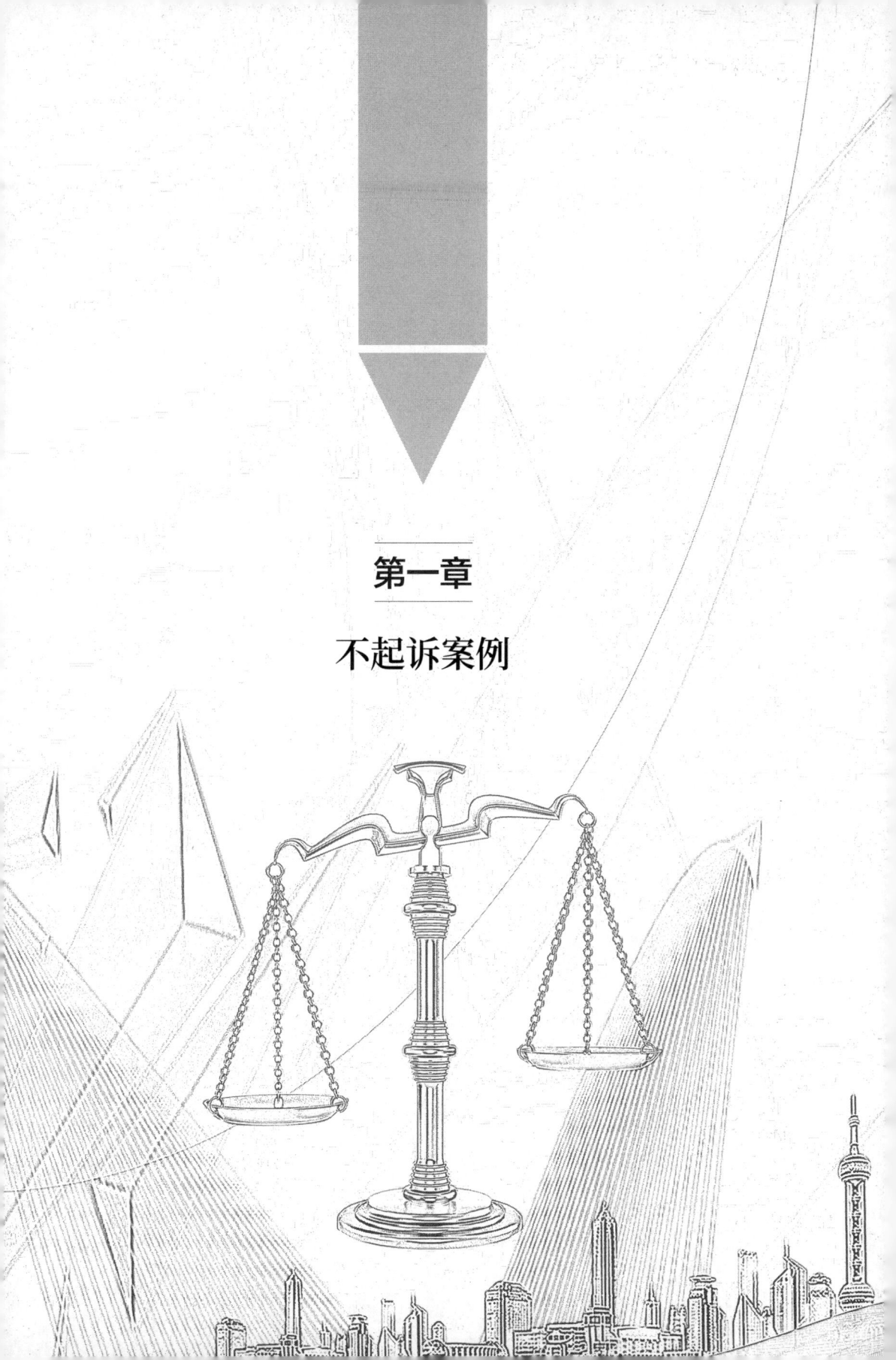

第一章

不起诉案例

范某某涉嫌行贿罪案

◇ 任建华

律师简介

任建华，北京大成（太原）律师事务所高级合伙人，中共党员，毕业于中国政法大学，是北京大成（太原）律师事务所刑事业务、环境及安全生产（EHS）法律业务领域核心成员之一。其拥有担任省级检察院中层领导、省级立法机关干部、省领导秘书等10余年的工作经历。现为山西省安全生产协会副秘书长、山西省人大常委会预决算审查监督咨询专家、太原仲裁委员会仲裁员，并担任多家党政机关常年法律顾问。

》 案例基本信息

案例类型：不起诉案例

业务类型：刑事辩护

人民检察院不起诉决定时间：2017年3月2日

机关名称：某省某市某县人民检察院

辩护律师姓名：任建华

律师事务所名称：北京大成（太原）律师事务所

检索主题词：职务犯罪；行贿；不起诉

» 案例正文

【案情简介】

范某某是某省高速公路管理局原副局长、总会计师兼省高速公路收费结算管理中心原主任（正处级）。2015年12月24日，某县人民检察院反贪局（以下简称"反贪局"）立案侦查范某某涉嫌行贿一案，于同日将范某某刑事拘留，并于12月31日取保候审。经反贪局侦查终结后移交同院公诉科审查起诉。反贪局出具《起诉意见书》，主要内容如下：

1. 2002年春节前，犯罪嫌疑人范某某为感谢时任某省交通厅厅长王某某将其从某高速公路投融资集团公司财务负责人调整为副总经理，遂至王某某家中，以给王某某女儿出国留学费用的名义，送给王某某10万元现金。

2. 2003年春节前，犯罪嫌疑人范某某为感谢时任某省交通厅厅长王某某将其提拔为某高速公路投融资集团公司总经理，到王某某家里，以给王某某儿子结婚礼金的名义，送给王某某30万元现金。

3. 2003年中秋节前，犯罪嫌疑人范某某为感谢时任某省交通厅厅长王某某对其重用，到王某某家中，借探望王某某的名义，送给王某某10万元现金。

4. 2012年春节前，犯罪嫌疑人范某某为了让时任某省交通厅厅长段某某为其调整职务，到段某某办公室给其送了10万元现金。

综上所述，犯罪嫌疑人范某某涉嫌行贿60万元。

【辩护意见】

一、《起诉意见书》指控第4笔2012年给段某某行贿10万元不能成立

《起诉意见书》指控的范某某向段某某行贿的事实不存在，不应当以不存在的事实对犯罪嫌疑人进行刑事追诉。理由如下：

经辩护人调取，某市中级人民法院阳刑初字［2014］第17号判决书对段某某的判决第61笔："……（范某某）于2012年被推荐为某高速公路投融资集团公司董事、副总经理人选。"经仔细查阅卷宗，查询原国家工商行政管理总局国家企业信用信息公示系统（山西）等网络资料发现，这个名叫"某高速公路投融资集团公司"的单位根本不存在，案卷证据里也没有任何关于其筹备、成立的书证可以证明其存在，更没有关于这个单位具体是哪种级别及何种建制的相关材料。也就是说，判决书认定段某某收受贿赂，然后推荐范某某去了一个不存在的单位，这显然是虚构的、不真实的，更是荒谬的、不合常理的。

同一份判决中写明，段某某当庭推翻了自己之前的供述，认为其是受到压力才编造的相关供述，实际上这笔10万元的贿赂根本不存在。建议公诉机关向段某某进一步调查核实取证。

卷宗中2015年12月25日12：00至15：19讯问范某某笔录第28页："2011年，某省政府有意向成立高速公路投融资集团公司，省交通厅成立了筹备小组，我是其中一名成员，负责起草筹备方案等相关材料。我想去高速公路投融资集团公司任个副职，就在2012年1、2月份春节前到省交通厅段某某办公室给了他10万元现金……你是否向段某某表达过你要去高速公路投融资集团公司任职？……大约在2011年秋天……"

2015年12月24日13：30至20：16讯问笔录第42页："大约是2012年春节前，省政府要筹备高速集团……于当年春节前的一天，我一个人就到了省交通厅段某某的办公室，先向他汇报了工作，并把我想进步的想法和他说了一下，让他有机会的话给关照，后我将10万元放在段某某的办公桌上……"

范某某自书交代材料第45页："当时省政府要组建高速公路投融资集团公司，我在交通厅里的集团公司前期筹备组中，负责起草材料，想让段某

某有机会时将我推荐到集团公司任副职，我这样做了……"

仅仅相隔两天的三份证据就已经互相矛盾，关于筹建高速公路投融资集团公司的时间，说自己想进步的时间、方式都发生了变化，没有任何一份可以和其他的证据相互印证。

卷宗第133页某省交通厅党组文件中，"2003年12月22日范某某已经被任命为省高速公路管理局副局长、总会计师（正处级）"。

2009年3月4日第5号《某省交通厅厅长办公会议会议纪要》第2项："……组建省高速公路投融资集团公司，与省高速公路管理局一套人马、两块牌子，作为我省高速公路建设新的融资平台。"

按照范某某供述，自己在2012年送给段某某10万元现金，目的是到一个2009年就已经成立、和自己当时的单位是一套人马、两块牌子的公司，做自己的本职工作——副职。这显然很不合理，而且范某某供述的高速公路投融资集团公司，和段某某判决书认定的某高速公路投融资集团公司完全风马牛不相及，后者根本不存在。

综上，犯罪嫌疑人范某某自己的供述之间、范某某和段某某的供述之间、供述和书证之间均存在重大差异不能合理解释，段某某对自己之前的有罪供述当庭予以否认，声称自己是因受到了"双规"期间的特殊压力而编造了事实，之前段某某的证言不具有真实性、合法性，不能作为定案根据。目前本案缺乏书证，仅凭犯罪嫌疑人供述不能定罪。证据不能达到确实、充分标准，不能相互印证，无法形成证明体系证明范某某行贿段某某10万元的事实存在。故此，我们认为《起诉意见书》指控的范某某向段某某行贿的事实不存在，不应当以不存在的事实对犯罪嫌疑人实施刑事追诉。

二、《起诉意见书》指控的前三笔对王某某的行贿已经超过追诉时效，不应再行追诉

《起诉意见书》指控的前三笔对王某某的行贿行为，分别发生于2002年、2003年，距离2015年12月24日范某某被立案侦查已有12年之久，已经超过法定追诉时效。理由如下：

根据《中华人民共和国刑法》（2015年修正）第87条："犯罪经过下列期限不再追诉：（一）法定最高刑为不满五年有期徒刑的，经过五年；

（二）法定最高刑为五年以上不满十年有期徒刑的，经过十年；（三）法定最高刑为十年以上有期徒刑的，经过十五年；（四）法定最高刑为无期徒刑、死刑的，经过二十年。如果二十年以后认为必须追诉的，须报请最高人民检察院核准。"

《中华人民共和国刑法》（2015年修正）第390条第1款规定："对犯行贿罪的，处五年以下有期徒刑或者拘役，并处罚金；因行贿谋取不正当利益，情节严重的，或者使国家利益遭受重大损失的，处五年以上十年以下有期徒刑，并处罚金；情节特别严重的，或者使国家利益遭受特别重大损失的，处十年以上有期徒刑或者无期徒刑，并处罚金或者没收财产。"

《最高人民法院、最高人民检察院关于办理贪污贿赂刑事案件适用法律若干问题的解释》（法释〔2016〕9号）第7条规定："为谋取不正当利益，向国家工作人员行贿，数额在三万元以上的，应当依照刑法第三百九十条的规定以行贿罪追究刑事责任。行贿数额在一万元以上不满三万元，具有下列情形之一的，应当依照刑法第三百九十条的规定以行贿罪追究刑事责任：（一）向三人以上行贿的；（二）将违法所得用于行贿的；（三）通过行贿谋取职务提拔、调整的；（四）向负有食品、药品、安全生产、环境保护等监督管理职责的国家工作人员行贿，实施非法活动的；（五）向司法工作人员行贿，影响司法公正的；（六）造成经济损失数额在五十万元以上不满一百万元的。"第8条规定："犯行贿罪，具有下列情形之一的，应当认定为刑法第三百九十条第一款规定的'情节严重'：（一）行贿数额在一百万元以上不满五百万元的；（二）行贿数额在五十万元以上不满一百万元，并具有本解释第七条第二款第一项至第五项规定的情形之一的；（三）其他严重的情节。为谋取不正当利益，向国家工作人员行贿，造成经济损失数额在一百万元以上不满五百万元的，应当认定为刑法第三百九十条第一款规定的'使国家利益遭受重大损失'。"

范某某对王某某的行贿数额为50万元，不满100万元，属于上述《最高人民法院、最高人民检察院关于办理贪污贿赂刑事案件适用法律若干问题的解释》（法释[2016]9号）规定的应当认定为《中华人民共和国刑法》（2015年修正）第390条第1款规定的"情节严重"的情形，应被判处的法定最高刑为"五年以上十年以下有期徒刑"，属于《中华人民共和国刑法》（2015年修正）第87条规定的经过10年期限不再进行追诉的情形。故，应当对这三笔行贿不再予以追诉。

另外，即便犯罪嫌疑人范某某的行贿行为未过追诉期限，其主动交待行贿事实，对重大案件的证据收集有重要作用，可以认定为"对侦破重大案件起到关键作用"，故此，可以对范某某减轻或免除处罚。

《中华人民共和国刑法》（2015年修正）第390条第2款规定："行贿人在被追诉前主动交待行贿行为的，可以从轻或者减轻处罚。其中，犯罪较轻的，对侦破重大案件起关键作用的，或者有重大立功表现的，可以减轻或者免除处罚。"

《最高人民法院、最高人民检察院关于办理贪污贿赂刑事案件适用法律若干问题的解释》（法释［2016］9号）第14条第3款规定："具有下列情形之一的，可以认定为刑法第三百九十条第二款规定的'对侦破重大案件起关键作用'：（一）主动交待办案机关未掌握的重大案件线索的；（二）主动交待的犯罪线索不属于重大案件的线索，但该线索对于重大案件侦破有重要作用的；（三）主动交待行贿事实，对于重大案件的证据收集有重要作用的；（四）主动交待行贿事实，对于重大案件的追逃、追赃有重要作用的。"

卷宗第46页，是范某某于2013年10月19日为调查王某某受贿事实作证的笔录；第52页，是范某某于2014年4月10日为调查段某某受贿事实作证的笔录；第2页显示，范某某本人是2015年12月23日被交办线索立案侦查的。根据上述法律和司法解释，范某某完全满足在被追诉前主动交代行贿行为，犯罪较轻，并对侦破王某某、段某某二人已经被判处10年以上有期徒刑以上刑罚的重大案件的证据收集有重要作用，可以认定为对侦破重大案件起到关键作用，故此，可以对犯罪嫌疑人范某某免除处罚。

综上所述，犯罪嫌疑人范某某对段某某的10万元行贿事实不清、证据不足，应当认定为事实不存在，不能认定为犯罪。前三笔对王某某的行贿事实已经超过追诉时效，不应再行追诉。且其认罪悔罪态度良好，在被追诉前如实供述自己的犯罪事实，为侦破其他重大案件提供了关键证据，起到了关键作用，综合本案情况，无论是根据《中华人民共和国刑法》（2015年修正）第390条第2款的规定，还是《中华人民共和国刑事诉讼法》（2012年修正）第173条的规定，我们认为可以对犯罪嫌疑人范某某免除处罚，作出不起诉决定。

【判决结果】

某县人民检察院经过审查，认为反贪局认定范某某涉嫌行贿罪犯罪事实不清、证据不足，不符合起诉条件，遂将案件退回补充侦查，经过补充侦查，仍然不符合起诉条件，最终决定对范某某不起诉。

【裁判文书】

某县人民检察院不起诉决定书：

经审查并退回侦查机关补充侦查，仍然认为侦查机关认定的犯罪事实不清、证据不足，不符合起诉条件。依照《中华人民共和国刑事诉讼法》（2012年修正）第171条第4款的规定，决定对范某某不起诉。

【案例评析】

本案在办理过程中，从证据的角度下手，不仅着眼于行贿的金额，更在犯罪嫌疑人的历次供述之间、不同犯罪嫌疑人的供述之间找出差异，寻求突破口。在将证据链条割裂之后，又将《中华人民共和国刑事诉讼法》（2012年修正）的规定与本案实际情况相结合，点明本案证据未达到相应证明标准，不能据此证明犯罪事实的存在。

在另外的三项指控事实中，办案律师选择了在实践中很少使用的时效问题作为着眼点，点明已过追诉时效的犯罪事实被移送审查起诉的应当作出不起诉的决定，从而成功规避案件事实本身的问题，充分保护了犯罪嫌疑人的权利。

【结语与建议】

本案作为存疑不起诉的典型案例，在业内起到了良好的示范作用，希望能为同行对类似案件的处理提供一定的参考。

曾某涉嫌合同诈骗罪案

◇ 周九华

律师简介

周九华，1969年4月生。中山大学法学院本科毕业。曾经担任大学教师，现为专职律师。中国民主同盟盟员，中国民主同盟南昌市第十三届委员会社会法制工作委员会委员。北京市京师（南昌）律师事务所律师、高级合伙人、执行主任、刑事辩护部主任，北京市京师律师事务所刑事专业委员会委员，《新法制报》特约嘉宾。

» 案例基本信息

案例类型：不起诉案例

业务类型：刑事辩护

人民检察院不起诉决定时间：2017年7月27日

机关名称：某省某市某县人民检察院

辩护律师姓名：周九华

律师事务所名称：北京市京师（南昌）律师事务所

检索主题词：合同诈骗；不起诉

» 案例正文

【案情简介】

2015年2月，曾某因做轮胎批发生意缺少资金，多次找江西某实业公司法人代表周某伟借钱，遭到拒绝。后，曾某告知周某伟，其可以从代理厂家进一批厂价轮胎给他，但需要预付40万元货款，双方口头约定。周某伟于同年2月28日将40万元分两笔交付给曾某。此后，双方也未签订书面合同。曾某收到该笔货款后，将其中20万元转给了唐某凤，用于偿还以前的借款。此后，曾某一直未归还周某伟的40万元贷款，也未向周某伟提供轮胎。

2015年5月24日，曾某再次向唐某凤借钱，因曾某此前对唐某凤有大笔借款未归还，遂遭到唐某凤拒绝。后，曾某对唐某凤的丈夫涂某生说，可以以出厂价购买轮胎大约2000条，价值约300万元，现在还差80万元。双方签订了简易书面合同，并指定将89万元货款转入厂家业务员的账号。但是该厂家并未发货。后，曾某夫妻关闭店门，与周某伟、唐某凤夫妻只通过电话和微信联系，但不再见面。

2016年5月，周某伟以曾某涉嫌合同诈骗罪向某省某市某县公安局报案。曾某于2016年11月18日被某省某县公安局刑事拘留。同年12月1日经某省某市某县人民检察院批准逮捕。

【辩护意见】

本案以曾某涉嫌合同诈骗周某伟40万元、合同诈骗唐某凤89万元，对曾某刑事立案并批准逮捕。根据本案事实和相关法律规定，曾某不构成合同诈骗罪。

一、关于曾某向周某伟借款40万元

根据曾某笔录，曾某于2015年年初向周某伟借款40万元，月利率为4%，借款后向周某伟出具了借条和收条。

本案的证据证明，曾某在借款期间陆续向周某伟支付部分利息，直至2016年11月7日。其中，2015年4月3日，通过李某华（曾某岳父）的农村信用联社账户（6226822010100813×××）转账支付月利息1.6万元至周某伟账户（6226822010100721×××）；2015年5月4日，通过中国银行网上银行转账支付月利息1.6万元至周某伟账户。2016年8月31日至2016年11月7日，转账支付利息6次，共计1.2万元。

就还款事宜，曾某与周某伟之间一直通过电话和短信联系进行协商。

该40万元不论是曾某向周某伟借款还是向某实业公司借款，均无法改变其民间借贷的性质，且曾某一直努力还款。这证明曾某无非法占有他人财物的主观故意。

本案除周某伟、高某的笔录称曾某利用合同诈骗周某伟、高某或某实业公司40万元，没有其他证据证明曾某诈骗。转款凭证、收条只能证明周某伟、高某向曾某支付过款项40万元。曾某的笔录自始至终称，该笔款项是民间借贷。本案无法形成完整的证据锁链，能得出唯一结论为：曾某利用合同诈骗40万元。

相反，本案支付利息的证据，能够证明本案是民间借贷。

根据"证据存疑，应作出有利于被告人的判决"的原则，就该40万元而言，曾某不构成合同诈骗罪。

二、关于曾某向唐某凤借款89万元

1. 曾某前后向唐某凤、孙某峰、闵某张借款1000余万元，并陆续归还了部分借款，后曾某与唐某凤等人进行了借款结算，尚有借款本金及其利息共计420万元未归还。涉案款项89万元及其利息包含在该420万元之中，借款89万元的月利率为2.5%。唐某凤、孙某峰、闵某张就这一事实，以民间借贷纠纷为案由向某省某市某县人民法院起诉。某省某市某县人民法院对该案已经作出了［2016］赣0121民初483号民事判决，该案目前已经进入执行程序，案号为［2016］赣0121执1577号。

2. 退一步讲，即便涉案款项89万元不包含在［2016］赣0121民初483号民事案件中，但该款项曾某并未经手，系唐某凤直接转账至山东蒲林某集团公司财务人员刘某账户。山东蒲林某集团公司未发送货物轮胎给唐某凤或曾某，也是民事方面的买卖合同违约关系。

3. 唐某凤并未向警方报案。只是警方在本案侦查过程中，发现曾某在向周某伟借款40万元后不久将20万元转入唐某凤的银行账户。唐某凤为了说明情况，向警方提供了曾某出具的借款89万元的借条，并说明了该借款月利率为2.5%。此外，唐某凤等人向法院起诉的行为也说明其与曾某之间是民间借贷关系，而非合同诈骗。

三、合同诈骗罪在客观上应与受害人签订了书面合同

本案两笔涉案资金均无书面合同。所谓"口头合同"是周某伟的主观言词证据，无客观证据与之相印证，是为孤证。孤证不能定案。

本案证据不足，根据"证据存疑，应作出有利于被告人的判决"的原则，曾某不构成合同诈骗罪。希望人民检察院依法对本案作出证据不足、事实存疑，不予起诉的决定。

【判决结果】

2017年7月27日，某省某市某县人民检察院以犯罪事实不清、证据不足，作出不起诉决定（南检公诉不诉［2017］61号）。

【裁判文书】

某省某市某县人民检察院（南检公诉不诉［2017］61号）不起诉决定书：

经本院审查并退回补充侦查，本院仍然认为某县公安局认定的犯罪事实不清、证据不足，无法证实曾某具有主观上非法占有的目的，不符合起诉条件。依照《中华人民共和国刑事诉讼法》（2012中修正）第171条第4

款的规定，决定对曾某不起诉。

【案例评析】

本案的辩点在于曾某是否以非法占有为目的，采用虚构事实的手段骗取他人财物，构成诈骗罪。本案应与借贷式诈骗相区别。

借贷式诈骗，是指行为人以非法占有为目的，通过借贷的方式骗取公私财物。实践中，许多借贷式诈骗的行为人在归案后，总会提供借条等证据，并辩解称其与被害人之间是民间借贷纠纷。由于此类案件与民间借贷纠纷有相似之处，因此对于此类案件性质的判断会产生很多困扰。笔者认为，区分借贷式诈骗与民间借贷纠纷的关键在于行为人主观上是否具有非法占有公私财物之目的。在司法实践中，认定行为人主观上是否具有非法占有公私财物之目的，应当坚持主客观相一致的原则，既要避免单纯根据结果客观归罪，也不能偏听偏信被告人的辩解，而应当结合行为人的具体行为表现及其他客观因素对案件加以综合分析判断。具体应当从以下几个方面判断：①行为人借款前是否具有还款能力；②行为人借款时是否采取了诈骗手段；③ 行为人借款后的实际用途；④行为人不能归还借款的原因；⑤行为人不能归还借款后的态度。

本案中，曾某借钱后，陆续向债权人还款，无非法占有他人财物的故意。以利用出厂价格购买轮胎为例，双方签订了简易书面合同，并指定将89万元货款转入厂家业务员的账号。该厂家并未发货，是因曾某尚欠厂家货款，89万元货款被厂家冲抵了以前所欠货款。这是出于曾某意志以外的因素，其本人无非法占有他人财物的故意。

【结语与建议】

在案件办理过程中，辩护人应当准确把握和适用刑法理论，结合案件事实和证据，全方位、多角度地进行严密的法律论证。辩护人在案件办理过程中，多次向办案人员提交律师书面意见，充分地与侦查人员、公诉人进行交流和沟通，将辩护工作重心前移，最大限度地减少了当事人的诉累。

张某涉嫌挪用资金罪案

◇ 何显刚

律师简介

何显刚，1973年4月生，中共党员，毕业于中国政法大学，具有法学/工学双重学科背景。北京市京师（武汉）律师事务所专职律师，最高人民检察院民事行政案件咨询专家，第八届湖北省律师协会婚姻家庭委员会委员，中华毒品犯罪辩护联盟湖北省秘书长，星火律师平台第二届管理委员会副主任。擅长领域：刑事辩护及代理，建筑房地产、法律顾问等其他非诉业务。

» 案例基本信息

案例类型：撤诉、不起诉案例

业务类型：刑事辩护

人民法院判决（裁定）时间：2017年12月27日

法院名称：某省某市某区人民法院

辩护律师姓名：何显刚

律师事务所名称：北京市京师（武汉）律师事务所

检索主题词：挪用资金罪；撤诉

» 案例正文

【案情简介】

张某（被不起诉人），男，1978年12月13日出生，汉族，某省某市某区人，大学专科文化，湖北某建设工程有限公司驻某办事处原负责人，家住某省某市某区中原路47号。因涉挪用资金案于2015年9月12日被某市公安局经济开发区分局取保候审，2016年7月18日被该局刑事拘留，2016年8月24日经某区人民检察院批准逮捕，并于当日由该局执行逮捕。

本案由某市公安局经济开发区分局侦查终结，以被不起诉人张某涉嫌挪用资金罪，于2016年10月24日向某区人民检察院移送审查起诉。某区人民检察院受理后，已告知被不起诉人有权委托辩护人，依法讯问了被不起诉人，审查了全部案件材料。期间，因事实不清、证据不足，退回公安机关补充侦查两次。某市公安局经济开发区分局移送审查起诉认定：被不起诉人张某是湖北某建设工程有限公司在某地区的授权型项目经理，在被湖北某建设工程有限公司任命为驻某办事处负责人期间，代表湖北某建设工程有限公司分别与某市天盛房地产开发有限公司、某市领航者精密机械加工有限公司、军事士官学院某士官学校签订配电施工合同后进行施工，上述公司和学校支付湖北某建设工程有限公司工程款共计645.352 064万元。经湖北某会计公司和资产评估司法鉴定所鉴定，张某在为某市天盛房地产开发有限公司工程施工时，挪用工程款32.3万元；在为某市领航者精密机械加工有限公司工程施工时，挪用工程款224万元；在为军事士官学院某士官学校工程施工时，挪用工程款46.432 397万元。湖北某建设工程有限公司的工程款共302.732 397万元被张某挪用，用于支付个人借款、个人消费、个人房屋装修、个人还贷、个人信用卡透支等费用。

1.被不起诉人张某于2012年4月10日与湖北某建设工程有限公司签订了有效期为1年的《挂靠合同》，同时湖北某建设工程有限公司将其印章交于张某保管和使用，公司于2012年5月在某银行大庆路支行设立了湖北某建设工程有限公司账户并交由张某管理和使用。2012年9月6日，湖北某建设工程有限公司任命张某为某市天盛房地产开发有限公司10千伏配电及户表工程的项目经理后，2012年9月12日，张某代表湖北某建设工程有限公司作为承包方与发包方某市天盛房地产开发有限公司签订了10千伏配电及户表工程承包合同，造价275万元；2012年10月，因工程变更，张某又与某市天盛房地产开发有限公司签订了第二份10千伏配电及户表工程承包合同，造价120万元，总造价395万元。截至2013年12月3日，某市天盛房地产开发有限公司向湖北某建设工程有限公司账户转入工程款190万元。张某在承包该工程施工中，因工程变更，某市天盛房地产开发有限公司委托其将该工程剩余的205万元的工程量交于某市供电局负责施工，该工程现已完工。在施工过程中，张某将所欠某机电科技有限公司之材料款32.3万元挪作他用。该欠款在张某取保候审后，于2015年9月15日通过转账方式汇入某湘电建设有限公司账户，然后由某湘电建设有限公司还给某机电科技有限公司。

2.被不起诉人张某于2013年1月7日被湖北某建设工程有限公司任命为某市领航者精密机械加工有限公司某市珠江数控装备制造有限公司10千伏配电及外线电缆管沟工程的项目经理后，2013年1月15日，张某代表湖北某建设工程有限公司作为承包方与发包方某市领航者精密机械加工有限公司签订了某市珠江数控装备制造有限公司10千伏配电及外线电缆管沟工程施工合同，造价1280万元，该合同自甲、乙双方签字盖章并支付预付工程款后生效。2013年4月22日，张某与湖北某建设工程有限公司签订了有效期为1年的《承包经营协议》，并出具了《承诺书》，同时湖北某建设工程有限公司在湖北某市成立了某项目部，任命张某为某市、荆门、十堰三项目部的负责人，还授权委托张某以湖北某建设工程有限公司的名义驻守某市、荆门、十堰的合法代理人。湖北某建设工程有限公司为规范经营管理，2013年11月30日又与张某签订了有效期为1年的《承包经营协议》；2013年12月6日张某又出具了《承诺书》，同时公司在农行某支行设立了湖北某建设工程有限公司账户给张某管理和使用。2014年6月6日，某市领航者精密机械加工有限公司向湖北某建设工程有限公司账户汇入工程预付款384万元后，张某在承包该工程施工中，因某市领航者精密机械加工有限公司单方原因终止施工，要求退还多余工程款。因该工程未审结结算完毕，张某除投入该工程工程款160万元外，将剩余的224万元挪作他用，无法退还某市领航者精密机械加工有限公司的多余工程款。

3.被不起诉人张某于2014年1月3日被湖北某建设工程有限公司任命为军事士官学院某士官学校35千伏新增1000伏安配变及低压配电柜安装工程的项目经理后，2014年1月9日，张某代表湖北某建设工程有限公司作为乙方与甲方军事士官学院某士官学校签订了35千伏新增1000伏案配变及低压配电柜安装合同，造价81万元，该工程现已完工。2015年3月12日，张某与湖北某建设工程有限公司签订了有效期为1年的《承包经营协议》，并出具了《承诺书》。2014年3月16日张某以湖北某建设工程有限公司的名义将该工程转包给某市凯能电气工程有限公司，并与某市凯能电气工程有限公司签订了工程施工合同，造价50万元。截至2016年1月15日，军事士官学院某士官学校向湖北某建设工程有限公司账户汇入工程款71.352 064万元。除购买该工程设备用去部分工程款和湖北湘电建设有限公司扣下的35 676.03元外，张某将剩余的46.432 397万元工程款挪作他用，并未支付某市凯能电气工程有限公司工程款50万元。

张某因涉挪用资金案于2015年9月12日被某市公安局经济开发区分局取保候审，2016年7月18日被该局刑事拘留，2016年8月24日经某市某区人民检察院批准逮捕，2016年10月24日向某市某区人民检察院移送审查起诉。某市某区人民检察院受理后，因事实不清、证据不足，退回公安机关补充侦查两次。某区人民检察院于2017年4月10日起诉至某区人民法院，2018年1月26日某市某区人民检察院以某区检公诉科刑不诉〔2018〕4号不起诉决定书，决定不起诉张某。

【辩护意见】

辩护人何显刚律师现根据本案事实和法律规定就起诉书指控张某涉嫌

挪用资金罪一案提出如下辩护意见：

一、程序方面

（一）本案的侦查过程违反法律规定

本案的侦查主体不适格。《公安机关办理刑事案件程序规定》（2012年修订）第15条第1款规定："刑事案件由犯罪地的公安机关管辖。如果由犯罪嫌疑人居住地的公安机关管辖更为适宜的，可以由犯罪嫌疑人居住地的公安机关管辖。"此案中，某市公安局经济开发区分局既不是犯罪行为发生地，也不是犯罪结果发生地。如果以犯罪行为发生地和犯罪结果发生地为依据，应当由某市公安局樊城区公安分局立案侦查，而此案是由某市公安局经济开发区分局立案侦查。

（二）某区不是本案的"犯罪地"，某区人民法院对张某涉嫌挪用资金罪一案没有管辖权

《中华人民共和国刑事诉讼法》（2012年修正）第24条规定："刑事案件由犯罪地的人民法院管辖。"《最高人民法院关于适用〈中华人民共和国刑事诉讼法〉的解释》（法释〔2012〕21号）第2条第1款规定："犯罪地包括犯罪行为发生地和犯罪结果发生地。"因此，确定人民法院对刑事案件是否有管辖权就是考察"犯罪行为发生地"和"犯罪结果发生地"其一是否在该人民法院所在的行政区域范围内。本案中：

1. 某区不是本案的"犯罪行为发生地"。"犯罪行为发生地"是指犯罪行为的预备地、着手地、实施地，即实施犯罪行为的各个阶段所处的相应的地域空间。挪用资金罪的行为发生地主要体现为犯罪所得的实际取得地、藏匿地、转移地、使用地、合同履行地等。本案中，上述犯罪行为发生地明显均不在某行政区域内，某区显然不是本案的"犯罪行为发生地"。因此，某区人民法院不能以某区是本案"犯罪行为发生地"为由行使管辖权。

2. 某区不是本案的"犯罪结果发生地"。《公安机关办理刑事案件程序规定》（2012年修订）第15条第1款规定："刑事案件由犯罪地的公安机关管辖。如果由犯罪嫌疑人居住地的公安机关管辖更为适宜的，可以由犯罪嫌疑人居住地的公安机关管辖。"

犯罪地包括犯罪行为发生地和犯罪结果发生地。犯罪行为发生地，包括犯罪行为的实施地以及预备地、开始地、途经地、结束地等与犯罪行为有关的地点；犯罪行为有连续、持续或者继续状态的，犯罪行为连续、持续或者继续实施的地点都属于犯罪行为发生地。犯罪结果发生地，包括犯罪对象被侵害地、犯罪所得的实际取得地、藏匿地、转移地、使用地、销售地。

居住地包括户籍所在地、经常居住地。经常居住地是指公民离开户籍所在地最后连续居住一年以上的地方。

根据在案证据显示，报案人以转账形式代被告人张某垫付的货款——某区是付款地；某市凯能电气工程有限公司、某机电科技有限公司收到报案人支付的款项银行所在地——某市是收款地，是款项所有权的转移地，是张某实际取得财产地，也就是张某涉嫌挪用资金罪的犯罪结果发生地，报案人所称向被告人张某转款5万元，与上述情况如出一辙，不再赘述。

本案的某市公安局经济开发区分局没有权力介入该案件。所以，本案某市公、检、法均无管辖权。

二、本案焦点

（一）张某究竟是不是湖北某建设工程有限公司的工作人员？

张某并不是湖北某建设工程有限公司的工作人员，其与湖北某建设工程有限公司是"挂靠"关系。所以，不具有《中华人民共和国刑法》（2017年修正）第272条规定的"挪用资金罪"的主体资格。理由如下：

1. 张某与该公司无劳动用工关系。

2. 张某与该公司无人事调动关系。

3. 张某与该公司无聘用关系。

4. 张某与该公司无任何工资、福利待遇关系。

5. 张某与该公司无社会保险关系。

以上事实足以说明张某与湖北某建设工程有限公司无劳动关系。

相反，张某在挂靠湖北某建设工程有限公司名下期间，还按照合同约定向湖北某建设工程有限公司交纳协议约定的挂靠管理费100多万元，这点更加证实了张某与湖北某建设工程有限公司之间系挂靠关系，而非劳动关系。

刑法挪用资金罪中规定的"公司、企业或者其他单位工作人员"，需要在具体公司、企业或者其他单位任职，并由所在单位赋予特定职责和权力，具有管理、调配、使用、经手本单位资金的便利条件。本案中虽然张某以湖北某建设工程有限公司项目部的名义开展工作，但湖北某建设工程有限公司项目部并非该公司的一个建制职能部门，只是为方便张某等人以该公司名义承包施工某市天盛房地产开发有限公司等工程而设立。湖北某建设工程有限公司对项目部及涉案的三个工程，没有任何投入，也没有给张某及雇佣的工程人员发放工资和提供任何社会保险待遇。张某只是以向湖北某建设工程有限公司交纳大约2%的管理费（如果开票需要另外支付1%）为条件，利用湖北某建设工程有限公司的名义并在该公司的配合下，承揽某市范围内的电力工程，张某等人以挂靠或者承包经济责任制的方式，自负盈亏、自垫资金进行施工。《挂靠合同》和《承包经营协议》约定："乙方（张某）因安全、质量责任事故发生的一切费用，及与第三方的债权债务纠纷，甲方（湖北某建设工程有限公司）不承担任何经济和法律责任，如因处理该类事务而给甲方造成的差旅费、律师费、协调费用等各项损失，均应由乙方承担。"这也进一步证实了双方的挂靠关系，无论其合同名称如何改变、湖北某建设工程有限公司如何伪造《任命书》。至于被告人因没有及时付款给下游客户而给湖北某建设工程有限公司造成的损失，该公司只能按照合同约定向公司所在地法院提起诉讼另行处理。

（二）湖北某建设工程有限公司在某区开设的两个银行账户的资金归属？

张某被指控的所谓"挪用"的资金，属于张某有权调配、使用的资金，并不是湖北某建设工程有限公司的资金。张某不存在挪用湖北某建设工程有限公司资金的行为，湖北某建设工程有限公司也不存在资金被挪用的受害事实。

在本案中，张某与湖北某建设工程有限公司之间的关系因承接某地区的电力工程项目而产生，在湖北某建设工程有限公司的配合下，张某以该公司的名义承接了涉案的3个工程项目。张某向湖北某建设工程有限公司交纳管理费，并以该公司项目部名义垫资施工，自负盈亏。如前所述，湖北某建设工程有限公司在涉案的3个工程项目中，没有拨付过一分钱的资金供张某调配和使用，均由张某自行出资。以上事实的部分证据有：

1. 根据相关施工合同及采购合同约定，工程项目施工时由张某承担风险，承包并垫资，该涉案工程债权由张某全权处理。

2. 起诉书指控张某收到客户资金645.352 064万元，挪用资金302.732 397万元，湖北某建设工程有限公司授权由张某个人以公司名义收取该款，向张某收取挂靠管理费，张某个人与客户之间如何结算，与其他方无关。该笔资金存放在湖北某建设工程有限公司一般存款账户，一般存款账户是企业在开立一个基本存款账户以外，为满足和适应企事业单位向多家银行借款的需要，在其他借款银行的一家营业机构开立的存款账户。企业可以通过本账户办理转账结算和现金缴存，但不能办理现金支取。

3. 张某依约向湖北某建设工程有限公司交付管理费用的凭证。

上述证据材料均可表明，张某等与湖北某建设工程有限公司的关系是挂靠关系，挂靠人将约定的管理费及相应税费交付"被挂靠"单位后，其余工程款全部归挂靠人所有和支配。所以，我们认为张某所谓"挪用"的并不是湖北某建设工程有限公司的资金，实际上只是属于其个人的合法收入，还包括因故未与发包人决算的资金。

（三）张某的行为是否侵害了湖北某建设工程有限公司的资金使用收益权？

张某的行为并没有侵害湖北某建设工程有限公司的资金使用收益权，对其追究责任，违背刑法挪用资金罪的立法目的。

涉案的3个工程项目，湖北某建设工程有限公司均未投入过一分钱，所以即便是在工程款追回后该公司也不享有该工程款项的所有权、使用权、收益权，这一点湖北某建设工程有限公司也是心知肚明的。《中华人民共和国刑法》设立挪用资金罪的立法目的是打击侵害单位资金使用、收益权的行为，维护公司的正常经营。而在本案中，无论该工程款能否收回、收回多少、何时收回、收回后如何分配，均与湖北某建设工程有限公司无关，所以张某的行为并没有侵害湖北某建设工程有限公司的资金使用收益权，对其追究责任，违背刑法挪用资金罪的立法目的。

三、张某在本案中并不存在挪用资金犯罪的主观故意和客观事实

（一）挪用资金罪的概念及构成要件

根据《中华人民共和国刑法》（2017年修正）第272条"公司、企业或者其他单位的工作人员，利用职务上的便利，挪用本单位资金归个人使用或者借贷给他人，数额较大、超过三个月未还的，或者虽未超过三个月，但数额较大、进行营利活动的，或者进行非法活动的，处三年以下有期徒刑或者拘役；挪用本单位资金数额巨大的，或者数额较大不退还的，处三年以上十年以下有期徒刑"的规定，构成挪用资金罪必须符合犯罪主体和犯罪客体的两方面要求：①本案的犯罪主体必须是特殊的主体，即必须是公司、企业或者其他单位的工作人员。②犯罪客体必须是侵害了公司、企业或者其他单位资金的使用收益权，对象挪用的资金必须是本单位的资金。

显然，张某并未有湖北某建设工程有限公司赋予的特定的职责和权力，并不具有管理、调配、使用、经手该公司资金的便利条件，根本不可能挪用该公司的资金。因此，张某不具有"挪用资金罪"的主体资格，至于该公司为张某提供的网上银行账户，只是公司为了防止张某拖欠管理费设计的小伎俩。

（二）客观方面，张某没有实施犯罪行为

挪用资金罪在客观方面表现为行为人利用职务上的便利，挪用本单位资金归个人使用或者借贷给他人，数额较大、超过3个月未还的。湖北某建设工程有限公司在某地没有设立分公司，所有项目都是张某个人一手操办起来的，从租赁房屋、人员招募、工资发放到日常管理均由其个人负责并自负盈亏，与湖北某建设工程有限公司无关。从卷宗里双方签订的承包合同可以看出，双方是平等的法律主体，具有合同关系，而非隶属与被隶属的关系。既然是挂靠关系，张某便只是该公司在某地的一个挂靠人而已，并且某地还有赵某等人也挂靠在湖北某建设工程有限公司，不具有唯一性，所任命的负责人更是滑稽，根本就谈不上所谓的利用"职务上"的便利，更不存在挪用"本单位"的资金归个人使用。张某没有及时将应支付的经营款支付给其下游客户，充其量是民事关系上的欠款行为，是一种

债权债务关系，与刑法意义上的"挪用资金"风马牛不相及。

辩护人认为张某收取此款是行使自己正当权利的行为，根本不存在挪用资金罪的犯罪故意。

四、对张某的追诉可能引发连锁反应，破坏建筑市场的正常秩序

在我国建筑市场，建筑施工企业经常通过发文件的形式任命挂靠人为没有实际权利的职务，也不对其承担聘用单位应该对聘用人员承担的劳动保障的义务，而挂靠人反而需要向被挂靠单位定期交纳一定的管理费，以承包的形式垫资、自负盈亏进行工程施工。这种现象在我国建筑市场是十分普遍的。即使是在湖北某建设工程有限公司名下，像张某这样的挂靠施工人也有许多。如果将本案中张某的行为作为犯罪行为进行追究，那么意味着全行业都存在犯罪的风险，这是令人难以想象的，可能引发连锁反应，破坏建筑市场的正常秩序。

五、本案为民事纠纷案件而不是刑事犯罪案件

从本案卷宗可知，被公安机关立案侦查的有三起：①某市天盛房地产开发有限公司工程款；②某市领航者精密机械加工有限公司工程款；③军事士官学院某士官学校配电工程款。公安机关是以张某挪用302万多元资金为由立案侦查，取保候审后又上网追逃的。辩护人认为，这三起案件，就像是一个桃子被分成四块仍然还是桃子，不会变成梨或者苹果一样。某市领航者精密机械加工有限公司工程款，因为发包人违约没有进行结算分配，某市天盛房地产开发有限公司欠某机电科技有限公司的32.3万元的工程款张某早已归还，其欠某市凯能电气工程有限公司的50万元工程款已经协调好，但因湖北某建设工程有限公司报警而无法如期归还。按照侦查机关的意思，张某挂靠的所有项目均构成挪用资金罪。

另外，根据承包合同约定，本案工程款不打入湖北某建设工程有限公司账户，但是改变不了本案工程款属于张某这个实际施工人所有的性质，这种争议证明本案最多只是民事纠纷而不是刑事犯罪案件。

综上所述，辩护人认为张某的行为不构成挪用资金罪，对张某追究刑事责任，是用刑事手段解决民事问题，是错误的。公诉机关起诉张某构成

挪用资金罪证据不足。

【判决结果】

2017年12月27日，某市某区人民法院（〔2017〕鄂1102刑初182号）刑事裁定书裁定：准许某市某区人民检察院撤诉。

【裁判文书】

某市某区人民法院（〔2017〕鄂1102刑初182号）刑事裁定书。

某市某区人民检察院（某区检公诉科刑不诉〔2018〕4号）不起诉决定书。

某区人民检察院于2017年4月10日起诉至某区人民法院，2017年12月27日撤回起诉，依照《人民检察院刑事诉讼规则（试行）》（高检发释字〔2012〕2号）第459条的规定，决定对张某不起诉。

【案例评析】

本案属于一起法院认为被告人无罪的案子，虽然未作出无罪判决，但也实属难得，因为与人民检察院的前期沟通效果并不理想，好在一审法官力排众议，采信了辩护人的辩护观点，主动建议人民检察院撤诉，否则将作无罪裁决。本案的焦点在于对《中华人民共和国刑法》（2017年修正）第272条规定的挪用资金罪的犯罪主体的解读。

从侦查阶段开始，案件当事人及代理人就曾针对程序问题向公安机关、检察机关多次提出本案管辖权存在异议，在实体上本案纯属民事经济纠纷，张某不构成犯罪。

【结语与建议】

在案件办理过程中，无论在哪个阶段介入案件，辩护人都应当准确把握和适用刑法的总则和分则，严格地依照罪刑法定原则，结合案件事实全方位、多角度进行严密的法律论证。辩护人在案件办理过程中应当充分地与公诉人、审判人员进行交流，认真阅卷、多会见当事人并多次提交书面律师意见，辩护工作重心前移，最大限度地减少当事人的诉累。

范某涉嫌走私罪案

◇ 崔克龙

律师简介

崔克龙，1976年9月生，中国国民党革命委员会党员。中国海洋大学在职法律硕士。吉林常春（延边）律师事务所主任。专注于刑事辩护。吉林省第一届青年律师领军人才训练营学员。曾经做过语文教师、刑事审判庭法官、检察院公诉科副科长，先后在《法制与社会》《法治博览》等刊物上发表论文、诗歌。

» 案例基本信息

案例类型：无罪判决或撤诉、不起诉案例

业务类型：刑事辩护

人民检察院不起诉决定时间：2018年3月12日

机关名称：某省某自治州人民检察院

辩护律师姓名：崔克龙

律师事务所名称：吉林常春（延边）律师事务所

检索主题词：走私犯罪；单位犯罪；直接责任人员；不起诉

» 案例正文

【案情简介】

本案由某海关缉私分局以嫌疑人范某涉嫌犯走私普通货物、物品罪于2017年9月8日将其移送至某自治州人民检察院审查起诉。因事实不清、证据不足，某自治州人民检察院于2017年10月23日和2018年1月8日，各退回侦查机关补充侦查一次。某海关缉私分局移送审查起诉认定，被不起诉人范某明知被告人金某某、高某某（已起诉）走私进境象拔蚌仍为二人提供货款等帮助。

【辩护意见】

辩护人认为嫌疑人范某在本案中不属于单位的主管人员以及直接负责人，主观上属于不明知，建议对其做不起诉处理。请检察机关予以充分考虑，具体理由如下：

一、嫌疑人范某不是该单位的主要负责人、直接责任人

《中华人民共和国刑法》（2017年修正）第31条规定："单位犯罪的，对单位判处罚金，并对其直接负责的主管人员和其他直接责任人员判处刑罚。本法分则和其他法律另有规定的，依照规定。"

对单位犯罪主管人员和直接责任人员的认定：主管人员，是在单位实施的犯罪中起决定、批准、授意、纵容、指挥等作用的人员，一般是单位的主管负责人，包括法定代表人。直接负责人是对单位犯罪负有直接责任的单位领导人员。应符合两个条件：一是行为条件，即其应直接策划、决

定、批准、授意、组织、指挥了单位犯罪，且该行为是引发单位实施犯罪的直接原因；二是身份条件，即其应是单位的领导人员，是对单位事务具有一定的决策、管理、领导、指挥、监督权的领导人员。本案嫌疑人范某不是该单位的法人代表，也不是高级管理人员，在该单位没有相应的决策权，只是普通职员。

二、嫌疑人范某主观上认为其所参与的是正常的经营行为，对于走私犯罪没有主观故意

嫌疑人明知自己的行为违反国家法律法规，逃避海关监管，偷逃进出境货物、物品的应缴税额，或者逃避国家有关进出境的禁止性管理，并且希望或者放任危害结果发生的，应认定为具有走私的主观故意。

走私罪中所指的主观故意中的"明知"，是指行为人知道或者应当知道自己所从事的行为是走私行为。具有下列情形之一的，可以认定为"明知"，但有证据证明确属被蒙骗的除外：①逃避海关监管，运输、携带、邮寄国家禁止进出境的货物、物品的；②用特制的设备或者运输工具走私货物、物品的；③未经海关同意，在非设关的码头、海（河）岸、陆路边境等地点，运输（驳载）、收购或者贩卖非法进出境货物、物品的；④提供虚假的合同、发票、证明等商业单证委托他人办理通关手续的；⑤以明显低于货物正常进（出）口的应缴税额委托他人代理进（出）口业务的；⑥曾因同一种走私行为受过刑事处罚或者行政处罚的；⑦其他有证据证明的情形。

嫌疑人范某主观上不知道其所参与的行为是走私犯罪行为，实属被雇佣后按照老板的指示进行工作，不知道所谓"边贸证"内涵，也从未去过口岸，而是进行一般的日常会计、文员工作。嫌疑人范某一直认为本单位的经营是正常的，对于走私犯罪没有主观故意，属于被蒙蔽参与本案的犯罪活动。

综上所述，嫌疑人范某不是该单位的主管人员、直接负责人，且主观上没有犯罪故意，建议人民检察院对嫌疑人范某免予起诉。

【判决结果】

2018年3月12日，某省某自治州人民检察院决定对范某不起诉。

【裁判文书】

某省某自治州人民检察院（〔2018〕3号）不起诉决定书：

2018年3月12日，起诉机关经审查后认为，经某自治州人民检察院审查并两次退回补充侦查，认为认定嫌疑人范某明知他人走私而提供帮助的事实不清、证据不足，不符合起诉条件。关于被告人范某的辩护人提出的被告人范某在单位犯罪中不是直接责任人员，且其没有犯罪主观故意的辩护意见，予以采纳。

【案例评析】

本案中嫌疑人范某作为单位会计，经手资金数亿元，为什么最终没有被认定为此起犯罪案中的直接责任人员呢？原因主要有两方面：

首先，在单位犯罪中，直接责任人员包括直接负责的主管人员与其他直接责任人员。刑法学家、清华大学法学院教授张明楷认为，直接负责的主管人员，是在单位犯罪中起决定、批准授意纵容、指挥等作用的人，一般是单位的主管负责人，包括法定代表人。其他直接责任人员，是在单位犯罪中具体实施犯罪并起较大作用的人员，既可以是单位的经营管理人员，也可以是单位的职工，包括聘任雇用的人员。

根据我国的刑事政策以及单位犯罪的特点，在单位犯罪中，对于受单位领导指派奉命而参与实施了一定犯罪行为的人员，一般不宜作为直接责任人员对待。这一观点对于认定单位犯罪的直接主管人员与其他直接责任人员是有借鉴意义的。从立法上看，可以直接规定单位犯罪负刑事责任的自然人是直接责任人员，而不必使用现有直接负责的主管人员与其他直接责任人员的称谓，其理由是，前者简洁明了，后者显得累赘，且前者所表达的内涵是可以涵盖后者的。概言之，直接责任人员包括两方面的自然人主体：一种是主管的直接责任人员，在单位犯罪中起组织领导协调的作用；另一种是其他的直接责任人员，即必须在单位犯罪中受指派起重要或主要作用的责任人员，对于起一般作用的责任人员则可以排除在外，但并非所有在单位担任领导职务的人都需要对单位犯罪承担刑事责任,其判断的标准同样可以参照对于其他直接责任人员的标准,即在单位犯罪中起主要或重大作用的主管责任人员。而关于"一般作用"与"重大作用"的区分并没有确定的标准,只能交由司法实践,依据事实证据来客观地进行判断。如上所述,在我国的司法实践中,对于一些参与了单位犯罪但却是因受领导指示而进行属于正常履行工作职责的,且并未起积极主要或重大作用的人员不宜追究其刑事责任,这也是司法实践对于理论定位的完善与发展。

其次,衡量嫌疑人是否构成犯罪的一个重要方面就是看其主观上是否明知。范某不知道其所参与的行为是走私,其被雇佣后按照老板的指示进行工作,不知道所谓"边贸证"内涵,其只是进行一般的日常会计、文员工作。本案中,认定其具有走私犯罪主观故意,证据明显不足。

【结语与建议】

在刑事案件办理过程中,辩护律师要学会进行树状性模式思考,这种思考模式形状像一棵倒置的树,顶端是树根,树根以下带分支,每个分支还带有子分支,任一节点或其相连的线路故障都会使系统受到影响。刑事辩护律师的工作对抗性非常强,磨炼出这样的思考模式后,攻击成功对方一点、几点,就可以达到辩护的目的。

陈某涉嫌销售假药罪案

◇ 崔克龙

律师简介

　　崔克龙，1976年9月生，中国国民党革命委员会党员。中国海洋大学在职法律硕士。吉林常春（延边）律师事务所主任。专注于刑事辩护。吉林省第一届青年律师领军人才训练营学员。曾经做过语文教师、刑事审判庭法官、检察院公诉科副科长，先后在《法制与社会》《法治博览》等刊物上发表论文、诗歌。

» 案例基本信息

案例类型：无罪判决或撤诉、不起诉案例

业务类型：刑事辩护

人民检察院不起诉决定时间：2018年7月2日

机关名称：某省某市人民检察院

辩护律师姓名：崔克龙

律师事务所名称：吉林常春（延边）律师事务所

检索主题词：销售假药罪；犯罪主观故意；不起诉

» 案例正文

【案情简介】

2016年5月17日至2016年11月4日，陈某明知云南某制药有限公司生产的熊胆粉胶囊未取得药品批准文号，伙同他人在其经营的保健品店内以虚假宣传的方式参与销售熊胆粉胶囊375盒，销售金额1 492 500元。

【辩护意见】

辩护人认为嫌疑人陈某构成生产、销售假药罪的事实不清、证据不足，建议人民检察院不予起诉。理由如下：

1.本案嫌疑人陈某如果要构成生产、销售假药罪，必须符合该罪的如下构成要件：

（1）本罪的犯罪客体，是国家药品监管秩序和人的健康权利。

（2）本罪的犯罪客观方面，根据《刑法修正案（八）》的规定，只要具有生产、销售假药的行为，即构成本罪。至于所生产、销售的假药是否足以严重危害人体健康，在所不问。因为只要生产、销售了假药，就破坏了国家的药品监管秩序。而生产、销售的假药对人体健康造成严重危害或者有其他严重情节则是本罪法定刑升格的条件。经省级以上药品监督管理部门设置或者确定的药品检验机构鉴定，生产、销售的假药具有下列情形之一的，应认定为《中华人民共和国刑法》（2017年修正）第141条规定的"足以严重危害人体健康"：①含有超标准的有毒有害物质的；②不含所标明的有效成分，可能贻误诊治的；③所标明的适应症或者功能主治超出规定范围，可能造成贻误诊治的；④缺乏所标明的急救必需的有效成分的。生产、销售的假药被使用后，造成轻伤、重伤或者其他严重后果的，应认定为对人体健康造成严重危害。生产、销售的假药被使用后，致人严重残疾、3人以上重伤、10人以上轻伤或者造成其他特别严重后果的，应认定为对人体健康造成特别严重危害。

（3）本罪的犯罪主体，既可以是自然人，也可以是单位。明知他人生产、销售假药，而有下列情形之一的，以生产、销售假药罪或者生产、销售劣药罪等犯罪的共犯论处：①提供资金、贷款、账号、发票、证明、许可证件的；②提供生产、经营场所、设备或者运输、仓储、保管、邮寄等便利条件的；③提供生产技术，或者提供原料、辅料、包装材料的；④提供广告等宣传的。

（4）犯罪主观方面，只能是出于故意。

2.根据本案中嫌疑人陈某，以及同案嫌疑人赵某、赵某某、柯某某等人的供述，在本案案发前他们一直从事销售保健品及保健食品工作，从来没有因为销售假药或其他违规行为受到任何行政处罚和刑事处罚。在本案发生过程中，上述嫌疑人曾经有机会销售正规的熊胆粉药品，但是他们认为自己没有销售药品的资质，均表示拒绝销售该熊胆粉药品。他们在主观上认为，只要是药品，他们就绝对不能销售！因此，我们有理由认为嫌疑人陈某以及同案嫌疑人不具有销售假药的主观故意。

3.本案中熊胆粉的销售价格明显高于一般的药品，可以认定嫌疑人陈某以及同案嫌疑人均是按照保健品、保健食品的标准来销售该熊胆粉的。

4.不能简单地以该熊胆粉的外包装上有"功能与主治"，没有产品批号，就认定该熊胆粉为假药。鉴别药品通常都是以是否有准字号为鉴别方法。目前延边州内的熊胆粉生产厂家的外包装上几乎都有"功能与主治"字样，例如汪清县的厂家。熊胆粉是传统的食药同源物品，目前国家相关部门仅有一个厂家具有熊胆粉的蓝帽生产批号（森宝熊胆粉批号：卫食健字［1998］第069号，保健食品批号）。另外，本案不能依据某省药监局的《假药认定意见书》来处罚嫌疑人陈某以及同案嫌疑人，该意见书应该作为追究该熊胆粉生产厂家刑事责任的证据。延吉市西市场随处可见外包装上印有"功能与主治"字样、没有产品批号的人参以及鹿茸等各种产品。正是因为云南某制药有限公司在没有该型熊胆粉生产批号的情况下，违规生产、销售才引发了嫌疑人陈某等的销售行为。嫌疑人陈某主观上一直认为其是在销售保健食品。嫌疑人陈某对于该厂家违规以及销售行为属于主观认识错误，不具有刑事可罚性。陈某以及同案嫌疑人经营保健品多年，从未因违规销售药品产品而被处罚。侦查机关认为"熊胆粉2000年以后不允许当保健品来卖"，但实际上目前市场上还存在以"熊胆粉"命名的保健品和保健食品，而且随处可见。

5.案发后该厂家所在地政府的相关部门出具了相关的正式文件，证明本案中涉及的产品是可以在云南红河州生产销售的。目前国内熊胆粉生产、销售市场相对混乱，有按照土特产品销售的，有按照保健食品销售的，有按照保健品销售的，有按照药品销售的。在我国，熊胆粉生产厂家有上千家，几乎都没有正规审批手续。

综上所述，结合本案中嫌疑人陈某所销售药品的进货渠道、销售方式、职业特性，可得知嫌疑人陈某主观上不明知其所销售的药品为假药，故认定嫌疑人陈某犯罪主观故意证据明显不足。建议人民检察院对嫌疑人陈某作出证据不足不起诉的决定。

【判决结果】

2018年7月2日，某省某市人民检察院决定对陈某不起诉。

【裁判文书】

某省某市人民检察院（和检刑检不诉［2018］20号）不起诉决定书：

2018年7月2日，经审查起诉机关审查后认为，经本院审查并退回补充侦查，本院仍然认为某市公安局认定的被不起诉人陈某主观明知涉案熊胆粉胶囊是假药的证据不足，不符合起诉条件。依照《中华人民共和国刑事诉讼法》（2012年修正）第171条第4款的规定，决定对陈某不起诉。

关于被不起诉人陈某的辩护人提出的"被告人陈某主观上不明知其所销售的药品为假药，认定嫌疑人陈某犯罪主观故意证据明显不足"的辩护意见，予以采纳。

【案例评析】

在我国，刑事犯罪的主观方面包括故意、过失，其中"故意"又分为直接故意与间接故意，过失分为过于自信的过失与疏忽大意的过失。根据《中华人民共和国刑法》（2017年修正）第14条规定"明知自己的行为可能发生危害社会的结果，并且放任这种结果发生，因而构成犯罪的"，是犯罪间接故意。间接故意在构成要素上由认识因素与意志因素两部分构成。认识因素方面，间接故意表现为行为人明知自己的行为会导致危害社会的结果发生；意志因素方面，行为人为了追求某种其他结果的发生，而对危害结果的发生持放任态度。

间接故意的认识因素由认识内容和认识程度两部分组成，除具有专门知识者外，行为人应对整个犯罪活动有一般性的认识，而且对这些因素的认识，只能是一般或大致的认识，而不是确切或精确的认识。认识的主要内容包括：行为的实际情况、行为的结果、行为与结果之间的因果关系、行为的社会危害性。对这些内容具有一般性认识即为足矣。

间接故意意志因素上的"放任"，是指行为人在追求客观结果时的一种消极的、不计后果的心理态度。这种心理态度本身包含了一种不顾危害后果发生，执意实施一定行为或不实施一定行为的内容。行为人为追求其希望达到的目的，采取了放任各种可能结果发生的心理态度，并且在行为过程中，放任的可能性结果成为现实，这种"放任"的意志与其所依附的主意志之间存在一种必然的联系。本案中，就嫌疑人陈某所销售药品的进货渠道、销售方式、职业特性等方面，嫌疑人陈某主观上不明知其所销售的药品为假药，认定嫌疑人陈某犯罪主观故意证据明显不足。

【结语与建议】

在律师刑事辩护工作中，对罪与非罪的辩护可从犯罪的构成理论入手，这是一个最重要的角度，运用得当常常会收到事半功倍的效果。在犯罪主观故意认定上，可根据案件实际进行具体分析。

卓某某涉嫌非法生产制毒物品罪案

◇ 许兴文

律师简介

许兴文，福建龙岩人，毕业于厦门大学法学院。现为北京大成（厦门）律师事务所合伙人，大成刑委会理事，大成刑辩学院毒品犯罪研究中心主任，福建省律师协会刑事诉讼法律专业委员会秘书长，厦门市法学会刑法学研究会理事兼副秘书长，厦门市人才工作咨询专家，北大法宝刑事业务特约作者，西南政法大学刑事辩护研究中心研究员，美国圣地亚哥大学中国夏令营特邀讲师。在北京大学、中国人民大学、北京师范大学、厦门大学、集美大学、华侨大学授课或开设法律讲座。入选全国律师协会青年律师领军人才训练营。

» 案例基本信息

案例类型：不起诉案例

业务类型：刑事辩护

人民检察院不起诉决定时间：2018年7月9日

机关名称：某省某市某县人民检察院

辩护律师姓名：许兴文

律师事务所名称：北京大成（厦门）律师事务所

检索主题词：非法生产制毒物品；不起诉

» 案例正文

【案情简介】

被不起诉人卓某某，男，初中文化，务工。因本案于2017年11月30日被某县公安局刑事拘留，2018年1月5日经某县人民检察院批准并由某县公安局执行逮捕。后家属委托律师参与辩护。某县公安局于2018年3月1日向某县人民检察院移送审查起诉。同年4月16日经某县人民检察院决定并由某县公安局执行取保候审，2018年7月9日某县人民检察院对其作出不起诉决定。

某县公安局移送审查起诉认定：2017年7月18日下午，姜某等人应连某邀请到漳州市南靖县和溪镇附近一山上参与生产氯麻黄碱（俗称"熟麻"）。姜某等人到达山上时，犯罪嫌疑人卓某某等人已在现场等候，之后姜某与连某等人穿好防护服及戴好防护面具后，在现场生产氯麻黄碱。2017年7月19日凌晨，由犯罪嫌疑人卓某某等人将加工好的部分氯麻黄碱打包好后用一辆小货车拉走，姜某等人则坐车回到龙岩并领取工资5000元。加工好的氯麻黄碱被拉走卸货，后被民警查获，被查获的氯麻黄碱净重1154.8千克。

【辩护意见】

经辩护人详细阅卷，多次到看守所会见，与承办检察官充分沟通，提出以下辩护观点：第一，本案中没有证据能够证明卓某某如何到达作案现场又如何离开；第二，虽存在卓水某与卓某某的通话记录，但不能据此说明卓某某有参与犯罪的活动；第三，多名同案犯的辨认笔录存在明显矛盾，不能排除合理怀疑。

【判决结果】

某县人民检察院作出不起诉决定。

【裁判文书】

某县人民检察院（汀检公刑不诉［2018］11号）不起诉决定书：

某县公安局移送审查起诉认定：2017年7月18日下午，姜某等人应连某邀请至漳州市南靖县和溪镇附近一山上参与生产氯麻黄碱（俗称"熟麻"）。到山上时，犯罪嫌疑人卓某某等人已在现场等候，之后姜某与连某等人穿好防护服及戴好防护面具后，在现场生产氯麻黄碱。2017年7月19日凌晨，由犯罪嫌疑人卓某某等人将加工好的部分氯麻黄碱打包好后用

一辆小货车拉走，姜某等人则坐车回到龙岩并领取工资5000元。在加工好的氯麻黄碱被拉到一猪场卸货时，吴某某与钟某某、赖某某、陈某某等人身穿迷彩服、手持铁棍将大部分氯麻黄碱抢走，吴某某跟随载有氯麻黄碱的小车到龙岩市闽西交易城后下车，载有氯麻黄碱的车子则由钟某某、赖某某等人开回某县大同镇东埔村梁兴生店铺藏放，后被民警查获，被查获的氯麻黄碱净重1154.8千克。

经本院审查并退回补充侦查，本院仍然认为某县公安局认定卓某某参与生产制毒物品的犯罪事实不清、证据不足，不符合起诉条件。依照《中华人民共和国刑事诉讼法》第171条第4款的规定，决定对卓某某不起诉。

【案例评析】

辩护人分析认为：

一、侦查机关认定卓某某参与非法生产制毒物品犯罪的主要证据均存在严重问题

（一）多名同案犯的辨认笔录

卷宗材料中，几名同案犯在供述里提及，案发时有两人先于大家到达现场，此二人外号"战友""姐夫"。上述4名同案犯进一步辨认本案嫌疑人卓某某就是当时在现场的"战友"或者"姐夫"。侦查机关以此作为认定卓某某涉嫌犯罪的最重要的证据，辩护人针对这一证据展开了充分的质疑。

首先，打包氯麻黄碱的"战友"和"姐夫"的真实身份、姓名年龄、外貌体型等均未知，而且他们都穿着防护设备，不可能很清楚地辨认出相貌。同案犯中没有人能够明确指明这几种客观信息，除了辨认相貌以外，没有提供其他任何能够指向卓某某的信息。能够直接将卓某某锁定为本案嫌疑人的证据，只有上述同案犯的辨认笔录。

其次，这几份辨认笔录的真实性、合法性也存在问题。一方面，多人的辨认笔录均存在涂改现象；另一方面，辨认笔录中见证人的信息不全，只有电话，缺少其他见证人的有关信息，更无法判断见证人的情况是否符合法律规定，也没有同步录音录像。

此外，关于卓某某究竟是不是"战友"或"姐夫"其中的一人的问题存在疑问。在对后5名同案犯的辨认中，姜某并没有认出谁是"战友"或"姐夫"，表示不认识，段某也不太肯定，另外3人表示卓某某是其中之一，但对卓某某到底是"姐夫"还是"战友"仍存在分歧。考虑到这些同案犯到达现场时已是深夜，光线必然不如白天充足，与"战友"和"姐夫"仅有一面之缘，同时在作案过程当中又有很长的一段时间两人是头戴面具的，再加上作案的时间和辨认的时间也已经有了一段较长的间隔，在这样的情况下，这些同案犯对记忆中的"战友"或"姐夫"并不是有着比较模糊的外形描述，而是直接指认某一张具体的面孔，明显不合常理。

（二）卓某某与同案犯卓水某的通话清单

卷宗材料中显示，在案发当天，卓某某与卓水某频繁联系，侦查机关据此认定卓某某涉案，为他人帮忙制造制毒物品。

辩护人提出,不能单凭通讯记录就得出卓某某涉案的结论,重在通话内容。在目前移送的案卷材料中,卓某某本人并未对电话联系卓水某的内容做出说明。卓某某在自己的供述中提到,联系卓水某主要是沟通盖房子的事情,而且确实存在代建房子的事实。因此,对于当日的通话,嫌疑人卓某某是能够作出合理解释的。侦查机关并没有提供其他证据推翻嫌疑人卓某某的解释,也没有进一步对通话当日卓某某手机的定位地点作出调查,辩护人同时建议侦查部门在补充侦查后能够调取这些证据。

二、本案缺少其他证据对嫌疑人卓某某涉嫌犯罪的事实加以证实

除上述两项证据之外,本案缺少其他证据对嫌疑人卓某某涉嫌犯罪的事实加以证实:

1. 就全案证据来看,卷宗中只有犯罪嫌疑人卓某某的供述和辩解、同案犯等人的证言,并不存在相应的书证、物证等证据进行印证,无法形成完整的证据链条。

2. 本案中并没有证据能够证明嫌疑人卓某某是如何到达作案现场的,之后又是如何离开的。《起诉意见书》认定2017年7月19日凌晨,由卓某某等人将加工好的部分氯袋麻黄碱用一辆小货车拉走。到底是什么车?拉到哪里去了?和谁交接等均未提及。

3. 在对卓某某的讯问中曾多次提及其与卓水某的关系,反复发问是否帮助卓水某实施了本案的犯罪事实,可见卓水某对于本案而言是一个关键人物。但在移送的卷宗中,只有一次对卓水某的讯问笔录,且其中并没有提及关于本案的具体情况,也只字未提本案嫌疑人卓某某,也没有解释为何在案发后联系卓某某。因此,此部分证据并没有提供有效信息。

综上所述,辩护人认为侦查机关认定卓某某涉嫌非法生产制毒物品罪属于事实不清、证据不足,不能排除其他可能性的存在,不符合起诉条件。本着法律公平、正义的原则,建议对卓某某作出不起诉决定。

【结语与建议】

本案有多个犯罪嫌疑人,属于共同犯罪,涉案制毒物品数量大,可能

承担较重的刑事责任。鉴于本案中证据方面存在的不足，为使人民检察院作出不起诉决定，就必须证明犯罪嫌疑人卓某某无论是主观方面还是客观方面都不符合犯罪构成要件，证明其参与犯罪事实不清、证据不足，将卓某某从共同犯罪之中剥离出来。

案件争议焦点的认定，应紧紧围绕证据的"三性"展开。证据的"三性"，是证据与待证事实之间的桥梁，由此衍生出证据的证据能力与证明力，是律师、公检法工作人员在案件侦查、审查起诉、定罪量刑和质证辩护环节中的工作中心点。

综上所述，律师在办案过程中，无论是做罪与非罪的辩护还是罪轻辩护，都应当牢牢把握"排除合理怀疑"这一证明标准，紧紧围绕证据的"三性"，从犯罪的构成要件之中寻找突破口，做到严谨、缜密、专业，提高辩护的效率与力度，保护当事人的合法权益。

赵某彩涉嫌串通投标罪案

◇ 李建武

律师简介

李建武，毕业于中国政法大学，现攻读中国政法大学民商法专业硕士研究生。云南弘蕊律师事务所高级合伙人、党支部书记，中国大学生反诈联盟副秘书长。获中国建筑业企业联合会授予"建筑行业法律服务高级顾问"荣誉证书，取得高级法务师执业认证证书，"中国人民大学行政诉讼高级研修班"结业，被云南省律师行业委员会评为优秀共产党员和优秀党务工作者，云南省保山市刑事辩护专业站首席律师。

» 案例基本信息

案例类型：不起诉案例

业务类型：刑事辩护

人民检察院不起诉决定时间：2018年12月3日

机关名称：某省某市某县人民法院

辩护律师姓名：李建武

律师事务所名称：云南弘蕊律师事务所

检索主题词：串通投标；追诉时效；不起诉

» 案例正文

【案情简介】

2013年年初，在得知某县图书馆建设项目公开招标后，赵某彩便让张某某及杨某某帮忙对该项目进行围标，张某某及杨某某亦同意。随后，赵某彩向某县公共资源交易中心缴纳了三人的保证金，并出资购买了招标文件。购买了招标文件后，赵某彩将招标文件带回其公司（保山市河某建筑工程有限责任公司）。公司法人代表赵某乙在明知赵某彩围标的情况下命工作人员制作了张某某挂靠的"保山城某建筑工程有限责任公司"、杨某某挂靠的"保山下某建筑工程有限责任公司"及自己公司的3份招标文书并到某县公共资源交易中心进行投标。2013年3月12日，某县图书馆和青少年活动中心建设项目开标时，保山市河某建筑工程有限责任公司中标（该工程由赵某彩实施），工程中标价格为1 1406 924.67元。

【辩护意见】

本案中，犯罪嫌疑人赵某彩涉嫌串通投标一案已过追诉时效，故人民检察院应当对犯罪嫌疑人赵某彩作出不起诉的决定。

一、本案中犯罪嫌疑人涉嫌的串通投标罪的法定最高刑为3年，而犯罪嫌疑人的犯罪行为着手时间是2013年3月8日，实行终了时间为2013年3月12日，该时间距本案案发已超过5年追诉时效

根据《中华人民共和国刑法》（2017年修正）第223条对串通投标罪

的规定:"投标人相互串通投标报价,损害招标人或者其他投标人利益,情节严重的,处三年以下有期徒刑或者拘役,并处或者单处罚金。投标人与招标人串通投标,损害国家、集体、公民的合法利益的,依照前款的规定处罚。"第87条规定:"犯罪经过下列期限不再追诉:(一)法定最高刑为不满五年有期徒刑的,经过五年;(二)法定最高刑为五年以上不满十年有期徒刑的,经过十年;(三)法定最高刑为十年以上有期徒刑的,经过十五年;(四)法定最高刑为无期徒刑、死刑的,经过二十年。如果二十年以后认为必须追诉的,须报请最高人民检察院核准。"第88条规定:"在人民检察院、公安机关、国家安全机关立案侦查或者在人民法院受理案件以后,逃避侦查或者审判的,不受追诉期限的限制。被害人在追诉期限内提出控告,人民法院、人民检察院、公安机关应当立案而不予立案的,不受追诉期限的限制。"第89条规定:"追诉期限从犯罪之日起计算;犯罪行为有连续或者继续状态的,从犯罪行为终了之日起计算。在追诉期限以内又犯罪的,前罪追诉的期限从犯后罪之日起计算。"

结合本案,犯罪嫌疑人赵某彩作为保山市河某建筑工程有限责任公司的项目经理,其在2013年1月左右,通过网络得知某县有"某县图书馆和青少年活动中心建设"项目要招标(产生犯意阶段)。经过与本案中的张某某、杨某某联系,让这两人帮助自己投标。购买了资质预审的材料,资质预审通过后,赵某彩个人为3家公司交纳了投标保证金(实行行为的预备阶段)。之后3人分别以保山市河某建筑工程有限责任公司、保山城某建筑工程有限责任公司、保山下某建筑工程有限责任公司的名义参与了"某县图书馆和青少年活动中心建设"项目的报名,2013年3月8日,3家公司都递交了投标文件(犯罪行为着手实行阶段)。2013年3月12日"某县图书馆和青少年活动中心建设"项目在某县公共资源交易中心进行公开招标,经过评标最终确定"保山市河某建筑工程有限责任公司"为第一中标人,中标价为1 1406 924.67元。当日,保山市河某建筑工程有限责任公司就在某县公共资源交易中心完成了交易手续(犯罪行为既遂,实行行为终了)。2013年3月19日与某县某局签订了《建设工程施工合同》,并于2013年4月15日正式施工。

二、本案中，犯罪嫌疑人的行为符合法定不起诉的情形，人民检察院应当作出不起诉决定

《中华人民共和国刑事诉讼法》（2018年修正）第16条规定："有下列情形之一的，不追究刑事责任，已经追究的，应当撤销案件，或者不起诉，或者终止审理，或者宣告无罪：（一）情节显著轻微、危害不大，不认为是犯罪的；（二）犯罪已过追诉时效期限的；（三）经特赦令免除刑罚的；（四）依照刑法告诉才处理的犯罪，没有告诉或者撤回告诉的；（五）犯罪嫌疑人、被告人死亡的；（六）其他法律规定免予追究刑事责任的。"以及第177条规定："犯罪嫌疑人没有犯罪事实，或者有本法第十六条规定的情形之一的，人民检察院应当作出不起诉决定。对于犯罪情节轻微，依照刑法规定不需要判处刑罚或者免除刑罚的，人民检察院可以作出不起诉决定……"

本案中，犯罪嫌疑人与另外两家公司的投标日（2013年3月8日）是其犯罪之日，确定中标单位为"保山市河某建筑工程有限责任公司"时应是犯罪行为终了之日（2013年3月12日）。该时间距本案案发已超过5年；犯罪嫌疑人在公安机关、人民检察院立案侦查后，也没有逃避侦查的行为；在追诉期限以内也没有犯新罪，不存在追诉时效中断、延长的事由；该起犯罪也不是必须追诉的情形，故人民检察院应当依法作出不起诉的决定。

【判决结果】

某县人民检察院于2018年12月3日作出决定，决定对赵某彩不起诉。

【裁判文书】

某省某县人民检察院（福检刑不诉［2018］18号）不起诉决定书：

赵某彩串通投标的行为，犯罪事实清楚，证据确实、充分，但已过追诉时效。依照《中华人民共和国刑事诉讼法》（2018年修正）第16条第（二）项和第177条第1款的规定，决定对赵某彩不起诉。

【案例评析】

本案属于一起人民检察院径行作出不起诉决定的案件，在刑事案件中并不多见。本案的焦点在于赵某彩的犯罪行为是否已过法定追诉时效期限。串通投标罪的法定最高刑为3年，而犯罪嫌疑人的犯罪行为着手时间是2013年3月8日，实行终了时间为2013年3月12日，该时间距本案案发已超过5年追诉时效，该起犯罪也不是必须追诉的情形，故应当作出不起诉决定。

【结语与建议】

首先，作为一名律师，除了应当通晓法律，还应当博览群书，应该有渊博的知识，因为你永远不会知道你遇到的下一个案子会是哪一专业或哪一领域的；其次，在审查起诉阶段，检察机关未必能对案件作出准确的定性，此时如果有了律师的参与，律师将从相反的角度，至少是不完全相同的角度与检察机关进行研讨，这将有利于检察机关综合、全面、公正地对案件进行审查。审查起诉阶段非常重要，切不可忽视。

岑某某、黄某某涉嫌诈骗罪案

◇ 刘鹏涛　谢秋生

律师简介

刘鹏涛，广东卓盈律师事务所发起人、律师事务所主任，刑事业务部负责人，星火律师团队佛山区域负责人，佛山市律师协会刑事法律专业委员会委员，佛山市法学会专家库委员，北海国际仲裁院仲裁员。2004年起在佛山执业，先后参加了中国人民大学刑事辩护高级研修班、草原狼毒品刑辩营、牛律师刑辩匠人特训首期班、广东省律师协会"千优百俊"计划培训班等专业进修培训。拥有上市公司独立董事资格。先后成功办理多起市场金融类犯罪、毒品犯罪、职务犯罪和涉税犯罪案件，办案经验丰富。

谢秋生，中山大学法学学士，现为广东卓盈律师事务所执业律师，第十一届广东省律师协会经济犯罪辩护专业委员会委员，广东省律师协会刑事辩护律师库首批入库律师，广东省首批律师专业评定刑事专业律师，佛山市禅城区法律援助重大疑难案件专家组成员。执业十余年，专注刑事业务，拥有丰富的刑事辩护经验，曾办理多起无罪或不起诉经典案例，所代理的案件多次获得当事人、司法机关、行业协会的好评，取得了良好的法律和社会效果。

» 案例基本信息

案例类型：不起诉（2次发回重审）案例

业务类型：刑事辩护

人民检察院不起诉决定时间：2019年8月13日

机关名称：某省某区人民法院、某省某区人民检察院

辩护律师姓名：刘鹏涛、谢秋生

律师事务所名称：广东卓盈律师事务所

检索主题词：经济往来诈骗；发回重审；不起诉；无罪

» 案例正文

【案情简介】

案外人苏某某经商期间，多次向被害人徐某某借款，因经营不善，苏某某无力偿还徐某某巨额借款，双方一直未对借款具体金额进行书面确认。徐某某多次向苏某某追讨欠款未果。

追讨期间，被害人徐某某通过他人认识岑某某（本案委托人、当事人）。交往过程中，徐某某存在借款给岑某某投资参股他人酒吧等经济往来，岑某某得知苏某某拖欠徐某某款项一事，聘请了律师和催款人员，陪同徐某某一起多次前往苏某某老家催收欠款，但效果不明显，仅让苏某某父母签署了连带清偿担保书。

2013年4月左右，徐某某、岑某某通过谢某某（男，另案处理）的介绍认识了黄某某，又经黄某某介绍，认识了黄某甲（男，案外人，某机关工作人员）。双方商谈后，徐某某向黄某某出具了书面委托，由黄某某代为追收苏某某欠款，并在委托书中约定收款后黄某某等人的提成比例，委

托期限是1个月。

2013年5月，徐某某以苏某某涉嫌诈骗为由向公安机关报案，公安机关未予立案。

2013年7月17日，徐某某与苏某某双方在公安经侦大队确认苏某某具体欠款金额——8600万元。

2013年8月16日，苏某某因涉嫌虚假出资、抽逃出资罪被公安机关刑事拘留。在苏某某被刑事拘留期间，苏某某家属找到徐某某，答应分期归还徐某某欠款并先期支付部分款项。

2013年8月17日，徐某某向岑某某儿子岑某甲的银行账户转账200万元。同日，岑某某通过岑某甲的该银行账户，向黄某某转账100万元，向谢某某转账25万元；黄某某同日转账75万元至黄某甲妻子的银行账户。2013年9月17日，苏某某被取保候审。

徐某某与岑某某因琐事关系恶化，徐某某收回岑某某的酒吧股份用以抵债，并索回前述200万元，同时对各方通话进行了录音，后各方协商未果，徐某某以岑某某、黄某某等人诈骗为由向公安机关报案。2014年10月15日，岑某某和黄某某被公安机关以涉嫌诈骗罪刑事拘留。岑、黄二人的家属向徐某某表示愿意退回各人收取的费用，但徐某某对此未予回应。同年11月14日，岑某某被逮捕。审查起诉期间，某市某区人民检察院两次将案件退回侦查机关补充侦查，并延长审查起诉期限。2015年7月16日，某区人民检察院以岑某某、黄某某两人构成诈骗罪为由向法院提起公诉。

一审期间，被告人以涉及个人隐私为由申请案件不公开审理，法院同意并决定不公开审理此案。其间，案件经检察院申请，两次延期审理。2016年5月26日，某市某区人民法院作出〔2015〕佛城法刑初字第611号刑事判决（以下简称"611号判决"），认定"被告人岑某某、黄某某以非法占有为目的，虚构事实、隐瞒真相，共同骗取他人财物人民币200万元，数额特别巨大，其行为均已构成诈骗罪"，判处岑某某有期徒刑12年，并处罚金人民币50万元。

岑某某不服611号判决，提出上诉。某市中级人民法院经开庭审理，认为"原审认定上诉人岑某某、黄某某犯诈骗罪的事实不清、证据不足"，于2016年12月20日作出〔2016〕粤06刑终750号刑事裁定书，裁定撤销611号判决，案件发回重审（第一次发回）。

随后，在原审基础上，辩护人对控方证据重新进行梳理，分类比对研究（相关证据比对的文档或表格字数达数万字），归纳案件主要争议焦点和此前原审法院判决中遗漏的对案件定性有重要作用的法律关系和事实。

第一次重审期间，某区人民检察院两次向某区人民法院申请延期审理。2018年3月9日，某市某区人民法院作出〔2017〕粤0604刑初12号刑事判决（以下简称"12号判决"），仍认定"被告人岑某某、黄某某以非法占有为目的，虚构事实、隐瞒真相，共同骗取他人财物，数额特别巨大，其行为均已构成诈骗罪"，判处岑某某有期徒刑11年，并处罚金人民币50万元。

岑某某不服重审12号判决，提起上诉。审理过程中，某市人民检察院以补充证据为由，两次申请延期审理。恢复审理后，2018年12月20日，某市中级人民法院以12号判决在重新审理过程中违反法律规定的诉讼程序为由，作出〔2018〕粤06刑终382号刑事裁定，裁定撤销12号判决，再次发回重审（第二次发回）。

【辩护意见】

根据现有的事实及证据不能认定被告人岑某某构成诈骗罪，主要辩护意见如下：

一、相关法律关系和事实方面

1.被害人徐某某在认识岑某某不久后便知悉其真实姓名和身份，假设岑某某虚构身份，该行为也与本案被害人支付200万元无直接的因果关系。因相关的欠款纠纷，被害人已委托黄某某等人进行追索，被害人徐某某是因黄某某等人开展相关追讨欠款工作及收回部分欠款等才向黄某某等人支付200万元的。

2.黄某甲通过相关途径反映被害人徐某某与苏某某的欠款纠纷，对于具体处理过程及结果，岑某某、黄某某两人是不可能知悉或控制的。

3.本案并非共同犯罪。案发前，被告人岑某某和黄某某互不认识，被告人岑某某在此过程中仅为介绍人角色，作为徐某某的代理人向谢某某、黄某某等人寻求帮助，并领取相应的介绍回扣，后期并没有策划或参与向苏某某追债的过程，更没有与黄某某等人合谋，关于此点被告人黄某某也多次当庭供述予以佐证。两被告人主观无共谋，客观无分工或配合协助行为，不应认定为共同犯罪。

二、证据方面

1.被害人徐某某的陈述存在前后矛盾，隐瞒重大事实（与被告人岑某某存在其他经济关系；黄某某受托追讨欠款后，苏某某及其家属曾归还部分欠款），不排除被害人因其他原因而陷害被告人岑某某的可能。该证据证明力低，应结合其他证据，选择采纳。

2.本案认定被告人主观上有非法占有目的的证据，主要是依被告人岑某某在侦查阶段所做的有罪陈述。但是在律师最初会见过程中，被告人岑某某告知辩护人，其是在审讯过程中遭到威胁时才作出有罪供述的。对于此点，辩护人在侦查、审查起诉、审判的各阶段均坚决提出非法证据排除申请，包括要求检察机关或法院调查收集审讯视频（侦查机关以相关审讯视频保存过期未能调取为由作出书面说明）。辩护人认为，侦查机关的解释不成立，被告人岑某某在侦查阶段所作的有罪供述证据是非法证据，应依法予以排除，不应作为认定事实的证据（关于此点，法院在重审12号判决中虽未回应，但判决书内容仅引用了被告人在审查起诉阶段所做的供述和辩解，对被告人岑某某在侦查阶段的供述不再引用）。若对被告人岑某某侦查阶段有罪供述予以成功排除的话，则本案缺乏证据证明两被告人主观上存在非法占有目的。另外，岑某某在与徐某某有上千万经济往来时，并没有侵吞、欺诈被害人徐某某的钱，反而去诈骗几十万元，明显不符合常理。岑某某在徐某某向其追讨200万元后，也曾以手机短信、电话、直接上门的方式向"二黄"追讨返款，此时岑某某没有逃跑或藏匿。此外，岑某某在侦查机关第一次讯问时也明确答复可以自己代为垫付返款等，所有的这些都从侧面反映出被告人岑某某主观上无非法占有目的。

诈骗犯罪中，认定被告人是否具有非法占有目的，应当坚持主客观相一致的原则，既要避免单纯根据损失结果客观归罪，也不能仅凭被告人的供述进行认定，而应当综合全案证据，根据具体案情具体分析。司法实践中，可通过对表现客观行为的事实证据进行分析，推定行为人在实施犯罪行为时的主观心理状态。但运用推定时须注意：一是推定非法占有目的所依据的基础事实应有确实、充分的证据予以证明，控方对犯罪事实的证明标准应达到排除合理怀疑的程度；二是推定允许反驳，被告人只要提出相反证据，推定即失效；三是推定应符合逻辑法则和经验法则，得出的结论具有唯一性和排他性。

本案中的200万元转账情况，仅仅是一个客观事实，在排除被告人岑某某有罪供述的非法证据后，辩护人认为，原审法院判决认定两被告人有罪的相关证据就未能达到《中华人民共和国刑事诉讼法》规定的"犯罪事实清楚，证据确实、充分"这一证明标准。

【案件结果】

在第二次发回重审期间，某市某区人民法院决定对岑某某取保候审。2019年7月15日，某市某区人民检察院以"本案证据发生变化"为由申请撤回起诉，某市某区人民法院裁定准许检察院撤回起诉。2019年8月13日，某市某区人民检察院以"事实不清，证据不足，不符合起诉条件"对岑某某作出佛禅检刑不诉〔2019〕110号不起诉决定。

【案件评析】

本案历时将近5年，两被告人被羁押4年6个月，这期间经历了2次上诉，2次发回重审，多次补充侦查和延期审理。辩护人和被告人岑某某及其家属，一直通过上诉、申请、抗辩等合法途径主张诉求。本案被告人既是不幸的，也是幸运的。幸运的是案件的相关诉讼活动适用当时最新修正的《中华人民共和国刑事诉讼法》（2018年修正），前后期间也恰逢中央政法委出台了《关于切实防止冤假错案的规定》（中政委〔2013〕27号），以及"两院三部"出台的相关排除非法证据的司法解释或联合规定，再加上"以审判为中心"的司法改革制度的推行，刑事案件的一切都回归到证据。在此，应对贯彻这一制度以及落实相关司法精神的办案人员致以法律人的敬意！让"以审判为中心"的司法活动真正在阳光下运行，依据证据裁判规则作出裁判，一切刑事案件都在法治的阳光下审理，这对防止冤假错案具有极其重要的意义，也必将是我国刑事诉讼司法改革的里程碑。

【结语与建议】

刑事辩护的方向主要是：无罪辩护和罪轻辩护（含重罪转轻罪，罪数减少，存在免除、减轻或从轻情节，罚金减少等）。实现无罪辩护的路径主要有：第一类，事实无罪，如相关违法犯罪行为或事实不存在，或行为非被告人实施的无罪，或是情节显著轻微危害不大、不认为是犯罪，或是存在违法阻却事由等；第二类，因证据不足人民法院依法宣告的无罪。

诈骗类型犯罪的辩护方案，辩护律师通常可以从行为主体和对象、主观目的、客观行为、因果关系等多个维度分析、筛选方向，一旦确定方向，特别是以"证据不足"为无罪辩护理由的，辩护人要坚信自己，坚持到底。

认定诈骗犯罪被告人主观上"非法占有目的"的证据通常为被告人的口供，若被告人的口供存在非法取证并能依法予以排除的话，公诉机关指控犯罪的证据链便不能闭环，辩护人可以通过"证据不足"的方式为被告人做无罪辩护。

村企纠纷定性涉黑恶罪案

◇ 余安平　胡永升

律师简介

　　余安平，广东卓凡律师事务所合伙人暨刑事部顾问、广东省律师协会刑事法律专业委员会委员暨市律师协会刑事法律专业委员会副主任、省律师学院讲师，出版有《三十而律》等著作。

　　胡永升，侦查学专业法学学士、法律硕士。广东卓凡（仲恺）律师事务所执业律师，卓凡刑事法律事务部副部长。业务领域：专注刑事法律服务，包括刑事辩护、刑民行交叉案件代理、企业刑事合规等。

» 案例基本信息

案例类型：不起诉案例

业务类型：刑事辩护

人民检察院不起诉决定时间：2019年9月12日

机关名称：某省某市某县人民检察院

辩护律师姓名：余安平、胡永升

律师事务所名称：广东卓凡（仲恺）律师事务所

检索主题词：寻衅滋事；扫黑除恶；不起诉

» 案例正文

【案情简介】

2018年5月，余律师受朋友韩律师邀请前往某县S村开展扫黑除恶普法讲座，胡律师也一同前往。讲座结束即有村民咨询，他的儿子陈某在5月5日被某县人民检察院以寻衅滋事罪批准逮捕了，后其子所涉案件被定性为扫黑除恶案件，但他认为他的儿子不是什么黑恶势力，只是一个普通的外出务工的村民，也没有涉黑涉恶的行为，希望余律师能接受委托，为他的儿子进行辩护。

余律师和胡律师接受委托后，即前往看守所会见陈某，了解案情后，认为本案不构成寻衅滋事罪，达不到司法解释所规定的"情节恶劣"或者"情节严重"的程度，且本案属于相邻关系纠纷，不属于涉黑涉恶案件。遂向公安机关递交了《陈某不构成犯罪法律意见书》以及《取保候审申请书》，并向人民检察院递交了《对陈某羁押必要性审查申请书》，认为陈某不构成犯罪。

之后，案件被移送到了某县人民检察院审查起诉，律师即前往阅卷，公安机关在《起诉意见书》中对陈某的指控如下：

1. 以犯罪嫌疑人陈A（在逃）为首的部分S村村民，对W采砂公司在某村小组（与S村相邻）合法开设采砂场有意见，认为采砂场侵犯了村民的利益，伺机恣意闹事，阻止采砂场继续经营。

2. 2017年12月某日18时许，犯罪嫌疑人陈B（另案处理，与陈某有亲戚关系）驾驶摩托车途经W采砂公司采砂场路段时，险些与采砂场的一辆运砂车发生碰撞，此后陈B并没有离开，而是窜入采砂场作业区。陈B见受害人张某驾驶的农用车启动慢速倒车时，故意站在农用车后面以"碰瓷"的方式倒在地上蓄意闹事。

尔后，在陈A的组织策划下，陈C（陈B的儿子）、陈D（陈B的哥哥）纠集包括陈某在内的数名犯罪嫌疑人到W采砂公司采砂场堵塞道路、起哄闹事，阻碍到场交警疏通道路和对事故车辆做扣押处理，不听民警劝阻，坚持阻止采砂场的运砂车辆出入通行，迫使采砂场停止生产。犯罪嫌疑人陈A安排陈C、陈D、黄某在采砂场守夜堵路，无故限制采砂场的运沙车离开，致使采砂场停止营业，遭受重大经济损失。

3. 第二天上午10时许，在犯罪嫌疑人陈A的组织下，犯罪嫌疑人陈C、陈D等伙同犯罪嫌疑人数人经商策后，以发生交通事故危害村民出行安全为由，再次到W采砂公司采砂场聚集起哄闹事。打砸W采砂公司采砂场办公场所，强行登上位于江中心的采砂船，并将砂子倒入采砂船上的3台发电机内再启动发电机，造成采砂船上的3台发电机损坏（价值人民币37 200元）。

4. 2018年1月某日，犯罪嫌疑人陈C、王某伙同数人找到W采砂公司刘经理和受害司机张某，以陈B在采砂场发生交通事故为由，向W采砂公司和受害人张某索要钱财30 000元。被害人为了息事宁人，害怕影响正常生产经营，便支付了钱财给犯罪嫌疑人陈C和陈D，其中被害人张某支付了20 000元、W采砂公司支付了5000元。

综上所述，犯罪嫌疑人陈C、陈D、陈某等人的行为均已触犯《中华人民共和国刑法》（2017年修正）第293条之规定，涉嫌寻衅滋事罪。依照《中华人民共和国刑事诉讼法》（2018年修正）第160条之规定，现将此案移送审查起诉。

【辩护意见】

余律师与胡律师经过充分阅卷，详细查看案发现场视频资料，会见陈某并与之充分进行核实沟通后，认为本案应坚持做无罪辩护。

余律师认为，本案发生的根本原因是村民与采砂场之间的民间纠纷，即相邻关系纠纷（因采砂场运砂的道路是村民外出的唯一道路），直接原因是村民陈B与运砂车辆发生交通事故而采砂场怠于处理，即使陈B是"碰瓷"，陈某在事发当时也并不知情。陈某在案发当晚基于与陈B之间的亲戚关系出于关心去现场查看，主观上并无寻求刺激、发泄情绪、逞强耍横等动机，不具有寻衅滋事的故意，其当晚在现场的行为也完全达不到"情节恶劣"或者"情节严重"的程度。同时，没有证据表明其与陈C、陈D等人存在意思联络，他人所实施的堵路行为等过激行为，与陈某无关。

胡律师认为，会见时陈某本人称第二天其并未参与村民在采砂场的聚集行为，更没有参与破坏采砂船的行为，当天一大早其就和妻子一起带小孩前往市医院看病，对于之后发生的和解等情形并不知情，也未参与。虽然《起诉意见书》没有明确指控陈某有参与第二天的上述聚集行为，但公安机关所搜集的部分言词证据、辨认笔录里，却有个别犯罪嫌疑人、证人指认陈某参与了第二天的涉案行为，对陈某不利。对此，下一步的辩护工作，一方面要继续深入阅卷，挖掘细节，还原真相；另一方面，要通过再次会见陈某及与其家属沟通，寻找线索，搜集其不在场证明。

随后，律师起草了《建议对陈某不起诉法律意见书》，连同所搜集的陈某的不在场证明（陈某及其妻子前往市医院时滴滴乘车的路线、起止时间、支付记录，医院就诊病历资料及缴费票据，吃早餐及在便利店买东西的微信支付记录等）一起递交给人民检察院，并与检察官多次面谈，当面陈述辩护意见。本案承办检察官也认为本案存在证据不足、事实不清之处，两次将案件退回补充侦查。而律师也分别针对两次补充侦查的卷宗证据材料，分别起草、递交《建议对陈某不起诉补充法律意见书》。律师的主要辩护意见如下：

1. 本案实由民间纠纷引起，并非无事生非，不存在涉黑涉恶情形，不具有黑社会性质，陈某等也明显不属于黑恶势力成员，本案不应当定性为"扫黑除恶"案件。

2. 陈某于2017年12月某日晚前往事故现场的目的，是得知自己叔公陈B被撞发生交通事故，其作为亲人出于关心而前往查看状况。陈某主观方面不具有寻求刺激、发泄情绪、逞强耍横等动机，不具有寻衅滋事的故意，不符合寻衅滋事罪的主观方面构成要件。

（1）陈某于2017年12月某日晚前往事故现场的目的，是得知叔公被撞前去查看状况，而非寻衅滋事。

（2）包括陈某在内的本案众多涉案人员均称，在到案看到侦查人员所播放的现场视频后才得知陈B可能是"碰瓷"，这也表明了陈某没有寻衅滋事的主观故意。

（3）现有证据也表明，陈某与陈B，参与堵路的陈C、陈D、黄某等人之间均无意思联络，陈某对于其他人的不当行为不应承担任何责任。

3. 陈某未实施《中华人民共和国刑法》（2017年修正）第293条所规定的寻衅滋事行为，未造成社会秩序破坏，不符合寻衅滋事罪的客观方面构成要件。

（1）2017年12月某日当晚，陈某从到达事故现场到离开事故现场期间，未实施寻衅滋事行为。

陈某于2017年12月某日当晚，未实施堵路行为，《起诉意见书》指控陈C、陈D纠集陈某等堵塞道路等与事实不符。

陈某于2017年12月某日当晚未实施其他闹事等寻衅滋事行为。其当晚唯一的一次不当行为也不符合《中华人民共和国刑法》（2017年修正）第293条第1款第（一）至（四）项所规定的情形，更不属于"情节恶劣"或"情节严重"，不构成寻衅滋事罪，而应属于情节显著轻微，危害不大，不认为是犯罪之行为。

（2）第二天发生的村民破坏采砂船等行为以及之后发生的与采砂场沟通和解等行为，陈某未参与，并不知情，直到2018年清明节回家时才知道有此事，此事与陈某无关。

第一，本案现有证据无法证明陈某参与了第二天在采砂场办公室闹事、破坏采砂船等行为，同时现有证据也表明陈某未参与其他村民与采砂场之间的后续谈判活动。

第二，有其他证据证明陈某当天确实与妻子带子女前往市医院看病，其并未参与当天在采砂场办公室闹事、破坏采砂船等行为。

综上所述，陈某不构成寻衅滋事罪，建议人民检察院对陈某作出不起诉决定。

【判决结果】

此案经过两次补充侦查、三次延期，并经过拆案处理，最终人民检察院采纳律师意见，对陈某作出不起诉决定。

【裁判文书】

经本院审查并退回补充侦查，本院仍然认为某县公安局认定的犯罪证据不足，不符合起诉条件。依照《中华人民共和国刑事诉讼法》（2018年修正）第175条第4款的规定，决定对陈某不起诉。

【案例评析】

扫黑除恶专项斗争，是以习近平同志为核心的党中央作出的重大决策，事关重大，意义重大。同时，扫黑除恶专项斗争应"始终在法治轨道上推进，经得起历史和法律检验"。最高人民检察院检察长张军提出"是黑恶犯罪一个不放过，不是黑恶犯罪一个不凑数"。本案正是这样一个"不凑数"的案件。律师针对本案的全部案情，首先提出此案并不属于涉黑涉恶案件，而是一般民间纠纷引起的治安事件，然后针对本案陈某的具体行为提出其不符合寻衅滋事罪的犯罪构成，建议对陈某不起诉。而承办此案的人民检察院与检察官在办理此案的过程中，认真听取律师的辩护意见，依法履行其审查起诉职责，查明案件全部事实，最终采纳律师的辩护意见，依法对陈某作出不起诉决定，其专业、敬业与担当令人敬佩。

【结语与建议】

明代大儒吕坤言，"为人辩冤白谤，是第一天理"。笔者深以为然，这也是包括律师、检察官等在内的法律共同体的共同追求。最高人民检察院检察长张军近日指出："检察官既是犯罪的追诉者，也是无辜的保护者，应坚守客观公正立场。""尊重和保障律师执业权利是应有之义，也是秉持客观公正立场的必然要求。""办案中要真正把律师当成法律职业共同体，真诚尊重、真心支持。"而此案最终能获得不起诉的结果，不仅是因为律师认真专业的辩护，也得益于检察官的恪尽职守，尊重律师、重视律师意见，秉持客观公正的立场，保护无辜者不受刑法的追究。

朱某某涉嫌掩饰、隐瞒犯罪所得案

◇　许福天

律师简介

　　许福天，1965年11月15日生，1987年7月毕业后分配到中国农业银行工作，2009年8月从农业银行辞职到广西钰锦律师事务所任职业律师，2014年12月创办了广西宁泽律师事务所。执业十余年，常年办理刑事辩护案例，擅长金融诉讼。

» 案例基本信息

案例类型：无罪判决或撤诉、不起诉案例

业务类型：刑事辩护

人民检察院不起诉决定时间：2019年10月6日

机关名称：某省某市某县人民检察院

辩护律师姓名：许福天

律师事务所名称：广西宁泽律师事务所

» 案例正文

【案情简介】

朱某某，男，广西壮族自治区某市人，其于2018年7月中旬将一张卡号为6228××××××××8430078的银行卡借给一名越南籍女士使用。2018年12月3日，"兰兰"（女，在逃，越南国籍，身份不明）、"咪咪"（女，在逃，越南国籍，身份不明）到河南省某县某镇吕村集村苏某某家找苏某某的女友"孟某"（女，在逃，越南国籍，身份不明）。2018年12月16日、18日下午，在"孟某"家，"兰兰""咪咪"通过"孟某"和媒人介绍，以娶亲为名先后骗取陈某某"彩礼"80 000元、许某"彩礼"80 000元。"兰兰""咪咪"在12月16日、17日、18日3天时间通过苏某某的银行卡在某县某镇某银行营业厅内向账号为6228××××××××8430078的银行卡内转账三次，共计110 000元。2018年12月19日上午，"孟某""兰兰""咪咪"三人在某镇大众浴池外经他人接应后逃跑。

2018年12月31日，犯罪嫌疑人朱某某因涉嫌诈骗罪被某县公安局刑事拘留，经某县人民检察院批准，因涉嫌掩饰、隐瞒犯罪所得、犯罪所得收益罪于2019年2月1日被依法逮捕。

【辩护意见】

2019年4月22日，辩护律师向某县人民检察院提出《关于对朱某某案退回补充侦查的法律意见书》，建议该院将朱某某涉嫌掩饰、隐瞒犯罪所得、犯罪所得收益罪一案退回公安机关补充侦查。后该院两次将该案退回某县公安局补充侦查，但并未侦查到新的实质性证据。

之后，辩护律师在坚持朱某某既不构成诈骗罪，也不构成掩饰、隐瞒犯罪所得、犯罪所得收益罪的法律意见的基础上，再次向该院就朱某某涉嫌掩饰、隐瞒犯罪所得、犯罪所得收益罪提出不起诉的法律意见，理由如下：

一、据以定罪的证据存在疑问，无法查证属实

1. 朱某某手机某银行App显示的转账记录是如何形成的没有查证属实。因为电脑操作的转账记录以及柜台操作的转账记录都会在手机App中显示。

2. 2018年12月16日，对尾号为0078的银行卡进行转账操作，将60 000元转入陈某某账户的行为人是否为朱某某没有查证属实。

3. 2018年12月18日，对尾号为0078的银行卡进行转账操作，将29 400元转入陈某某账户的行为人是否为朱某某没有查证属实。

4. 2018年12月19日，对尾号为0078的银行卡进行转账操作，将15 000元转入杨某某账户的行为人是否为朱某某没有查证属实。

5. 2018年12月21日，对尾号为0078的银行卡进行转账操作，将10 700元转入陈某某账户的行为人是否为朱某某没有查证属实。

以上转账行为均是涉嫌掩饰、隐瞒犯罪所得、犯罪所得收益罪的行为，但是现有证据没有对实施上述掩饰隐瞒所得的具体行为人进行查证、核实。

二、犯罪构成要件事实缺乏必要的证据予以证明

掩饰、隐瞒犯罪所得、犯罪所得收益罪是指行为人明知是犯罪所得，而故意实施掩饰隐瞒的行为，妨碍刑事司法活动的犯罪。其构成要件为：①行为人须明知是犯罪所得，主观上须是故意；②行为人故意实施掩饰隐瞒的行为；③行为人掩饰隐瞒的行为妨碍了刑事侦查活动的正常进行。

结合本案证据，朱某某构成掩饰、隐瞒犯罪所得、犯罪所得收益罪的构成要件事实缺乏必要证据予以证明：

1. 无任何证据证明朱某某对越南女子的诈骗行为知情，也没有任何证据证明朱某某知悉存入尾号为0078银行卡的110 000元为犯罪所得。

朱某某在其讯问笔录中多次陈述尾号为0078的银行卡于2018年8、9月交付给黎某使用，该卡也一直由黎某持有。朱某某也一直坚称对卡内的资

金来源并不知情。

2. 没有证据证明朱某某实施了掩饰、隐瞒的行为。

朱某某于2018年8、9月将尾号为0078的银行卡、K宝以及绑定的手机卡一并交与黎某使用。结合全案证据，没有任何证据证明是朱某某对尾号为0078的银行卡进行转账操作，于2018年12月16日、18日共将89 400元汇入了陈某某账户；没有任何证据证明是朱某某对尾号为0078的银行卡进行转账操作，于2018年12月19日将15 000元汇入杨某某账户；也没有任何证据证明是朱某某对尾号为0078的银行卡进行转账操作，于2018年12月21日将10 700元汇入张某某账户。

3. 没有证据证明朱某某的行为妨碍了正常的刑事司法活动。

妨碍刑事司法活动是指妨碍刑事侦查、起诉、审判等活动，影响追缴赃物、没收以及退赃的行为。本案案发后，朱某某积极配合侦查机关的侦查活动，积极提供与案件有关的线索，没有实施影响追缴赃款的行为。

综上，本案经该院退回补充侦查两次后，仍然存在据以定罪的证据存在疑问，无法查证属实；犯罪构成要件事实缺乏必要的证据予以证明的情形。综合全案现有证据，不能证明朱某某的行为构成掩饰、隐瞒犯罪所得、犯罪所得收益罪，辩护人根据《人民检察院刑事诉讼规则》（高检发释字〔2012〕2号）第403条、第404条之规定，建议该院对朱某某涉嫌掩饰、隐瞒犯罪所得、犯罪所得收益罪一案作出不起诉的裁定。后该院与某县公安局沟通，将案件退回公安局，该案没有起诉。

【判决结果】

2019年10月6日，某县公安局变更强制措施为取保候审，释放朱某某。2020年11月30日，取保候审期限届满，某县公安局解除取保候审并退还保证金。

【裁判文书】

释放证明书。

【案例评析】

本案属于一起人民检察院变相作出不起诉决定的案件。本案的焦点在于对《中华人民共和国刑法》（2017年修正）第312条"掩饰、隐瞒犯罪所得、犯罪所得收益罪"的犯罪主观要件以及客观要件的解读。朱某某的银行卡已出借给他人使用，其对于银行卡内的资金往来均不知情，其不符合掩饰、隐瞒犯罪所得需要"明知"的法律特征，因此，朱某某不构成掩饰、隐瞒犯罪所得罪。除此之外，因银行卡不在朱某某手上，朱某某并没有对该银行卡内的资金有任何操作，不具备构成掩饰、隐瞒犯罪所得罪的客观要件。

【结语与建议】

在案件办理过程中，辩护人能准确把握和适用刑法总则和分则，严格依照罪刑法定原则，结合案件事实多方位、多角度进行严密的法律论证。辩护人在案件办理过程中能充分地与侦查人员、公诉人进行交流，工作重心前移，最大限度地维护当事人的合法权益。

李某被控诈骗罪案

◇ 宋　俊

律师简介

　　宋俊，中共党员，安徽大学刑法学硕士研究生。2014年从事律师工作，执业以来主做刑事案件，现为安徽景旺律师事务所（安徽省五十强律所）刑事业务委员会主任，至今获得7件无罪案例。2019年获铜陵市首届"十大优秀青年律师"称号。

» 案例基本信息

案例类型：不起诉案例

业务类型：刑事辩护

人民检察院不起诉决定时间：2019年10月24日

机关名称：某省某区人民检察院

辩护律师姓名：宋俊

律师事务所名称：安徽景旺律师事务所

» 案例正文

【案情简介】

2012年5月至2017年4月，犯罪嫌疑人李某与某市医院合作，承包该院职工食堂，院方提供场地及售饭一卡通系统软件、电脑、职工就餐IC卡等设施，双方签订《餐饮服务合作合同》，约定按职工实际消费金额结算，期限为5年。李某利用该食堂场地同时成立"响当当"餐厅对外经营并在院方配备的电脑系统内设立用户，使用与院方相同的就餐IC卡对外进行发卡充值、消费。其间，由医院财务人员每个月在食堂电脑系统使用院方用户对本医院职工就餐消费数据进行汇总统计，打印每月汇总表格，经相关部门审核审批后财务结算，并将款项支付到李某账户。后李某发现该院财务人员在食堂电脑使用系统时误将其个人对外经营的"响当当"餐厅消费数据与院方职工就餐数据一并汇总统计并结算，遂利用院方工作人员使用系统汇总统计失误，多次登录该系统账号进行大量虚构的大额充值和消费，骗取院方结算资金（经审计）124万余元。2017年5月，双方合作结束后，院方发现李某在合作期间的账面数据异常，并报警控告李某诈骗。

2018年9月19日，某市公安局将李某以诈骗罪刑事拘留。2019年4月18日，案件移送人民检察院审查起诉，后经两次退回补充侦查，某市人民检察院对李某作出不起诉的决定。

【辩护意见】

本案涉及的罪名为诈骗罪，指控的核心证据为《审计报告》，该报告证实存在院方多支付给李某124万余元款项的情况。因此，该《审计报告》是否具有证据的证明效力以及李某是否具备诈骗的客观行为是本案的关键。本案辩护人总的辩护意见是《审计报告》不具有证据的证明效力，李某客观上没有实施诈骗的行为，因而无罪，具体辩护意见如下：

一、《审计报告》所依据的数据来源不清楚，存在受污染的可能性，且《审计报告》无法得出李某获得124万余元的审计结论，从而该报告不具备证据的证明效力，不能作为本案的指控依据

1. 审计的检材来源不明，真实性无法核实。根据《公安机关鉴定规则》第20条"委托鉴定单位提供的检材，应当是原物、原件。无法提供原物、原件的，应当提供符合本专业鉴定要求的复印件、复制件。所提供的复印件、复制件应当有复印、复制无误的文字说明，并加盖委托鉴定单位公章。送检的检材、样本应当使用规范包装，标识清楚"之规定，该《审计报告》的检材不符合要求。卷宗第1卷第35页，《审计报告》陈述该审计依据的是某市医院提供的相关数据等资料，但是这些资料不是一卡通机器的原始数据资料，只是某市医院内部做账的会计凭证，属于单方面的证据，且真实性无法核实，不能作为审计的依据材料。

2. 退一步说，即使该会计凭证能作为审计依据，但因无相关消费明细，无法核实该凭证数据的真实性，更加无法推算某市医院多支付124万余元的事实存在。根据会计学"账实相符、账证相符"的原则，某市医院应当提供一卡通消费原始数据，包括某市医院（1号通道）和"响当当"餐厅（2号通道）两部门的消费数据，但截至今日仍未提供。正因为没有两部门分别计算的消费数据，无法证实某市医院报案所称多支付124万余元的事实客观存在。《审计报告》只能证实消费金额总额为617万余元，而因没有"响当当"餐厅的消费明细表而无法进一步指控李某多占有124万元的客观事实存在。

3.《审计报告》的审计结论与一卡通的消费数据存在差异，且无法查明造成这种差异的原因存在，进而无法核实某市医院到底支付给李某多少钱款，是否存在多支付费用的情况。

综上所述，辩护人认为本案的《审计报告》因为真实性存在问题，且《审计报告》的结论无法得出某市医院多支付给李某124万余元的审计结论，因此不能作为指控李某涉嫌诈骗的证据使用。

二、李某主观上不具有非法占有的目的，现有证据无法证明李某通过技术手段修改了消费数据，且无证据证实李某多获得钱款

1. 李某与某市医院存在合法的合同基础，李某获得钱款是基于双方签订的合同条款。2012年5月15日，李某与某市医院签订《餐饮服务合作合同》，期限为5年。《餐饮服务合作合同》约定，某市医院以定向购买服务的方式向李某转让食堂功能，某市医院将院区内的餐饮市场向李某独家开放，李某为某市医院的员工、患者以及家属提供餐饮服务，包括员工餐、快餐、病员餐、招待餐。双方的结算方式为：某市医院的员工餐通过专用IC卡计费，按实际消费额支付给李某；快餐、病员餐由李某自行与消费者结算；招待餐由某市医院人员授权签字后，按实际消费额支付。2017年5月15日，双方的餐饮合作合同到期，未续签合作协议。之后，李某因某市医院未支付2017年5月的结算餐费7万余元而向法院起诉，一审、二审法院支持了李某的诉讼请求。

2. 从卷宗第2卷第32页，由某市医院出具的《关于响当当餐厅餐饮一卡通结算办理流程说明》内容显示："财务部门从餐饮一卡通系统导出该系统自动生成的会计出纳汇总表作为当月消费结算依据并交给响当当餐厅负责人。响当当餐厅负责人将该表交给我院相关部门及分管领导审批确认，完成审批确认后，响当当餐厅负责人将该表交给财务部门作为当月最终消费结算依据。"从整个流程来看，李某只履行签字确认程序，其他的事项均由某市医院实施，在整个核算程序中完全由医院来主导，且结算所依据的消费数据也是由医院的工作人员导出的。因此，在整个过程中，李某不存在修改数据以获得多支付钱款的行为。另外，根据补充侦查二卷第9页，邢某某的笔录可以证实李某不存在与医院工作人员相勾结的情形。因此，李某获得医院支付的费用是基于双方签订的合同，是正常的民事法律行为，不存在诈骗的主观故意。

3. 李某客观上没有实施诈骗的行为。所谓诈骗的客观行为是指虚构事实或者隐瞒真相，但本案不具有这种情况。第一，李某没有修改一卡通数据的行为。从李某的笔录中可以看出，一卡通机器设置之初就存在1号通道和2号通道这两个结算单位。作为"响当当"餐厅负责人的李某，只对2号通道有登录的权限，1号通道属于某市医院所有，账号和密码是保密的，李某不清楚。且经过调查也能证实，李某没有通过技术手段对一卡通数据进行修改，也没有能力进入1号通道修改消费数据。虽然出现了部分错误，但从厂家的笔录可以看出这是由机器本身产生的，与李某本人无关。第二，李某没有隐瞒真相，某市医院没有陷入错误的认识。从上述结算的过程可以发现，医院是全程主导的，如果存在错误认识的话可能存在诈骗的行为，但在案的证据材料能证实财务人员没有产生错误认识。补充侦查卷宗第13页，丁某某笔录："问：你使用一卡通系统时有没有发现该系统异常？答：没有。问：你是否反映过账套不能分割的情况？答：没有。如果有这种情况我不可能不反映的，也不可能仅仅只跟刑某明说，我至少会跟科室领导反映的，这是财务人员最基本的素质。"从上述笔录可以看出，财务结算人员从未发现系统出现过问题，在结算时没有陷入错误认识，且这种错误认识是李某造成的。

4. 刑某某等人的证言属于利害关系人证言，证明力低，且刑某某的证言证实存在前后矛盾的情形，不能作为指控李某涉嫌诈骗的证据使用。

5. 某市医院认定李某拿走电脑并销毁原始凭证的依据不足。第一，李某本人的笔录予以否认，李某认为是某市医院未经同意自行拿走了电脑。这一点在李某本人笔录补充侦查卷宗第1卷中予以反映。第二，搜查笔录显示，李某家里没有搜查到任何有关本案的电脑、数据等材料。因此，医院认定李某拿走电脑并销毁原始数据没有证据予以支持。

综上所述，李某主客观的行为不符合诈骗罪的构成要件。

【判决结果】

某市某区人民检察院于2019年10月24日作出不起诉的决定。

【裁判文书】

某市某区人民检察院（检刑不诉［2019］13号）不起诉决定书。

【案例评析】

本案属于广义上的无罪判决。本案的焦点在于公安机关委托第三方机构作出的审计报告能否作为指控的证据。辩护人通过阅卷以及与当事人进行多次沟通、确认审计报告依据的材料是否存在被污染的可能性，且人民检察院也要求公安机关调取原始的财务数据，但均无法调取。基于审计报告的结论不客观、不真实，无法反映出"被害单位"存在金钱损失，因此无法认定行为人构成诈骗。

【结语与建议】

辩护人在阅卷过程中，一定要重视第三方作出的报告等鉴定材料，这些报告在经济类犯罪中一般属于核心证据，如果能从程序上、实体上否定该鉴定材料的证据效力，无罪辩护的成功率会大大提高。

马某、许某等6人涉嫌诈骗罪案

◇ 于晓昆

律师简介

　　于晓昆，山东大学法学学士。山东豪德律师事务所合伙人、监督委员会主任、明辨刑事辩护团队负责人、中国法学会会员、潍坊电视台《看法》栏目特邀嘉宾。专业特长：刑事辩护、企事业单位法律顾问服务。

» 案例基本信息

案例类型：不起诉案例

业务类型：刑事辩护

人民检察院不起诉决定时间：2019年10月30日

机关名称：某省某市某县人民检察院

辩护律师姓名：于晓昆

律师事务所名称：山东豪德律师事务所

检索主题词：诈骗罪；不起诉

» 案例正文

【案情简介】

2017年4月，吴某丈夫柳某因涉嫌诈骗罪被潍坊市某公安机关抓获（该案此时处于侦查阶段），吴某通过中间人曹某、杨某找到许某（北京人，某投资公司副总经理，其父亲许某某是某部队退役中将，自称跟潍坊市某公安局局长关系很熟）协调处理该案，要求为柳某争取"撤案、办理释放或免于起诉"的效果。许某与吴某面谈后许诺帮忙处理，并向吴某先后索要了250万元用于疏通关系。但许某实际上并不认识潍坊市某公安局局长。

随后，许某找到其司机丛某（山东人，曾在北京某部队服兵役）询问在潍坊是否有"关系"可以帮忙处理柳某诈骗案。丛某便找到潍坊战友瞿某了解情况，瞿某是潍坊市某部门区分局副局长马某的司机，其答应找马某了解一下案情，视情况看能否帮忙。

马某与瞿某到北京出差时丛某曾多次给予帮助，丛某也向马某介绍过许某的家庭背景。瞿某找到马某后，马某答应先帮忙了解案情。后马某打听到：柳某所涉诈骗数额高达千万，要争取"撤案、办理释放或免于起诉"的结果难度非常大。丛某把情况跟许某汇报后，许某让丛某不用担心费用问题，务必让马某托关系处理好本案。丛某见有利可图，在未与瞿某、马某商量的情况下私自向许某提出要80万元的协调费用，许某答应并陆续把资金转给丛某。

后来，丛某以柳某是许某亲友为由提出务必让马某帮忙争取最好结果，并表明不用担心费用问题。后，丛某先后转账30万元至瞿某账户，让瞿某、马某帮忙托关系协调处理案件，剩余50万元协调费用则私吞。马某碍于情面且希望借机结识许某，于是将该30万元全部用于托关系找司法部门领导协调柳某一案。

最后，在马某托关系帮助之下，柳某由公安侦查阶段的"涉嫌诈骗罪"变更为审查起诉阶段的"涉嫌虚假诉讼罪"并在已被逮捕的情况下变更强制措施为取保候审。案件最终，柳某因犯虚假诉讼罪被判处1年6个月有期徒刑并宣告缓刑。

在马某帮忙托关系处理柳某诈骗案件期间，吴某不断通过中间人曹某、杨某向许某询问案件进展，许某再向司机丛某了解情况，丛某再通过战友瞿某向马某了解情况。因中间环节太多消息不能及时准确传递，加上许某对案件情况不甚了解、表述不当等原因，让吴某等人觉得许某根本没对案件起作用。吴某等人认为柳某本来就该被判缓刑，他们被许某等人的"无罪、免诉"等承诺欺骗了。

后来，吴某多次找许某要求退款，未果。最后，吴某向潍坊市某公安局局长去信反映：有人假借局长名义诈骗巨额财物。该局长在了解相关案情后要求刑警立案侦查。

2019年3月3日，吴某到公安局报案，3月5日，公安局以诈骗罪立案侦查并陆续抓获曹某、杨某、许某、丛某等人。2019年3月29日，公安机关以瞿某、马某涉嫌吴某被诈骗一案为由对其进行传唤，并于次日刑事拘留。到案后瞿某、马某交代了帮忙托关系为柳某办理取保候审、宣告缓刑的经过，但否认参与实施诈骗吴某的事实。

2019年6月13日，侦查机关将马某涉嫌诈骗一案向潍坊市某县人民检察院移送审查起诉。案件在经过两次退回公安机关补充侦查后，于2019年10月30日由检察机关依法作出对马某不起诉的决定书。

【辩护意见】

诈骗罪，是指行为人以非法占有他人财物为目的，通过虚构事实或者隐瞒真相等欺骗手段，使被害人陷入认识错误并因为该认识错误而自愿处分自己的财物，行为人最终取得他人财物的行为。结合诈骗罪的犯罪构成来讲：

一、马某在本案中无诈骗的主观故意

需要注意的是，本案的被害人吴某及其丈夫柳某、证人李某自始至终都不认为是被马某诈骗了，而是坚定地认为是被许某、曹某、杨某所骗。

1. 在此之前马某不认识被害人吴某一方任何人员，也不认识曹某、杨

某，甚至至今都未见过许某本人，而且马某不仅是一名公务员，还是所在单位的领导，因此其没有理由和主观动机来诈骗他人财物，因为这与其身份严重不符，且不合常理。

2. 虽然马某在客观上被牵扯到本案之中，但其从未就本案的任何活动与许某、曹某、杨某、丛某等进行过协商或共谋。早在丛某通过瞿某找到其之前，徐某、曹某、杨某就已经将收取300万费用为柳某办理撤案放人、免于起诉一事与被害人一方商讨完毕（后续事宜仅仅是随案件进展，分期支付款项的问题），马某既不知情，又未参与其中。所以，《起诉意见书》认定其伙同他人实施诈骗是完全错误的。

二、马某无非法占有财物的主观目的

马某之所以涉案是因为在不知真相的情况下，答应丛某帮许某了解其"亲友"柳某的案子并帮忙办理取保候审手续，并非为了谋利或谋财。丛某转账至瞿某账户的30万元款项，马某既没有经手更未使用，也未向任何人提出过收取报酬的请求，该事实足以证实其不具有非法占有财物的主观目的。其主观目的实际为：碍于情面，为朋友帮忙。

三、马某客观上未实施任何虚构事实、隐瞒真相的欺骗行为

马某在本案中主要有以下三个行为：

1. 答应丛某并通过自己的关系替许某了解柳某一案的具体情况以及办理取保候审的可能性和所需条件。

2. 向吴某如实陈述柳某的案件需要配合公安机关办案，认罪可办理取保候审，但无予起诉或宣告无罪的可能性。

3. 给吴某推荐了一名律师，会见柳某协助办理取保候审手续。

上述行为，均是合法行为。特别是马某如实地向吴某陈述取保候审所需条件并推荐律师会见，客观上帮助了柳某尽早被公安机关取保候审。

另外，案件侦查阶段马某已申请将丛某给瞿某的30万元涉案资金退交办案机关，弥补被害人损失。

综上所述，辩护人认为嫌疑人马某没有与他人合谋实施诈骗的行为，其在本案中的行为不符合《中华人民共和国刑法》（2017年修正）规定的

诈骗罪的构成要件，应当依法认定其不构成犯罪。

【判决结果】

某省某县人民检察院于2019年10月30日作出不起诉决定书，以潍坊市公安局认定的犯罪事实不清、证据不足，不符合起诉条件为由，决定对马某不起诉。

【裁判文书】

某省某县人民检察院（乐检公诉刑不诉〔2019〕39号）不起诉决定书：

经过两次退回补充侦查，本院仍然认为潍坊市公安局认定的犯罪事实不清、证据不足，不符合起诉条件，依照《中华人民共和国刑事诉讼法》（2018年修正）第175条第4款的规定，决定对马某不起诉。

【案例评析】

本案的焦点问题在于对《中华人民共和国刑法》（2017年修正）第25条第1款共同犯罪以及第266条诈骗罪犯罪构成的理解与适用。本案中，马某事前既未与许某等人共谋帮吴某丈夫脱罪并收取财物，更未向许某实施虚构事实、隐瞒真相的行为以获取财物，只是碍于许某及丛某请托的面子才利用自己的关系，去帮助协调案件。对于许某、丛某等人的诈骗预谋更是毫不知情。因此，马某在本案中的行为不符合诈骗罪的犯罪构成，同样也不属于共犯。抓住这两个关键点，在辩护过程中，时刻与办案机关保持沟通，确保上述辩护意见传递给每一个案件承办人，是本案获得理想结果的取胜之匙。

【结语与建议】

把无罪推定和疑罪从无原则贯彻到刑事案件的每一个环节，是每个刑辩人的梦想。

陈某涉嫌敲诈勒索罪案

◇ 冯九辉

律师简介

冯九辉，毕业于西南政法大学法律系，现为北京盈科（长春）律师事务所合伙人、女工工作委员会副主任、人才战略委员会副主任、监察合规与企业内控法律事务部执行主任，西南政法大学吉林校友会秘书长。

专注于刑事、民商事案件。为政府、建设工程、医药、家装、美容、电子、旅游等行业以及特许经营行业提供法律顾问服务。

» 案例基本信息

案例类型：不批捕、不起诉案例

业务类型：刑事辩护

公安局不批捕决定时间：2019年11月4日

机关名称：某省某市公安局

承办律师姓名：冯九辉、孙浩岩

律师事务所名称：北京盈科（长春）律师事务所

检索主题词：敲诈勒索；不批捕；不起诉

» **案例正文**

【案情简介】

2015年，因相邻土地关系等问题，王某伙同自己的亲属，将本案嫌疑人陈某强行带到王某亲戚家里，非法拘禁了一个晚上。王某、葛某等人对陈某进行殴打，并对其进行威胁，扬言要陈某的命，同时逼迫陈某签下了以王某为出借人的6万元欠条。陈某为了防止继续被拘禁、殴打，无奈之下，在虚假的6万元借条上签了字。次日，陈某到当地派出所报案，反映自己被非法拘禁并被迫在借条上签字的事情。D市公安局对王某进行了讯问。后王某三番五次地托人向陈某求情，希望了结此事，并主动赔偿陈某各种损失合计30万元。

2019年10月，陈某家属跟律师反映，王某向D市公安局举报陈某涉嫌敲诈勒索罪，且当年参与此事的王某的亲属们都做了对陈某不利的证人证言，D市公安局已经对此立案侦查，并将陈某刑事拘留，羁押于D市看守所。

接受委托后，辩护人立即对案件事实进行梳理，分析法律关系，马上得出嫌疑人陈某可能不构成刑事犯罪的初步判断。由于家属见到律师时已经是嫌疑人陈某被羁押的第二天，律师随即意识到了问题的严重性，当日便赶往D市看守所会见陈某，并第一时间与办案民警进行沟通。接受委托后的三日内，辩护人两次前往D市，赶在侦查机关提请批捕前与公安机关、人民检察院的办案人员进行了非常充分的沟通。在嫌疑人被羁押的第七天，辩护人接到了D市人民检察院工作人员的电话，对陈某不予批捕。后D市公安机关对陈某进行了取保候审。

【辩护意见】

经过会见犯罪嫌疑人陈某，了解本案所涉情况及所涉历史背景，辩护人认为犯罪嫌疑人陈某不构成刑事犯罪。

根据《中华人民共和国刑法》（2017年修正）第274条规定："敲诈勒索公私财物，数额较大或者多次敲诈勒索的，处三年以下有期徒刑、拘役或者管制，并处或者单处罚金；数额巨大或者有其他严重情节的，处三年以上十年以下有期徒刑，并处罚金；数额特别巨大或者有其他特别严重情节的，处十年以上有期徒刑，并处罚金。"

结合本罪《中华人民共和国刑法》（2017年修正）规定，辩护人认为：

一、陈某的行为不符合敲诈勒索罪的客观要件

本罪在客观方面表现为行为人采用威胁、要挟、恫吓等手段，迫使被害人交出财物的行为。威胁，是指以恶害相通告迫使被害人处分财产，即如果不按照行为人的要求处分财产，就会在将来的某个时间遭受恶害。

而在本案中，陈某所获和解款项，是王某为取得陈某谅解以获得刑事责任减免而主动向陈某方提出的，而非陈某以向公安机关揭露检举以加重其罪责为手段而向王某进行人身威胁的恶害通告。所以在本案的客观层次，陈某无胁迫行为。

二、本罪在主观方面表现为直接故意，必须具有非法强索他人财物的目的

如果行为人不具有这种目的，或者索取财物的目的并不违法，如债权人为讨还久欠不还的债务而使用带有一定威胁成分的语言，催促债务人加快偿还等，则不构成敲诈勒索罪。

在本案中，陈某在王某刑事案发前，维护自己合法权益的手段为直接行使自身的法律权利，多次走访上告，但均未得到有关部门回应，并无胁迫王某的行为。在案证据能够证明陈某一直控告报案人，而不是在案发时控告报案人使其产生惧怕心理。在陈某向公安机关进行举报时，公安人员

曾对陈某的诉求不予理采，后经自行侦查处理王某相关案件，陈某才得以保全其合法权益，故王某不应因此产生惧怕心理。所以不宜认定王某寻求陈某和解的行为属于敲诈勒索犯罪的威胁、要挟行为，陈某并未以此获得不正当利益的目的。

在案发后，也是王某主动向陈某提出和解，和解协议为双方真实意思表示，合法有效，而非陈某直接故意向王某进行财物索要。所以在本案中，陈某无非法索取王某财物的主观目的。

结合以上事实，辩护人认为陈某客观上无威胁、胁迫的行为，主观上无非法索取他人财物的目的，故不构成敲诈勒索罪。

辩护人认为现有证据事实尚不能证明陈某实施了被指控的犯罪。根据《中华人民共和国刑事诉讼法》（2018年修正）第81条的规定，对有证据证明有犯罪事实，可能判处徒刑以上刑罚，采取取保候审尚不足以防止发生相应社会危险的，才应予逮捕。

综上所述，就目前的案情，辩护人建议对犯罪嫌疑人陈某不予逮捕，采取取保候审，最大限度地减少羁押，且将本申请附在陈某卷宗之内，以此体现司法机关尊重和保障人权的重要作用，彰显新的司法理念。

【判决结果】

在嫌疑人被羁押的第七天，辩护人接到了D市人民检察院工作人员的电话，认定了辩护人的辩护意见，对陈某不予批捕。后D市公安机关对陈某进行了取保候审。

【裁判文书】

由于本案在侦查阶段便取得了突破性进展和阶段性成果，进行了有效辩护，所以本案没有经过法院的审判流程，没有形成裁判文书，只有D市公安机关在侦查阶段对陈某的取保候审通知书。

【案例评析】

本罪在客观方面表现为行为人采用威胁、要挟、恫吓等手段，迫使被害人交出财物的行为。威胁，是指以恶害相通告迫使被害人处分财产，即如果不按照行为人的要求处分财产，就会在将来的某个时间遭受恶害。

而在本案中，王某对陈某先行非法拘禁之名，又以6万元欠条为由进行敲诈，后因害怕陈某举报事宜，为取得陈某谅解以获得刑事责任减免而主动向陈某方提出赔偿，而非陈某以向公安机关揭露检举以加重其罪责为手段而向王某进行人身威胁的恶害通告。本案辩护律师紧紧抓住了犯罪构成的主观和客观要件，对案件细节进行击破，才得以扭转嫌疑人陈某被羁押、被指控的局面。

【结语与建议】

刑事案件的办理过程中，辩护人应当准确把握罪名的构成要件，严格地依照罪刑法定原则，结合案件事实全方位、多角度地进行严密的法律论证。同时，办理刑事案件，辩护人要兵贵神速，方能最大限度地为嫌疑人赢得转机，尤其是在提请批捕之前。另外，辩护人在案件办理过程中应当充分地与侦查人员、公诉人进行业务交流，交换意见，将工作重心前移，以期实现当事人的利益最大化。

刘某涉嫌职务侵占罪案

◇ 严林福

律师简介

　　严林福，中共党员，江西南芳律师事务所高级合伙人、第一党支部书记，第一批江西省青年文明号服务导师，赣州仲裁委员会仲裁员，江西理工大学应用科学学院外聘教师，赣州市律师协会奖惩委员会副主任、劳动与社会保障法律专业委员会副主任，江西省劳动与社会保障法律专业委员，赣州市广播电视台《阳光热线》栏目嘉宾律师。

» 案例基本信息

案例类型：不起诉案例

业务类型：刑事辩护

人民检察院不起诉决定时间：2019年12月30日

机关名称：某省某区人民检察院

辩护律师姓名：严林福

律师事务所名称：江西南芳律师事务所

检索主题词：股份转让；职务侵占；补充侦查；不起诉

» 案例正文

【案情简介】

涉案公司前身名为江西某有限公司，成立于2004年，股东有谢某（占股95%）和张某一（占股5%）。2005年变更公司名称为江西某油茶开发有限公司（以下简称"油茶公司"），公司股东及股权比例变更为刘某占股35%、谢某占股37.5%、张某二占股12.5%、谭某占股15%。2009年，某市某资产经营有限责任公司以200万元入股油茶公司，占股25%，公司股东及股权比例变更为刘某占股26.25%、谢某占股28.125%、张某二占股9.375%、谭某占股11.25%、资产经营有限责任公司占股25%。2010年至2014年间，股东谭某、张某二、谢某、资产经营有限责任公司相继退股。其中，2014年1月，油茶公司股东谢某将其名下28.125%的股份以300万元的价格转让至刘某、张某一名下，转让谢某股份期间，油茶公司实际股东包括刘某、张某一、资产经营有限责任公司三方，其中资产经营有限责任公司不参与油茶公司经营管理、不承担经营风险、不参与利润分配，每年只负责收取股本金10%的利润。故当时油茶公司实际参与经营管理股东为刘某、张某一。刘某、张某一受让谢某股权所支付300万元资金为油茶公司资金，同时刘某、张某一分别与谢某签订《江西某油茶开发有限公司股权转让协议》，其中刘某受让谢某22.5%的股份，张某一受让谢某5.625%的股份。

2018年8月28日，某市某区人民检察院通知某市公安局章贡分局对涉嫌职务侵占罪的刘某立案。2018年9月1日，某市公安局章贡分局决定对刘某以涉嫌职务侵占案立案侦查。2019年1月9日，某市公安局章贡分局提请批准逮捕刘某。2019年1月30日，某市某区人民检察院作出不批准逮捕刘某的决定。2019年2月21日，某市公安局章贡分局将案件移送给某市某区人民检察院。2019年6月10日，某市某区人民检察院向某市公安局章贡分局送达补充侦查决定书。2019年7月4日，某市公安局某分局递交补充侦查报告书。2019年12月30日，某市某区人民检察院作出决定，决定对刘某不起诉。

【辩护意见】

本案涉及的罪名为《中华人民共和国刑法》（2017年修正）第271条第1款规定的职务侵占罪，该罪名罪状描述为"公司、企业或者其他单位的人员，利用职务上的便利，将本单位财物非法占为己有，数额较大的，处五年以下有期徒刑或者拘役；数额巨大的，处五年以上有期徒刑，可以并处没收财产"。因此，刘某是否符合职务侵占罪的构成要件是本案的关键。本案辩护人总的辩护意见是刘某不符合《中华人民共和国刑法》（2017年修正）规定的职务侵占罪的构成要件，具体辩护意见如下：

一、刘某主观上不具有非法占有公司财物的故意

根据刘某供述，其受让谢某股份实际是理解成由公司收购谢某股份，故由公司资金支付股权转让款，虽然收回的股权最终登记在刘某及张某一名下，但其个人并未实际取得额外资金，且对于公司支付的股权转让款，其打算通过日后公司分配利润时予以扣除或直接归还的方式处理。因此，其主观上并不具有非法占有公司财物的故意。

二、刘某客观上并未实施非法占有公司财物的行为

（一）股权转让款是刘某向公司借贷

本案中虽然是由公司资金支付股权转让款，但刘某已向公司出具了240万元的借条，同时公司财务记账已记录刘某欠付公司240万元，该款项属于公司应收账款，对于该事实，江西某会计师事务所有限公司2016年所做的《江西某油茶开发有限公司审计报告》（赣某专字〔2016〕8号）也明确载明了该借款记账的事实。因此，本案中刘某及张某一并非利用公司资金支付个人应当支付的股权转让款，而是借公司资金支付股权转让款，并未非法占有公司财物。

（二）刘某并未利用职务便利侵占公司财物

本案中支付股权是刘某与张某一商议后确定的，且受让股权系按比例增加，张某一受让股份也并未直接支付费用，同样是通过向公司借支的方式，由公司直接支付。因此，刘某并未利用职务便利侵占公司财物。

三、刘某并未造成任何非法占有公司财物的后果

目前，通过公司财务记账可知，刘某及张某一所借款项属于公司应收账款。因此，刘某及张某一在受让谢某股权时，并未造成将公司财物变相转为股东个人财产的后果，刘某也并未非法侵占公司财物。

四、本案中刘某依法不构成职务侵占罪，建议人民检察院依法作出不起诉决定

首先，在2017年，本案控告人孟某曾向某市公安局章贡分局提出控告要求追究刘某职务侵占的刑事责任，但某市公安局章贡分局已作出不予立案的决定，经复议仍维持不予立案决定，后人民检察院同样作出"不予立案，符合法律规定"的答复。

其次，根据本案客观事实，某市公安局章贡分局《起诉意见书》指控刘某利用职务便利，用公司资金支付应由个人支付的股权转让款，与财务记账借款的事实明显冲突，依法应当予以纠正。

最后，根据《中华人民共和国刑事诉讼法》（2018年修正）第177条第1款的规定："犯罪嫌疑人没有犯罪事实，或者有本法第十六条规定的情形之一的，人民检察院应当作出不起诉决定。"因此，本案中刘某没有犯罪事实，依法应当作出不予起诉的决定。

【判决结果】

2019年12月30日，某市某区人民检察院作出决定，决定对刘某不起诉。

【判决文书】

某市某区人民检察院［2019］97号不起诉决定书。

受让谢某的股权所支付的300万元的资金为油茶公司资金，该笔资金支出是油茶公司的全体股东刘某和张某一协商同意后支付的，并且履行了股东变更的相关手续，刘某、张某一分别与谢某签订了《江西某茶油开发有限公司股权转让协议》，其中刘某受让谢某22.5%的股份，张某一受让谢某5.625%的股权。

经本院审查并退回补充侦查，本院仍然认为某市公安局章贡分局认定的被不起诉人刘某涉嫌职务侵占的犯罪事实不清、证据不足，不符合起诉条件，依照《中华人民共和国刑事诉讼法》（2018年修正）第175条第4款的规定，决定对刘某不起诉。

【案例评析】

本案的焦点是刘某受让谢某股份的资金是向油茶公司暂借并在公司财务账已挂应收账款，还是其利用担任油茶公司法定代表人并直接分管财务之便利，用公司资金支付应由个人支付的股份转让款。对此，某市某区人民检察院将案件退回某市公安局章贡分局补充侦查，提取油茶公司财务账上做账的记账凭证和借条等书证。某市公安局章贡分局通过从会计事务所调取赣某专字〔2016〕8号《江西某油茶开发有限公司审计报告》，并对油茶公司财务工作人员进行询问，确认刘某受让谢某股份的资金确系向公司暂借，经当时股东刘某、张某一商量同意后即可使用。该笔资金在财务账务中确系挂在其他应收款项中。这与辩护人的观点——刘某主观上不具有非法占有公司财物的故意，其不构成职务侵占罪——是一致的。某市某区人民检察院采纳了辩护人的意见，依照《中华人民共和国刑事诉讼法》（2018年修正）第175条第4款的规定，决定对刘某不起诉。

【结语与建议】

在案件办理过程中，辩护人应当多与人民检察院沟通，交流意见并将搜集到的有利证据及时递交到检察院，维护当事人的合法权益。

郑某某等串通投标罪案

◇ 刘鹏涛

律师简介

　　刘鹏涛，广东卓盈律师事务所发起人、律师事务所主任，刑事业务部负责人，星火律师团队佛山区域负责人，佛山市律师协会刑事法律专业委员会委员，佛山市法学会专家库委员，北海国际仲裁院仲裁员。2004年起在佛山执业，先后参加了中国人民大学刑事辩护高级研修班、草原狼毒品刑辩营、牛律师刑辩匠人特训首期班、广东省律师协会"千优百俊"计划培训班等专业进修培训。拥有上市公司独立董事资格。先后成功办理多起市场金融类犯罪、毒品犯罪、职务犯罪和涉税犯罪案件，办案经验丰富。

» 案例基本信息

案例类型：不起诉案例

业务类型：刑事辩护

人民检察院不起诉决定时间：2020年3月5日

机关名称：某省某市某区人民检察院

辩护律师姓名：刘鹏涛

律师事务所名称：广东卓盈律师事务所

检索主题词：单位犯罪；串通投标；不起诉

» 案例正文

【案情简介】

被不起诉人郑某某，案发前是某工程设计有限公司生产经营部经理，于2019年6月19日被某市公安局禅城分局刑事拘留，2019年7月17日被执行逮捕。2019年9月17日移送某市禅城区人民检察院审查起诉，经某市人民检察院指定，于2019年10月17日转移交某区人民检察院审查起诉。某区人民检察院于2019年12月18日决定对郑某某取保候审。

2017年9月，谭某某为取得"某市某区某PPP项目"，多次与某市某区国土城建和水务局总工程师刘某某接触。该项目招标代理机构经抽签确定为深圳某招标公司。谭某某向刘某某推荐本案某工程设计有限公司做勘察设计。谭某某拿着尚未对外公布的招标评分细则找到郑某某，提出要整个项目总额的10%作为好处费，并保证郑某某所在公司能够中标。郑某某向公司汇报，经公司副总陈某和董事长郭某同意支付好处费，并决定由陈某负责安排，郑某某执行。郑某某分两次向谭某某给付现金约100万元。刘某某安排陆某某与谭某某、深圳某招标有限公司负责人阮某联系沟通上述招投标事宜。郑某某所在公司于2018年1月18日中标该项目，2018年2月12日以人民币15 911 859.05元签订合同，2019年8月27日收到进度款人民币1 423 270.31元。

后在纪委查案过程中，牵涉本案事发。

【辩护意见】

辩护人对本案指控串通投标罪的事实和罪名无异议，但认为情节轻微，建议不起诉或免予刑事处罚。主要辩护理由如下：

1. 本案是单位犯罪，不是郑某某个人犯罪。

2. 郑某某不是串通投标行为的决策者，仅仅是受托执行者，是从犯。

3. 郑某某有自首行为和情节，应当从轻处罚（因本罪只有一个量刑幅度，故无减轻处罚的说法）。

4. 郑某某的行为不构成行贿或商业贿赂行为等其他罪名。

5. 郑某某是企业管理人员，是公司的核心管理者，对郑某某长期羁押严重影响公司的运作。

【判决结果】

2020年3月5日签署了《认罪认罚具结书》，某市某区人民检察院认为，被不起诉人郑某某实施了《中华人民共和国刑法》（2017年修正）第223条第2款规定的行为，但犯罪情节轻微，根据《中华人民共和国刑法》（2017年修正）第37条的规定，可以免予刑事处罚。依据《中华人民共和国刑事诉讼法》（2018年修正）第177条第2款的规定，决定对郑某某不起诉。

【案例评析】

《中华人民共和国刑法》（2017年修正）第223条串通投标罪规定，投标人相互串通投标报价，损害招标人或者其他投标人利益，情节严重的，处3年以下有期徒刑或者拘役，并处或者单处罚金。串通投标罪的量刑虽然只有一个量刑幅度，但入罪条件相对简单，很容易认定犯罪行为。一旦入罪，对相关单位和个人的影响则是深远的。

本案涉案单位的郑某某等三位高管均先后被刑事拘留，但陈某和郭某未被批准逮捕，只有郑某某被批准逮捕一直羁押至审查起诉阶段，且未对单位提起诉讼。基于本案前述辩护理由，辩护人先后向承办的两个检察机关提出羁押必要性审查和量刑的建议，终于在第二个负责审查起诉的某市某区人民检察院得到采纳，在移送人民法院前提前对郑某某取保候审。

鉴于嫌疑人对犯罪事实和串通投标罪的罪名均无异议，辩护人也认为指控证据充分，签署了检方提出的量刑建议"有期徒刑11个月至1年1个月，缓刑2年，罚金5000元"的《认罪认罚具结书》（第一次）。正欲移送的时候，因疫情原因所致未被人民法院接收移送，本次退回补充侦查。第二次补充侦查期间，辩护人又积极提出建议，加上国家对民营企业遇到的困难和给予的宽松政策，检察机关考虑到本案的特殊情况，同意对涉案单位和单位高管郑某某等三人免予刑事处罚，重新签订《认罪认罚具结书》，决定不予起诉。

【结语与建议】

一个良好的刑事辩护结果，是由多方面因素促成的，可以说应当同时具备"天时、地利、人和"的因素。所谓"天时"即当时的法律规定、国家政策，尤其是国家政策的因素，特殊时期特殊对待，对本案的结果有重大的影响；"地利"即案件的起因、行为、结果、证据等事实情况和证据资料；"人和"即辩护人的专业工作、委托人的理解与配合、与办案部门的积极沟通等。本案恰好碰到上述多方因素，本应移送审判，最终取得不起诉的良好效果，使得本案兼顾了法律效果和社会效果的统一。作为辩护律师，不但要有专业知识，更要时刻关注案件进展和政策的变化，考虑案件的社会效果和影响，为当事人争取最大的合法权益。

串通投标行为在工程建设项目中是一个较为多发的事情，本案的事发有偶然性也有必然性，应引起相关从业者的重视，不可存在侥幸心理，俗话说"法网恢恢，疏而不漏"。

第二章

撤回起诉案例

许某某被控滥伐林木罪案

◇ 许向前

律师简介

　　许向前，北京润朗（深圳）律师事务所合伙人、星火律师平台联合创始人、中国人民大学校友会法学院深圳分会理事。有13年的法律实务经验，专注刑事辩护，擅长婚姻家庭、继承等案件，长期担任企业法律顾问，曾接受中央电视台、东方卫视、澳亚卫视、广东电视台、深圳电视台专题采访。

» 案例基本信息

案例类型：撤回起诉、不起诉案例

业务类型：刑事辩护

人民法院判决时间：2016年3月30日

机关名称：某省某市人民法院

辩护律师姓名：许向前

律师事务所名称：北京润朗（深圳)律师事务所

» 案例正文

【案情简介】

2016年年底，许某某从林某生手上购买了位于龙山水库旁边的220亩荒山（正常流转），用作投资种植脐橙。2016年年底首次开挖平整该土地，遭到有关村民（原林权人）的抵制，称该林地属于该村民，当年是因为个别村干部的违规操作才把林权贱卖给某公司，几经流转到现在，要求停止土地平整。后来，徐某某、谢某某等人要求一起合作，在他们的支持和配合下，于2017年年初平整了荒山近110亩。后双方因细节问题合作不成，在种植脐橙和油茶的过程中，遭到了当地村民的抵制，相持不下。在整个过程中，相关林木管理站、林业执法大队、森林公安均已介入调查处置。后有关人民检察院领导在视察某市时，发现赣江源山林被破坏，要求严肃查处违法行为，引发了2018年年初的执法风暴。当地森林公安局出动大量警力以"滥伐林木罪"抓捕涉嫌挖山种脐橙的农民，据了解至少有五六十人被抓，大部分被判处1年左右有期徒刑。因可能涉嫌毁林开垦，公安机关两次聘请鉴定人员对涉案林地进行鉴定，均无结果。后森林公安局聘不熟悉当地情况的福建某司法鉴定中心对涉案林地进行第三次林业司法鉴定。该鉴定一经作出，2018年1月5日，当事人许某某以2018年1号案被抓捕，按鉴定可能判处3年至7年有期徒刑。2018年1月19日，某市人民检察院以"事实不清、证据不足"对许某某不批捕，许某某被取保候审，重获自由。2019年7月5日，某市人民检察院以某市检公诉刑诉〔2019〕138号起诉书，指控许某某滥伐林木98.1亩，开垦毁坏林木9123株，构成滥伐林木罪，向某市人民法院提起公诉。本案经过深入研究，辩护人为当事人做了坚定的无罪辩护。

【办案经过】

辩护人接受当事人委托后，第一时间从深圳驱车赶往某市安排会见，了解具体案情，同时走访办案机关，沟通取保候审事宜。被告知该案是经人民检察院、省森林公安局共同研究论证的"铁案"，且宣称"鉴定即判决书""律师无法推翻"。本案审查批捕期间，辩护律师第一时间向检察机关提交专业辩护意见及参考材料，与检察官沟通案情，最终检察官作出不批捕决定，当事人得以回家过2018年的春节。辩护律师与当事人进行多次深入交流沟通，听取当事人意见，积极进行调查取证，对案发现场拍摄照片及视频，搜集有利于当事人的案件事实证据。由于本案案情复杂，辩护人在花费大量时间阅卷后，制作了详细、完备的阅卷笔录及质证意见，认真研究案情并起草多份法律文书。在审查起诉阶段撰写不予起诉的《辩护意见书》提出重新鉴定的申请，本案经过二次退回补充侦查后，辩护人多次沟通无果，无奈承办检察官最终还是决定起诉至人民法院。在本案一审过程中，辩护人又一次提出重新鉴定的申请，法院聘请的专业鉴定机构得出结论"无法作出鉴定"。

本案法院三次安排庭审，辩护人三次赶往某市开庭。辩护人结合自身执业多年来的经验，根据本案事实和法律，从事实证据和案件定性上为当事人做无罪辩护，从鉴定意见违法不能采信、到当事人与案件没有因果关系等角度，撰写了长达十几页的辩护词，并在庭审中进行了艰难而又卓有成效的发问、质证、辩论，力求为当事人争取到最大的合法权益，全力、坚定为当事人进行无罪辩护。本案庭审过程中，针对事实和法律发表有效辩护意见、对控方证人作出精彩的交叉询问、帮助合议庭查明事实，赢得了法庭的尊重。

【辩护意见】

辩护人组织团队多次讨论，反复研究，最终确定了彻底的无罪辩护方案，撰写《辩护意见书》，重点对本案的关键证据鉴定意见提出深入的质证意见，为当事人争取最大的合法权益。

本案涉及的罪名为《中华人民共和国刑法》（2015年修正）第345条第2款规定的"滥伐林木罪"。该罪名的罪状描述为"违反森林法的规定，滥伐森林或者其他林木，数量较大的，处三年以下有期徒刑、拘役或者管制，并处或者单处罚金；数量巨大的，处三年以上七年以下有期徒刑，并处罚金"。

《最高人民法院关于审理破坏森林资源刑事案件具体应用法律若干问题的解释》（法释〔2000〕36号）第5条规定："违反森林法的规定，具有下列情形之一，数量较大的，依照刑法第三百四十五条第二款的规定，以滥伐林木罪定罪处罚：（一）未经林业行政主管部门及法律规定的其他主管部门批准并核发林木采伐许可证，或者虽持有林木采伐许可证，但违反林木采伐许可证规定的时间、数量、树种或者方式，任意采伐本单位所有或者本人所有的森林或者其他林木的；（二）超过林木采伐许可证规定的数量采伐他人所有的森林或者其他林木的。林木权属争议一方在林木权属确权之前，擅自砍伐森林或者其他林木，数量较大的，以滥伐林木罪论处。"第6条规定："滥伐林木'数量较大'，以十至二十立方米或者幼树五百至一千株为起点；滥伐林木'数量巨大'，以五十至一百立方米或者幼树二千五百至五千株为起点。"

从以上相关规定可以看出，该罪名是典型的数额犯及结果犯，要求犯罪结果与犯罪行为之间有明确的刑法意义上的因果关系，并且必须达到"数额较大"等后果。因此，本案中关于被告人许某某是否实施了滥伐林木的行为、是否造成了严重危害的后果，以及相关证据是否充足就是被告人出入罪与否的关键。针对本案事实和证据，辩护律师提出了以下辩护意见：

一、作为本案定罪量刑的关键证据——福建某司法鉴定中心作出的〔2017〕林鉴字第344号鉴定意见书存在严重问题，不应采信。具体陈述如下：

（一）该份鉴定罔顾客观事实，片面依据陈旧的档案作出鉴定

首先，鉴定依据的原始数据不能简单套用陈旧的档案资料来闭门造车，而应根据本案事实结合该林地历史变迁情况予以确定。该鉴定文书作出的重要依据是4年前的所谓二类资源调查报告。据该鉴定文书说明，由于开垦对林地破坏严重，无法根据原貌来作出现场比对，查询该地块二类

资源调查报告，由于小班建档未及时更新，仅查询到2013年的数据。许某某经流转到手该林地的时间是2016年，直至2017年2月开垦，在长达4年多的时间里，该林地有无被砍伐、盗伐等情况，是否遭遇过森林火灾，这些问题均应予以调查排查。事实上，附近村民都知道，由于该林地靠近龙山水库堤坝和附近村庄，交通方便（为此，之前有人专门修好了上下两条道路，方便运输木材），长期存在被村民盗伐的情况，其他人员也有过几次大批量采伐的情形。现场留下的很多陈旧的伐桩就可以见证这些被采伐或盗伐的历史。

其次，许某某、在案多名证人及附近村民均可证实，该山场树木被砍伐的历史情况有：①2013年刘某某、李某某等人从某公司购买了该处林地木材，并且修好了进出的道路。在未取得采伐许可证的情况下，他们大批量砍伐该处林木，在现场残留了很多伐桩。②2014年附近村民也存在盗伐的情况，当时被某公司的人举报，林业局、森林公安局还作出过罚款处理。③由于靠近附近村庄，村民砍柴时抽烟，其间还发生过森林火灾。事实上，经过几次砍伐、森林火灾等变迁，该林地已经没有一棵成材树被保留，因为林木被砍伐后没有组织各生产队种回去（而是组织村民植树造林），所以基本上没有幼树。附近村民都知道，该处基本上已经没有树了，有的只是石山，俗称"癫痫山"。

本身没有树，哪有林？没有林，哪来的毁林？实际上，在案发开垦该林地前，涉案林地已经没有一棵成材的树木，有的只有低矮的灌木丛和零星的小杂树，所以许某某及徐某某没有砍伐过一棵成材的树，更没有运输过任何木材，而是直接雇请挖机来平整土地，方便种植脐橙。就以上这些情况，林业局森林执法大队的相关工作人员对相关现场作业人员、护林员及其他人员都做过调查，村民也有签名作证说明，故办案机关也应依法调取该资料以查清本案事实。同时，也可申请对现场遗留下来的陈旧伐桩的产生年限进行鉴定，以便更加清楚地查明真相。

最后，无法保证当时二类资源调查报告的客观真实性，需要进一步排查。辩护人向林业系统的内部人士了解到，林业调查方式一直都是粗放型的，无法体现其客观性、科学性。

（二）该份鉴定的鉴定方法严重不科学

据辩护人现场勘查了解，许某某在开垦过程中均采取了"保护性开发"的措施，对开垦现场山窝及水库边缘零星的树苗未直接铲除，而是认真保留下来，这在林地中间和水库边缘均有体现，这些情况均可以现场核实，以辩护人拍摄的视频为证。另外，还有至少一半以上没有开垦的林地有少许零星的树苗，以及长满蕨类植物的灌木丛，这些均不能简单与已开垦的林地比对就轻率地推论出"毁坏"林木的数量。因为涉案山地虽然是在水库边，但是实际上是石山，土质坚硬无养分，不利于林木生长。所以植物生长不平衡是客观事实，不能按一般山林植物的生长情况来参照比对。因此，以所谓"现场勾图"及网格法得出的结论，违背了客观事实，必然不科学、不可信。

（三）该份鉴定现场勘探过程严重不负责

首先，据许某某本人陈述本案鉴定经过，只有一名刘姓鉴定人到现场勘查，而他只是拍了几张现场照片，回去的时候路过未开垦的区域，就拍摄了该林地遗留下的陈旧伐桩。未曾测量一处"伐桩"，更不听当事人许某某本人解释，就断定该处伐桩是许某某等人砍伐所致。实际上，根据常识判断，现场遗留的伐桩（树兜）陈旧不堪，有的已经长了菌类，均是数年前采伐或者盗伐所留。

其次，鉴定人员到达现场勘查，没有测量具体涉案面积以及清点现场的植株数量，就定下所谓"开垦林地、毁坏林木103亩"的结论，是非常不科学、不严谨的，该鉴定意见必然是不靠谱的。

最后，为了更加草率地完成所谓的鉴定勘查，鉴定人竟让当事人许某某在一张白纸上签字，称"证明我们来过现场"。由于许某某未曾怀疑而相信该鉴定人，本着配合工作的出发点，未曾多想就签字了。然而，该份鉴定报告却是在该当事人签过字的这一张"白纸"上书写了大量不实的内容，剥夺了许某某作为直接关系的当事人现场申辩、补正的权利，从而得出了这份违背客观事实的鉴定报告。

（四）该份以"有罪推定"为出发点的事后鉴定，无事实和法律依据证明"开垦"行为与"林木毁坏"之间的因果关系

首先，该鉴定报告是以办案机关告知的"许某某开垦毁林"为前提来

鉴定的。其鉴定报告表述也称："由于开垦对林地破坏严重，无法根据原貌来作出现场比对，查询该地块二类资源调查报告，由于小班建档未及时更新，仅查询到2013年的数据。"而本案山地是许某某于2016年才接手的。另外，该份报告提到："根据遗留毁坏林木、树叶、树皮、树兜林表宏观特征对树种名称进行识别。"实际上，涉案林地没有被开垦的部分，表皮植被本身就没有被"开垦"的行为所破坏，由于植被生长不平衡，本身就没有可比性。不能简单地以未开垦的区域保留下来的树作为参照，据许某某本人陈述，之所以保留这些未开垦的部分是出于保护生态环境，因为上面有树的才未开发。鉴定人员却以"林木遭遇毁坏"为出发点，在有罪推定下，罔顾事实结合陈旧的档案资料，推断出所谓被"毁坏"的树种和棵数，是非常不负责任的。

其次，"开垦"行为不必然会导致"毁林"，两者之间没有直接必然的因果关系。许某某的开垦行为，确实破坏了部分植被，特别是低矮的灌木丛，该类植被一开垦就被掩埋到泥土下，但因为本身没有"林"，怎么开垦都不会"毁林"。其实，即使有林，只要开垦行为采取了"保护性措施"，对山体土质的平整开垦只会为树木提供更好的生长环境。另外，若假设林木毁坏行为确实存在，那么依据"捉贼捉赃"的逻辑，办案机关也应当找到被砍伐坏的林木，或者运输贩卖的林木，提供人证物证等客观证据来证实"毁林"犯罪事实确有发生。同时还要证明"林木被毁"这一犯罪事实就是由被告人许某某本次开垦涉案荒山造成的。本案在没有明确因果关系的情况下，仅凭对涉案现场的简单勘探，在未见任何损毁林木的情况下，不调查核实现场客观实际情况，就断定所有"林木被毁"就是许某某所为，是非常荒唐的事情。

最后，该份鉴定书依据的法律法规——《国家林业局关于毁林案件中被毁林木及其伐桩灭失的立木蓄积测算有关问题的复函》（林函策字［2004］97号）适用没有事实依据。该份指导性意见的适用前提是"毁林"事实客观存在，且"被毁林木及其伐桩灭失"无法用常规方法测算。辩护人的现场勘查、许某某本人的陈述及在案证据可以证实，涉案开垦区域现场大都是低矮的灌木丛和之前被砍伐的树根，山窝和水库边缘确实有零星的杂树小苗。开垦后，部分被折断的枯枝依然遗留在现场，可以看得到也找得到。按理说被毁林木并未"灭失"，只是达不到办案机关要求的入罪标准罢了。然而，鉴定人员只是根据现场简单勘查的现状进行推论鉴定，在有关本案"毁林"这一重大关键事实未查清的情况下，却适用了非常规的测算方法，且用周边现有林地林木数据推算毁林地块，是违背客观事实的主观臆断，数据不可靠，缺乏科学性、精确性。据此作出如此不科学、严重违背事实的鉴定意见，是极端不负责的。

综上所述，该份鉴定报告严重失实，鉴定程序严重不合法。依据《司法鉴定程序通则》（2016年修订）第4条的规定："司法鉴定机构和司法鉴定人进行司法鉴定活动，应当遵守法律、法规、规章，遵守职业道德和执业纪律，尊重科学，遵守技术操作规范。"第5条的规定："司法鉴定实行鉴定人负责制度。司法鉴定人应当依法独立、客观、公正地进行鉴定，并对自己作出的鉴定意见负责。"本案相关林业司法鉴定工作人员未客观、公正地对本案关键证据进行鉴定，违反法律法规规定，依法不应当采信。

二、本案没有滥伐林木的客观事实，嫌疑人许某某也没有滥伐林木的主观故意，其采取了积极有效措施维护涉案山地的生态环境

首先，据辩护人多方了解，本案与其他滥伐林木案不同，本案案发的特殊原因是附近车头村下塅、谢屋村民小组村民与许某某的林权之争。该林地经营权原属两个村民小组，经多次发包流转至几个村民手中，后来流转到某公司，某公司开发完毕后，又委托钟某萍流转给林某生，林某生于2016年4月26日把涉案220亩林地流转给许某某。经过这么多次流转，村民对最初的车头村村委发包流转产生质疑，称没有拿到当时的流转钱，他们对流转行为不认可。看到许某某在开垦该林地，就出面阻拦，部分在外打工的年轻人还把相关材料发到"问政江西"、自媒体等平台。由于时过境迁，并没能找到相关证据来证实相关质疑。为了达到其争林权的目的，以徐某某为首的部分村民组织群体上访，给政府带来了很大的压力。他们不通过正常的渠道（如向法院起诉，或者提起行政裁决等方式）正当合法地表达对于林权争议的诉求，反而以许某某"开垦毁林"造成水土流失、生态破坏为由在网上发布不实文章。相关媒体在未到现场调查的情况下，仅凭一面之词以及部分现场图片（文章发布人故意隐瞒龙山水库数千亩荒山

被开垦的事实）就将该情况以违法监督的形式从省级主管部门移交给了赣州市水利、林业等相关部门，又移交到某市级主管部门，给政府部门造成了莫大的压力。

其次，许某某开垦涉案荒山，出发点不是破坏植被、毁坏林木，本意是对长期闲置的荒山进行开发利用，其没有滥伐林木的主观故意。"既要绿水青山，也要金山银山"，许某某的本意是响应市政府种植脐橙、油茶树等经济林木的号召，以期发家致富。开发的方式也只是对荒山表面进行平整、挖沟，对山体未造成破坏，仅是对表面植被有些损坏。其对涉案林地的开发利用行为，不是"滥伐林木罪"规定的对林木任意"采伐"行为。其没有滥伐林木的主观故意和客观行为，不能简单地套用该罪名对其追究刑事责任。

辩护人在提出上一份辩护意见后，深入研究案情，加大辩护力度，在本案撤回起诉后，又一次向检察机关提出该案不予起诉的辩护意见：

一、本案没有滥伐林木的客观事实，现有证据不足以证实许某某有滥伐林木的行为，本案缺乏定罪量刑的关键证据

本案的关键证据和争议焦点是，许某某雇请他人开垦荒山种植果树的行为，是否导致林木被破坏，以及是否达到定罪量刑的标准。显然，本案从案发到一审撤回起诉，均存在无法证实有无破坏林木的客观行为和是否达到滥伐林木罪的追诉标准的情况。本案涉案山林由于历史原因，与其他山林有极大的差别，委托鉴定机构出具的鉴定报告内容严重失实，鉴定程序严重不合法，是闭门造车编造的不科学、不公正的鉴定意见，不能作为本案定案依据。一审法院也已经查实，并未予以采信。对于本案的鉴定，辩护人和被告人在侦查阶段、审查起诉阶段以及审判阶段均提出了重新鉴定的申请，最终人民法院根据现有证据和客观事实，启动了重新鉴定的程序。人民法院委托了有资质的瑞金金剑司法鉴定中心进行鉴定，证实"因该林地破坏，现场只遗留少量伐兜和枝干，无法准确认定砍伐林木数量和被毁幼株数，因此，我中心无法鉴定"，更进一步印证了本案由于客观原因无法认定有关事实，应按"存疑有利于被告人"原则对本案客观事实依法进行认定。本案案发到如今3年多时间，始终未搜集到足以证实许某某

有滥伐林木行为的客观证据。

二、本案缺乏许某某滥伐林木现场的关键证据，"开垦"行为不必然会导致"毁林"，两者之间没有直接必然的因果关系

许某某的开垦行为，确实破坏了部分植被，特别是低矮的灌木丛，一开垦就被掩埋到泥土下，但是因为本身没有"林"，怎么开垦都不会"毁林"。其实，即使有林，只要开垦行为采取了"保护性措施"，对山体土质的平整开垦只会为树木提供更好的生长环境。另外，如若林木毁坏确实存在，俗话讲"捉贼捉赃"，那么办案机关也应当找到被砍伐坏的林木或者运输贩卖的林木，提供人证物证等客观证据来证实"毁林"犯罪事实确有发生。同时还要证明"林木被毁"这一犯罪事实就是由被告人许某某本次开垦涉案荒山造成的。本案在没有明确因果关系的情况下，仅凭对涉案现场的简单勘探，在未见任何损毁林木的情况下，不调查核实涉案山地的历史和客观实际情况，就断定所有"林木被毁"是许某某所为，是非常荒唐且极不负责的。

三、本案没有滥伐林木的客观事实，许某某也没有滥伐林木的主观故意，其更是采取积极有效措施维护了涉案山地的生态环境

首先，许某某开垦涉案荒山，出发点不是破坏植被、毁坏林木，本意是对长期闲置的荒山进行开发利用，其没有滥伐林木的主观故意。许某某开发的方式只是对荒山表面进行平整、挖沟，对山体未造成破坏，仅是对表面植被的损坏。其对涉案林地的开发利用行为，不是"滥伐林木罪"规定的对林木任意"采伐"的行为。其没有滥伐林木的主观故意和客观行为，不能简单地套用该罪名对其追究刑事责任。

其次，许某某多次陈述，其雇请挖机来平整山地时，和挖机师傅再三强调要保护树林，要采取"保护性开发"措施。现场特别是水库边缘还遗留大量长势很好的松树等树木。如果有关部门认为涉案山地存在滥伐林木的情况，那也是挖机师傅不按要求作业的行为，直接责任人是挖机师傅，不能简单地归责于许某某。而本案挖机师傅没有受到任何调查和处理，这对许某某来说是十分不公平的。

最后，许某某开垦涉案荒山后，积极采取了补救措施，种植茶松树、杉树等树木，该修复方案也已被某市林业局验收通过。2019年7月11日，某市林业局依法出具了《壬田镇车头村下段子小组验收报告》，该报告已依法提交给一审法庭予以确认。许某某开垦完荒山后，于2017年4月，清明节前后，雇请附近村民栽种了5000多棵树苗。无奈，遭遇了下塅、谢屋2个村部分村民的无理野蛮破坏，全部树苗皆被他们拔除，损失树木款和人工费数万元。而且，徐某某也组织挖机来开垦涉案的40多亩林地，并组织两村民小组村民强行在许某某承包的该林地上种植脐橙树。针对这些情况壬田派出所民警有两次出警记录。此后，许某某胆战心惊，不敢再轻易去种树了，但是水土保持以及植树造林的责任不敢推卸。其于2017年4月21日向水土保持局指定的机构某市绿茵水土保持部购买了6250元的混合草种，并且在水土保持局张姓工作人员的见证下全部散播在涉案林地。对于林业局发送的责令补种通知，许某某也多方寻找要求的木荷、火力楠等树种，无奈下塅、谢屋人不断阻挠、拔除，无法及时植树造林。但是许某某一直没有放弃努力，直到2019年，在林业局部门的大力支持下，才得以顺利种植，如今数万棵树苗已长势喜人，荒山已变绿林。许某某案发后已经采取了实际措施和行动来恢复生态平衡，积极消除因开垦行为可能导致的环境破坏，该行为应当得到司法机关的积极肯定。

四、事实上，本案承办检察官在侦查阶段依法作出不批捕决定、在一审审判阶段依法作出撤回起诉的决定，是严格贯彻了审慎、实事求是的办案原则，依法维护了犯罪嫌疑人的合法权益

检察官的这一做法值得点赞和肯定，客观上也证明了本案存在诸多疑点和问题。辩护人坚定地认为被告人构成滥伐林木罪的犯罪事实不清、证据不足，应依法对其决定不起诉。如经检委会最终讨论认为许某某的行为可能构成犯罪，其情节也是显著轻微，符合酌定不起诉的情形：

（一）许某某主动投案，如实供述本案的全部事实，构成自首

瑞金森林公安相关工作人员电话通知许某某到森林公安局办公室领取鉴定结果及说明有关情况后，其及时按要求到达指定地点，在没有被采取强制措施前，如实供述了自己涉嫌犯罪的全部事实。根据《中华人民共和

国刑法》（2015年修正）第67条第3款的规定，该行为属于自首和坦白，可以从轻处罚。许某某积极主动配合司法机关的调查，虽然因为对鉴定意见认识问题有一定的辩解，但是其主动配合司法机关调查的行为值得肯定，就算涉嫌犯罪，其自首和坦白的情节也应当被认定。

（二）许某某所涉嫌的犯罪情节显著轻微，是初犯、偶犯，主观恶性不深，是非暴力性犯罪，社会危害性较小，应酌情予以从轻处罚

许某某一贯表现较好，无犯罪前科，本次涉嫌犯罪，也是初犯、偶犯。因想利用所承包的荒山种植脐橙来脱贫致富，才走上了犯罪的道路，这一切均证明在这件事情上被告人许某某的犯罪动机是偶然的，其主观出发点是"脱贫致富"，主观恶性不深，社会危害性较小。

许某某涉嫌滥伐林木，根本原因是响应政府号召，发展经济种植脐橙。其是因为开垦了涉案的山地，破坏了部分植被，触犯了相关法律规定，才被有关部门追究法律责任。但是该行为是许某某为了发家致富而做出的违法行为，不是严重暴力犯罪，虽然可能触犯相关的环境法律法规，但是社会危害性相对较小。

（三）许某某身患心肌缺血性心脏病、腰椎间盘突出、腰骶横突骨折等多种疾病，其家庭极其需要他的照顾

许某某身患多种疾病，身心已不堪重负。许某某案发前在家务农，同时在农村经营一家个体副食店，做些小生意养家糊口。其有4个未成年子女需要其抚养，其中最小的孩子才7岁，两个稍大一些的孩子也还在上初中，面临失学。其妻子杨某某在家照顾孩子，没有稳定收入，也需要其扶养。作为家中的顶梁柱，他的家人是特别需要他的。

五、许某某等人的开垦荒山种植树木，并希望借此脱贫致富的行为非常值得同情，应秉持"教育为主、惩罚为辅"原则，从刑法的谦抑精神出发对其予以从宽处理

老百姓响应市委、市政府号召，开发利用荒山、发展种植经济，脱贫致富，"既要绿水青山，也要金山银山"。由于林权转让交易愈加频繁，某市数万亩山地被开发，大部分种上了油茶和脐橙。很多老百姓就是乘着种植赣南脐橙，加快打造油茶产业基地这股东风，纷纷投资，有的甚至举

债，希望借此机会发家致富。政府也在这方面给予了很多的资金、政策支持。未曾想触犯了《刑法》，其无法形成常理上的认知，主观恶性也不深，也是非常值得同情的。

综上所述，认定许某某构成滥伐林木罪事实不清、证据不足。本案现有证据无法证实许某某滥伐林木的客观事实，许某某也没有滥伐林木的主观故意，更是采取了积极有效的措施维护涉案山地的生态环境，这一点也已得到了林业主管部门的高度认可。许某某的行为即使被认定构成犯罪，其情节也是特别轻微的。许某某等人的开垦种植行为非常值得同情，应秉持"教育为主、惩罚为辅"原则，从刑法的谦抑精神出发对其予以从宽处理。本着实事求是为出发点，对历史负责，请求人民检察院依法对许某某作出不起诉决定。

【判决结果】

本案公开开庭审理后，经过审判委员会讨论，认定罪名不成立，建议检察机关撤回起诉。2019年10月22日，某省某市人民法院作出（［2019］赣0781刑初191号）刑事裁定书，准予某市人民检察院撤回对被告人许某某的起诉。本案被撤回起诉后，经过近一年的时间，其间检察机关又启动了自行侦查程序。2020年10月，本案经某市检委会讨论一致通过决定对许某某滥伐林木案存疑不起诉。2020年10月30日，在当地公安、法院工作人员的共同见证下，某市人民检察院对许某某宣告不起诉，并当场送达不起诉决定书。

【裁判文书】

某省某市人民法院（［2019］赣0781刑初191号）刑事裁定书：

本案在审理过程中，某市人民检察院以本案证据不足、事实不清为由，向本院申请撤回对被告人许某某的起诉。本院认定，公诉机关决定撤回对被告人许某某的起诉，符合法律规范。依照《最高人民法院关于适用〈中华人民共和国刑事诉讼法〉的解释》（法释［2012］21号）第242条之规定，裁定如下：

准予某市人民检察院撤回对被告人许某某的起诉。

【案例评析】

经过3年多艰苦卓绝的工作，辩护人始终坚持做无罪辩护。本案检察机关、审判机关秉持实事求是的原则，以事实为依据、以法律为准绳，依法作出公正的处理决定。本案的成功解决是多方共同努力的结果，但本案律师团队的坚持和专业付出无疑是最重要的因素。

【结语与建议】

本案案发时，辩护人即第一时间介入，坚持实事求是原则，敢于发声，敢辩真辩，全面把控案件进展。在全面了解案情后，从犯罪动机、特殊案情、事实、证据等入手，为当事人设计相应的辩护方案，坚定不移地为其做无罪辩护。庭审过程中，针对事实和法律发表有效辩护意见、帮助合议庭查明事实，赢得了法庭的尊重。综合以上种种努力，最终取得了理想的辩护效果。

陈某某等7人涉嫌聚众扰乱社会秩序罪案

◇ 洪树涌

律师简介

　　洪树涌，郑州大学法学学士，中国政法大学刑法专业在职研究生。广东广信君达律师事务所管理合伙人，执行委员会委员、刑事一部部长，广东泓法刑辩律师战队负责人，广东省第一批刑事辩护律师库律师，广东省律师协会经济犯罪辩护专业委员会委员，广州市律师协会经济犯罪刑事委员会委员，第十届广州市律师代表大会代表，星火律师平台发起人。

　　执业领域：重大复杂刑事案件辩护、企业刑事合规。

» 案例基本信息

案例类型：撤诉案例

业务类型：刑事辩护

人民法院判决时间：2017年11月30日

机关名称：某省某市中级人民法院

辩护律师姓名：洪树涌

律师事务所名称：广东广信君达律师事务所

检索主题词：聚众扰乱社会秩序；犯罪故意；撤回起诉

» 案例正文

【案情简介】

2014年6月26日，被告人林某甲、王某某、陈某甲、陈某乙与同案人陈某丙、林某乙以广东某公司现有厂房用地属某市某镇某村第四、第十生产队土地建设厂房为由，聚集被告人吕某某等100多名村民，拉横幅到该公司的厂房所在地，指示他人驾驶货车运载泥土堵塞公司大门，致使车辆无法通过。村民冲入厂房，殴打曾某某等人，阻挠某派出所民警现场录像，上述行为持续12小时。2014年6月28日，被告人林某甲、王某某、陈某甲等几十名村民再次到广东某公司，用水泥、砖块筑起一道约1米高的墙体堵塞公司大门。

2014年7月11日，被告人陈某甲、陈某乙、陈某丙、吕某某经公安机关拘传后到案接受调查。2014年8月2日，被告人王某某被公安机关抓获，林某甲于2014年8月20日被公安机关抓获，并供述了案件事实。2014年12月30日，某市人民检察院以普检诉刑诉〔2014〕932号起诉书指控被告人林某甲、王某某、陈某甲、陈某乙、陈某丙、吕某某犯聚众扰乱社会秩序罪向某市人民法院提起公诉。2015年4月13日，某市人民法院作出判决，判处被告人林某甲、王某某、陈某甲、陈某乙、陈某丙、吕某某犯聚众扰乱社会秩序罪，判处有期徒刑并适用缓刑。后被告人王某某、陈某甲、陈某乙、陈某丙提起上诉。

【辩护意见】

本案涉及的罪名为《中华人民共和国刑法》（2017年修正）第290条规定的"聚众扰乱社会秩序罪"，该罪名罪状描述为"聚众扰乱社会秩序，情节严重，致使工作、生产、营业和教学、科研、医疗无法进行，造成严重损失的……"因此，被告人是否实施了聚众扰乱社会秩序行为、主观上是否有犯罪故意、是否造成了严重损失是本案被告人出入罪与否的关键。本案辩护人的辩护意见是被告人陈某甲不具备聚众扰乱社会秩序的犯罪故意，陈某甲没有组织、策划及积极参与聚众扰乱社会秩序的行为，故而陈某甲不构成犯罪，具体辩护意见如下：

一、被告人陈某甲不具备聚众扰乱社会秩序的犯罪故意

我国的犯罪学理论主张主观和客观相一致的定罪原则。既反对主观归罪，也反对客观归罪。所以，行为人的主观心态是判定罪与非罪的重要条件。主观上不具备犯罪心态的，就不能以犯罪论处。聚众扰乱社会秩序罪在主观方面只能由故意构成。由于本罪是聚众性犯罪，因而进行扰乱活动必须基于众多行为人的共同故意。这种共同故意虽不要求行为人之间的故意联系十分紧密，但行为人也应该明确自己以及他人是在实施扰乱机关、企事业单位与人民团体的工作秩序的行为。在本案中，被告人陈某甲作为村民跟其他在现场的100多名村民一样只是想讨回村里的地而已，主观意识中并没有扰乱社会秩序的想法，公诉机关提供的证据中有多处可以证明，这充分说明被告人没有聚众扰乱社会秩序的故意，其实被告人也不赞同别的群众扰乱社会秩序。至于在厂里，部分群众出于一时冲动发生过激言行，完全超出了被告人陈某甲的意识控制范围，只是个别人的个别言行，不能因此推定被告人陈某甲也有相同故意，其不能也不应该为别人的言行负责，而且发生冲突也是林某甲和曾某某等人不当言行所引起的，对方也存在一定的过错。

二、被告人陈某甲没有组织、策划及积极参与聚众扰乱社会秩序的行为，并不是组织、指挥和策划人员，更不是首要分子

（一）本案的发生是事出有因

结合相关证人的证言及各被告人的供述来看，事情的起因是村民想讨回村里的地，多次到镇里反映未得到妥善解决才到广东某公司讨要，被告人是随着人流来到该公司的。

（二）被告人陈某甲没有组织、策划及积极参与聚众扰乱社会秩序的行为

其一，被告人陈某甲只是一个普通的村民，并非组织者，更没有纠集任何人到现场，公诉机关的指控没有事实根据。

其二，被告人陈某甲没有指使、指挥他人驾驶货车运载泥土堵塞某公司大门口的行为。

本案中某公司大门被泥土堵塞的情况，与被告人陈某甲无关。本案的相关证据显示，运泥车并非陈某甲打电话联系的，他也没有指挥他人驾驶货车运载泥土堵塞某公司的大门口。

其三，被告人陈某甲没有煽动村民冲入厂房和殴打曾某某等人。

被告人陈某甲不但是一个普通的村民，而且还是一个66岁高龄的老人。他在现场既没有煽动村民冲入厂房，更没有殴打曾某某等人，相反陈某甲积极协调群众与政府关系，力求尽快让伤者得到治疗。因此，公诉机关对被告人陈某甲的指控是毫无根据的。

本案中，当地群众给某公司造成严重的经济损失没有确实证据予以证明，不能认定。被告人陈某甲在整个事件中并不是组织者、积极参加者，也无扰乱社会秩序的犯罪故意，因此，被告人陈某甲不构成犯罪。

【判决结果】

某市人民法院于2015年4月13日作出判决，判处被告人陈某甲有期徒刑2年，缓刑3年。后陈某甲提出上诉，在审理过程中某市人民检察院以该案证据不足为由申请撤回起诉，广东省某市中级人民法院作出裁定，裁定

准许撤回起诉。

【裁判文书】

某市中级人民法院（［2015］揭中法刑一终67号）刑事裁定书：

准予某市人民检察院撤回对被告人林某甲、王某某、陈某甲、吕某某等人犯聚众扰乱社会秩序罪一案的起诉。

【案例评析】

本案属于一起人民检察院撤回起诉的案件，在刑事案件中并不多见。本案的焦点在于对《中华人民共和国刑法》（2017年修正）第290条规定的聚众扰乱社会秩序行为和犯罪故意的解读。本案所涉及的被告人陈某甲实际上实施的是维护自身合法权益的行为，不存在犯罪故意，根据刑法理论中客观行为和主观意志相统一的原则，被告人陈某甲的行为既不符合犯罪行为构成，也不存在犯罪故意，不符合构成犯罪要件。

【结语与建议】

在案件办理过程中，辩护人应当准确把握和适用刑法总则和分则，严格依照主客观相一致原则，结合案件事实全方位、多角度地进行严密的法律论证，分析在实体上是否符合犯罪构成要件，在法律范围内最大限度地论证是否存在不构成犯罪的情形，维护当事人的合法权益。

张某涉嫌职务侵占罪案

◇ 王　栋

律师简介

　　王栋，曾用名王东，陕西省延安市人，中共党员。陕西师范大学心理学学士，西北政法大学法律硕士。曾任陕西省律师协会第五届、第六届常务理事，延安市律师协会第一届、第二届副会长，现为延安市律师协会行业党委委员、第三届律师协会监事长，陕西益能达律师事务所专职律师、党支部书记，延安市人大法工委委员，延安仲裁委员会仲裁员。多次获得陕西省"优秀律师"称号，2011年被司法部评为律师行业创先争优活动"党员律师标兵"，2014年度被评为首届"延安十佳"律师。擅长刑事业务和公司法业务，业绩突出。

» 案例基本信息

案例类型：无罪判决或撤诉、不起诉案例

业务类型：刑事辩护

人民法院判决时间：2018年1月29日

机关名称：某省某市某区人民法院

辩护律师姓名：王栋、张艳阳

律师事务所名称：陕西益能达律师事务所

检索主题词：职务侵占；证据不足；撤回起诉

» 案例正文

【案情简介】

2010年8月，被告人张某与受害人孙某以张某的"A公司"的名义投资创办了B综合市场，其间双方口头达成股权划分协议，张某的A公司占股50%（姜某在张某A公司的股份内占30%，未在股权凭据中体现），孙某占股50%，张某、姜某入资926万元，孙某入资926万元，张某担任该市场的负责人。B综合市场一直没有办理营业执照等经营资质和手续。后在经营期间，张某以公司名义向孙某贷款259万元。2015年6月10日，张某将B综合市场以2800万元的价格抵给刘某和高某用于偿还个人债务，在此之前，张某个人欠刘某2000万元，欠高某400万元。在张某转让市场后，刘某支付现金300万元，高某支付现金100万元，其中350万元打到了姜某的账户上，50万元用于解决市场遗留问题。经某鉴定机构对B综合市场财务收支进行鉴定，鉴定意见为：被鉴定单位的财产清偿过债务后的余额为25 070 948.77元，应认定为被鉴定单位的剩余财产，应由张某和孙某五五分配，每人应得约12 535 474.38元。综上所述，被告人张某非法侵占B综合市场财产约12 535 474.38元。

2016年9月1日，被告人张某因涉嫌职务侵占罪，被市公安局经开分局刑事拘留。同年9月29日，经某区人民检察院批准逮捕，被市公安局经开分局执行逮捕。2017年5月27日，某区人民检察院以某区院刑诉〔2017〕338号起诉书指控被告人张某犯职务侵占罪向某区人民法院提起公诉。

2018年1月29日，某区人民法院作出刑事裁定书，裁定准许区人民检察院撤回对被告人张某的起诉。

【辩护意见】

公诉机关关于被告人张某构成职务侵占罪的指控，事实不清、证据不足。

一、被告人张某不具有实施职务侵占行为的法定条件

（一）张某不是职务侵占罪的适格主体，其行为不构成职务侵占罪

《中华人民共和国刑法》（2017年修正）第271条第1款规定："公司、企业或者其他单位的人员，利用职务上的便利，将本单位财物非法占为己有，数额较大的……"构成职务侵占罪。可见，职务侵占罪的主体包括公司、企业或者其他单位的人员。换言之，构成本罪的主体只能是自然人。

本案中，张某以其所有的A公司的名义与孙某合伙投资建设了B综合市场。因此，与孙某共同投资的主体是A公司而非张某本人。2010年12月31日，与某村委会签订《关于引资合作改建综合市场的协议》的也是A公司而非张某本人；2011年5月18日，与村委会签订《延安市某村招商引资土地承包合同》的还是A公司而非张某本人；与刘某、高某签订B综合市场承包经营权转让合同的主体亦是A公司而非张某本人。基于上述分析，即便存在侵占B综合市场资金的行为，侵占的主体也应当是A公司而非张某本人。根据《中华人民共和国刑法》（2017年修正）第271条第1款的规定，A公司并非自然人，不属于职务侵占罪所规定的"公司、企业或者其他单位的人员"，不符合构成本罪主体要件的规定。既然A公司不构成本罪，其法定代表人张某亦不具备职务侵占罪的主体资格。即便A公司存在侵占B综合市场财产的行为，根据罪刑法定原则，相应的侵占行为也只能通过民事诉讼解决，而不能以犯罪论处。

（二）B综合市场不属于职务侵占罪中规定的"公司、企业或者其他单位"

职务侵占罪的客体是公司、企业或者其他单位的财产所有权。犯罪对象是上述单位所有的各种财物，包括有形物、无形物、已在单位控制之

中的财物与应归单位收入的财物。如前所述，A公司与孙某合伙经营的B综合市场未进行工商登记、未办理营业执照，也不属于事业单位及社会团体，因此，B综合市场不符合职务侵占罪中规定的"公司、企业或者其他单位"的法定条件。根据《中华人民共和国刑法》（2017年修正）第271条第1款的规定，该罪的犯罪客体是公司、企业或者其他单位的财产所有权。此处所称"公司"，是指按照《中华人民共和国公司法》（2013年修正）的规定设立的非国有的有限责任公司和股份有限公司；所称"企业"，是指除上述公司以外的非国有的经过工商行政管理机关批准设立的有一定数量的注册资金及一定数量的从业人员的营利性的经济组织，如商店、工厂、饭店、宾馆及各种服务性行业、交通运输行业等经济组织；其他单位，是指除上述公司、企业以外的非国有的社会团体或经济组织，包括集体或者民办的事业单位，以及各类团体。本案中，B综合市场未达到《中华人民共和国刑法》（2017年修正）第271条规定的公司、企业或者其他单位的法定条件，故其合伙人亦不能成为职务侵占罪的犯罪主体。

虽然B综合市场有时以A公司的名义对外签订合同，但A公司的股东除张某本人外从未增加过新的股东，也未吸收新的股金。需要注意的是，A公司是2010年1月25日张某在榆林市工商行政管理局注册登记的，是自然人独资公司，法定代表人是张某。A公司的财务与B综合市场的财务相互独立，互不干涉。本案涉案财产由A公司和孙某共有，即便A公司存在侵占B综合市场财产的行为，因该综合市场不属于《中华人民共和国刑法》第271条规定的公司、企业或者其他单位，故A公司和张某均不构成本罪。如果A公司或者张某侵占了孙某的财产，则该个人财产不属于《中华人民共和国刑法》第271条规定的公司、企业或者其他单位的财产，故A公司及张某亦不能构成本罪。

二、A公司转让B综合市场的行为事先已经征得了孙某、姜某的同意，并达成一致的口头意见

1. 孙某的陈述、姜某的证人证言可以证明，对于转让B综合市场一事孙某事先是知情的，只是签订合同当日不在场。孙某在第一次询问笔录中陈述（证据侦查卷第37页）："我不知情，只是在转让前十几天，张某和姜某找我说要将市场抵账给刘某，姜某当时说将市场以五六千万元抵账给刘某为张某还账，刘某能给1000多万元现金，我说那样也行，但是我必须在场，但是张某与刘某签订市场转让合同时我并不在场。""张某和姜某和我说的时候，说为了给张某还账，我当时明确表态，我同意的前提是我要对市场转让知情，并且签订合同时我必须在场。可是他们转让市场时并没有通知我，转让后也没有告诉我。"（证据侦查卷第43页）"转让前一两个月，在榆林他找我说要转让市场，我当时就表示不同意他将市场转让给别人，并清楚地告诉他转让时必须经得我同意……""张某当时和我说他欠刘某2000多万元，市场抵账给了刘某是为了还他个人在外面的欠账。"从上述孙某的陈述可见，孙某陈述签订市场转让合同时其必须在场，表明孙某对于市场转让一事，其是附条件同意的，而不是其在报案材料中所述的毫不知情，这一事实与张某在讯问笔录中的供述相印证。另外，姜某第一次证言的出具时间是2015年8月12日，而第二次的时间是2016年11月15日，两次证言的时间相隔1年3个月。在第一次证言中姜某明确回答，孙某、张某和他本人对市场转让的事情都知情并且同意，而且还证明了孙某同意转让B综合市场后将其安排在市场的财务人员撤走，姜某的这一证言与张某供述的内容相互吻合，而在姜某第二次证言中其所述的内容与第一次证言中陈述的内容几乎完全相反，姜某第二次证言与刘某的证言、高某的证言均相互矛盾，同时与转让款350万元直接打在其银行账户上的事实相互矛盾，因此姜某第二次的证言不应作为本案定案的依据。

2. 从B综合市场的投资金额来看，孙某的实际投资金额为865万元，张某所在的A公司的实际投资金额为606万元，孙某的出资比A公司出资多。如果一个小的合伙人（股东）没有经过一个大的合伙人（股东）的同意，小股东不可能将B综合市场转让给第三方，也必然无法办理B综合市场的转让和交接手续。

3. B综合市场的管理人员、财务人员等均是孙某的亲戚，如果孙某对转让一事不知情，或者上述人员没有得到孙某的指示，肯定不会移交手续并离开该市场。

三、鉴定意见书不能真实地反映B综合市场的财务状况，不能作为本案的定案依据

2016年9月23日，某鉴定机构作出了延华圣司鉴［2016］第16号《A公司延安B综合市场财务收支的鉴定意见》。该意见存在下列几个问题。

1. 该意见在明确B综合市场未经工商登记的前提下，认定B综合市场是一个合伙制企业，张某、孙某、姜某分别是合伙人，那么，既然是合伙制企业，就不能以有限责任公司的形式对从未办理过营业执照的B综合市场进行财务分析，因此该鉴定意见书关于B综合市场是一个合伙制企业的认定，没有法律依据。

2. 该意见书认定B综合市场由孙某和张某合伙经营，没有事实依据。

3. 孙某在侦查阶段的第一次询问笔录中陈述（证据侦查卷第35页）："2010年8月，我与张某在延安市某区某镇共同投资创办了'B综合市场'，取得该市场10年的经营权，我们每人出资926万元，共计1852万元。"而鉴定意见书却认定在B综合市场的出资中孙某的股金为1195万元，张某的出资为926万元，证据侦查卷第136页"张某的出资明细"中和第143页"孙某的出资明细"中，二人均有虚假出资的情形，2011年3月28日张某出资320万元是虚拟出资，2011年3月28日孙某的330万元也是虚拟出资，这两笔虚拟出资均没有在鉴定意见书中被剔除。明细中张某的合计出资款926万元减去虚拟出资320万元后为606万元，明细中孙某的合计出资款1195万元减去虚拟出资款330万元为865万元，由此得出张某的实际出资金额是606万元，孙某的实际出资金额是865万元，这与张某供述的其出资620万元、孙某出资850万元金额相差不大。而鉴定意见书认定孙某比张某多出资269万元，并非259万元。由此可见，该鉴定意见书连这一基本的数字都没弄准确，且鉴定结论本身与孙某自认的926万元投资金额不符，如何能够作为定案依据呢？

4. 鉴定意见书将双方差额投资的269万元直接认定为B综合市场向孙某的借款，并按约定以利率3%计算利息，这一认定违背了最高人民法院关于民间借贷利息的法律规定。所以我们认为，该意见不能真实客观地反映B综合市场的财务状况，更不能清楚地反映张某和孙某各自应该得到的款项，以此作为认定张某侵占了孙某1200多万元的财产证据不足。

5. 鉴定意见书中将A公司和孙某的出资金额强行作5：5分配，不符合双方实际投入的金额，鉴定意见书不应当强行地确定为五五分成，我们认为双方实际投入多少钱就应该享受多少收益，也就应当承担相应的债务。

起诉书指控张某、孙某应当对剩余的2500多万元资产进行五五分配，假设张某构成犯罪，那么张某侵占的是孙某的财产还是B综合市场的财产？如果侵占的是孙某的财产，那么我们认为张某就不构成犯罪，因为职务侵占罪必须是侵占公司的财产才构成犯罪。我们可以设想一下，如果张某构成职务侵占罪，那么本案是否遗漏了被告人姜某？如果转让时孙某不知情，而姜某又参与了B综合市场的整个转让过程，并且350万元的转让款最后又转至姜某的账户，那么姜某是否也构成了职务侵占罪？

综上所述，该鉴定意见书没有法律依据和事实依据，且认定本案的事实不清，因此不能作为定案证据使用。

四、公诉机关起诉书指控张某涉嫌职务侵占罪，而不是构成职务侵占罪，说明公诉机关对张某是否构成犯罪也持怀疑态度

基于上述分析，辩护人认为张某不构成职务侵占罪，请求人民法院依法宣告张某无罪。

【判决结果】

准许某市某区人民检察院撤回对被告人张某的起诉。

【裁判文书】

某市某区人民法院（［2017］陕0602刑初326号）刑事裁定书：裁定准许某区人民检察院撤回对被告人张某的起诉。

【案例评析】

本案是一起由法院作出裁定，准许检察院以事实不清、证据不足作出撤回起诉决定的案件。本案的焦点在于本案的被告人张某是否属于职务侵占罪的犯罪主体，B综合市场是否属于职务侵占罪中规定的"公司、企业或者其他单位"。依据《中华人民共和国刑法》（2017年修正）第271条第1款的规定，职务侵占罪的犯罪主体包括公司、企业或者其他单位的人员，客体是公司、企业或者其他单位的财产所有权。

本案经辩护人分析得出：被告人不属于《中华人民共和国刑法》（2017年修正）规定的"公司、企业或者其他单位的人员"，其不能成为职务侵占罪的犯罪主体；B综合市场不属于职务侵占罪中规定的"公司、企业或者其他单位"。其对财产的所有权不能成为职务侵占罪的犯罪客体，且鉴定意见无法律依据与事实依据，不能作为定案根据。依据罪刑法定原则，被告人张某不构成职务侵占罪。

公诉机关在公诉书中指控被告人涉嫌职务侵占罪，而不是构成职务侵占罪，最后法院也裁定准予检察院以事实不清、证据不足撤回起诉，这既是罪行法定、疑罪从无原则的体现，又最大限度地保护了被告人的权益，无疑会对今后的裁判起到重大的借鉴和援引作用。

【结语与建议】

在本案的办理过程中，辩护人在人民检察院审查起诉阶段就多次与公诉人进行了案件信息的交流和沟通，并出具了《法律意见书》，阐明了张某不构成职务侵占罪的观点；在人民法院审理阶段，辩护人亦多次向主审法官表达了张某不构成职务侵占罪的意见。但是由于检法两院在案件认识及处理方式上存在犹豫和矛盾的问题，致使本案历经4次开庭仍然没有及时判决。最终，人民检察院迫于案件指控证据上的瑕疵和法院的压力而作出了撤回起诉决定，但是此时被告人张某已经被严重超期羁押。建议检法两院应当及时认真地听取辩护律师的意见，按照法律规定的审理期限及时对案件作出裁判，避免被告人被违法羁押的后果。

韩某某、李某某涉嫌运输毒品罪案

◇ 牛　坤

律师简介

　　牛坤，法学博士，大理大学教师。云南天外天（大理）律师事务所执行主任、刑事辩护团队负责人，星火律师平台大理地区负责人，大理州律师协会刑事辩护委员会委员，非诉讼专业委员会委员，大理市仲裁院特聘仲裁员，现担任40余家政府及企事业单位的法律顾问，发表论文20余篇。

» 案例基本信息

案例类型：撤诉案例

业务类型：刑事辩护

人民法院判决时间：2019年1月2日

机关名称：某省某自治州中级人民法院

辩护律师姓名：牛坤、吴建标

律师事务所名称：云南天外天（大理）律师事务所

检索主题词：运输毒品；撤回起诉；国家赔偿

» 案例正文

【案情简介】

被告人韩某某、李某某因涉嫌运输毒品罪，于2018年1月12日被某省某自治州某县公安局刑事拘留，同年2月12日经某县人民检察院批准逮捕，次日某县公安局依法执行逮捕。本案由某县公安局侦查终结，以被告人韩某某、李某某涉嫌运输毒品罪移送某县人民检察院审查起诉。该院审查后，根据《中华人民共和国刑事诉讼法》（2012年修正）第20条第（二）项之规定，于2018年5月25日报送某省某自治州人民检察院审查起诉。经依法审查查明：被告人韩某某、李某某在云南边境接取到毒品后于2018年1月11日20时50分许驾乘车牌号为云D50×××的福特轿车途经某县某派出所门前路段，当在此设卡查缉的公安民警示意停车接受检查时两被告人驾车强行冲卡，公安民警将该车拦截后制服了两被告人，当场从放在该车后备箱内的两个双肩背包内查获块状及灰色条状的毒品海洛因共计3338.2克，查获颗粒状及片剂毒品甲基苯丙胺共计4901.03克。认定上述事实的证据有：查获的毒品海洛因、甲基苯丙胺，抓获经过、户籍证明、毒品称量记录，被告人的供述与辩解，毒品检验鉴定意见、DNA鉴定意见等。

2018年8月16日，某省某自治州人民检察院以大州检公诉刑诉〔2018〕113号起诉书指控被告韩某某、李某某犯运输毒品罪向某省某自治州中级人民法院提起公诉。2018年11月29日，该案开庭审理，代理律师当庭作出无罪辩护。庭审后，公诉机关以被告人韩某某涉嫌运输毒品罪一案达不到起诉条件为由，决定对被告人韩某某撤回起诉。2019年1月2日，某自治州中级人民法院作出刑事裁定书，准许某自治州人民检察院撤回对被告人韩某某的起诉。2019年1月30日被告人韩某某被释放。2019年5月13日，某省某自治州某县人民检察院作出的申诉赔决〔2019〕1号刑事赔偿决定书显示，韩某某获得国家赔偿共114 340.16元。

【辩护意见】

辩护人认为公诉机关指控韩某某涉嫌运输毒品罪明显事实不清、证据不足，依法不能成立。

一、本案证据方面存在诸多瑕疵与疑点

（一）本案存在刑讯逼供的情况

本案两名被告人都讲到曾经受到刑讯逼供，且均因为在前两次笔录中受到了殴打，所以做了不实的供述。从笔录记载的时间可以看出，二人在被抓获后被连番审讯了近一天一夜的时间。同时，在这一天一夜的两次讯问中，出现了某县公安局禁毒大队的一份《情况说明》，因为某县公安局办案区同步录音录像系统故障，故未对两名嫌疑人的第一次、第二次讯问进行同步录音录像，然而在两人的第一次讯问笔录中，民警都曾清清楚楚地告知他们将对整个讯问过程进行全程录音录像，故存在明显矛盾，结合两被告人的陈述，公安机关在前两次的讯问过程当中有殴打他们的行为，故两人前两次的有罪供述应当作为非法证据予以排除。

（二）本案的鉴定报告存在严重瑕疵

本案中《毒品检验报告》{（大）公（理化）检（毒品）字〔2018〕200号}出具的时间是2018年6月27日，然而鉴定人严某的资质有效期至2018年4月30日已经到期，故鉴定人本身在其鉴定时已不具备鉴定的资格。根据《公安机关鉴定规则》（公通字〔2017〕6号）、《司法鉴定程序通则》（2016年修订）等相关规定，鉴定机构受理鉴定委托后，应当指定本机构具有该鉴定事项执业资格的司法鉴定人进行鉴定。由此可见，不具备鉴定资格是不允许进行鉴定工作的，故此鉴定报告因为鉴定主体的问题存在严重的瑕疵。此外，送检日期是2018年1月16日，检验开始的时间是6月17日，鉴定报告出具的时间是6月27日，从送检到出具报告间隔了5个月。根据《公安机关鉴定规则》（公通字〔2017〕6号）第33条第1款的规定："鉴定机构应当在受理鉴定委托之日起十五个工作日内作出鉴定意见，

出具鉴定文书。……"故该鉴定报告的合法性、真实性存在严重问题，不应当作为证据予以采纳。

此外，《法医物证鉴定书》{（大）公（物）鉴（DNA）字［2018］33号}同样存在诸多合法性、真实性问题。第一，鉴定人杨某某不具备合法的鉴定资格，其鉴定资格有效期至2018年4月30日，而此份鉴定书出具的时间为2018年5月22日；第二，委托鉴定时间是2018年1月19日，而检验的时间为3月6日，出具报告的时间为5月22日，亦明显不符合《公安机关鉴定规则》（公通字［2017］6号）等相关规定的要求；第三，在鉴定报告中第4页陈述与李某某血样相似的是2018-d33-6号检材，而在说理部分指出来源于李某某可能性较大的是2018-d33-1号检材，存在明显的前后不一，故该鉴定报告不宜作为定案的依据。

二、本案目前仍存在疑点，事实尚未查清

本案中，两被告人均供述有一个幕后人物王某的存在，并且案发时该人就在两人所驾驶车辆前面的一辆车上，然而此人一直未被抓获。《某县公安局补充侦查报告》显示，公安机关已经进行了为期3个月的技术侦查，故应当对案件事实非常了解，然而却没有缘由地放任幕后真正的大毒枭，从而为本案蒙上了　层迷雾，使得本案缺乏充足的证据来证明韩某某、李某某主观上是明知的。刑事案件的举证责任在于公诉机关，公诉机关的举证责任不是证明一个嫌疑人，也不是证明一种可能，而是要证明一个已形成完整证据链并已排除了一切合理怀疑的事实，本案并未达到这一标准。

综上，建议判处二人无罪。

【判决结果】

某省某自治州中级人民法院于2019年1月2日作出裁定，准许某自治州人民检察院撤回对被告人韩某某的起诉。

【裁判文书】

某省某自治州中级人民法院（［2018］云29刑初108号）刑事裁定书：

某自治州人民检察院以被告人韩某某、李某某犯运输毒品罪，于2018年8月16日向本院提起公诉。本院受理后，在诉讼过程中，公诉机关以被告人韩某某涉嫌运输毒品罪一案，因达不到起诉条件，决定对被告人韩某某撤回起诉。

本院认为，公诉机关的撤诉决定符合法律规定的撤诉条件，应准予撤回起诉。依照《最高人民法院关于适用〈中华人民共和国刑事诉讼法〉的解释》（法释［2012］21号）第242条的规定，裁定如下：

准许某自治州人民检察院撤回起诉。

【案例评析】

本案属于公诉机关以犯罪事实不清、证据不足为由撤回起诉，法院裁定准予撤回起诉的案件。本案在证据方面和事实方面存在诸多瑕疵与疑点：第一，本案涉嫌存在刑讯逼供的情况；第二，本案的鉴定报告存在严重瑕疵；第三，本案证据存在重大瑕疵，且无法支持指控事实；第四，本案事实尚未查清。

被告人韩某某被公诉机关撤回起诉是对刑法实体性和程序性的遵守与体现。

【结语与建议】

本案被告人韩某某因被限制人身自由长达384天而继续委托代理律师申请国家赔偿，代理律师接受委托后积极履行职责，提出申请。后某省某自治州某县人民检察院作出申诉赔决［2019］1号刑事赔偿决定书，韩某某共获得国家赔偿114 340.16元。在案件办理过程中，辩护人准确把握和适用刑法的原则，结合案件事实和证据进行了精细化的有效辩护，得到了公诉机关及法院的认可，维护了被告人的合法权益。

刁某某涉嫌诈骗罪案

◇　曲永海

◇　曲永海

律师简介

　　曲永海，毕业于华东政法大学，获法学学士学位和法学硕士研究生学位。1998年任山东崇真律师事务所主任，曾获"市优秀律师"称号。人民政府"四五""五五"普法宣讲团讲师，烟台市政协第十一届、第十二届委员会委员。

　　主要承办刑事辩护案件及房地产、保险纠纷、婚姻家庭等民商事案件，其中办理刑事案件近千件，曾为轰动全国的山东招远"5·28"麦当劳邪教杀人案吕某某担任主辩律师，在轰动山东省的麻某某故意杀人案、谢某某受贿案等重大刑事案件中担任辩护律师。办理保险案件近千件、房地产案件600余件。

》案例基本信息

案例类型：撤诉案例

业务类型：刑事辩护

人民法院判决时间：2019年9月27日

机关名称：某省某市人民法院

辩护律师姓名：曲永海

律师事务所名称：山东崇真律师事务所

检索主题词：非法占有；工伤赔偿

» 案例正文

【案情简介】

被告人刁某某是吕某某雇佣的工人，2016年8月13日11时许，刁某某在吕某某位于某市北马镇西村的家中为塔吊钢管刷油时，因吕某某驾驶的塔吊挂钩上的货物脱落，致使刁某某的脚部被砸伤，刁某某随即入院接受治疗，并由吕某某垫付医疗费。后吕某某取得某市某建筑工程有限公司（下称"某建筑公司"）法定代表人孙某某的同意，编造刁某某在北马镇北村佳苑工地中受伤的事由，以某建筑公司在北马镇北村佳苑投保的团体险向保险公司进行了保险理赔。

2017年2月14日，吕某某与刁某某签订协议，双方约定按照劳动局有关工伤理赔的标准进行赔偿，关于经济赔偿问题与某建筑公司毫无关系。

2017年2月15日，被告人刁某某以在北马镇北村佳苑工地中受伤为由申请认定工伤。2017年5月5日，被告人刁某某又据此申请劳动能力鉴定，孙某某以某建筑公司的名义在两份申请文件上签字盖章，后被告人刁某某经劳动部门认定为工伤，伤残情况为八级。2017年12月3日，被告人刁某某在明知其不是在某建筑公司工地受伤的情况下，仍向某市劳动人事争议仲裁委员会申请仲裁，要求某建筑公司支付工伤赔偿费用。2018年1月30日，某市劳动人事争议仲裁委员会以龙劳人仲案字〔2018〕第2号作出裁决，某建筑公司支付刁某某各项费用共计184 957.84元。2018年2月12日，某建筑公司向烟台市中级人民法院申请撤销龙劳人仲案字〔2018〕第2号裁定；2018年3月21日，烟台市中级人民法院以〔2018〕鲁06民特35号裁定驳回某建筑公司的申请。2018年4月10日，被告人刁某某向某市人民法院申请执行仲裁裁决。2018年4月23日，某建筑公司向某市人民法院申请不予执行仲裁裁决，理由是，刁某某受伤后隐瞒事实真相，骗取保险理赔款，致后期仲裁机构依据双方前期隐瞒事实真相而取得足以影响案件事实的证据，作出影响公正的裁决。

2019年4月30日，某省某市人民检察院以龙检公刑诉〔2019〕116号起诉书指控被告刁某某犯诈骗罪向某市人民法院提起公诉。2019年9月19日某市人民检察院以"事实证据发生重大变化"为由，要求撤回对被告人刁某某的起诉。2019年9月27日，某市人民法院批准某市人民检察院的撤诉申请。

【辩护意见】

本案涉及的罪名为《中华人民共和国刑法》（2017年修正）第266条规定的诈骗罪，该罪名罪状描述为"诈骗公私财物，数额较大"。因此，是否具有非法占有目的是本案被告人出入罪与否的关键。本案辩护人的辩护意见是，刁某某的行为不属于《中华人民共和国刑法》（2017年修正）规定中的非法占有目的，被告人刁某某不能成为诈骗罪的犯罪主体，犯罪主体不适格因而无罪，具体辩护意见如下：

一、被告人并非以"非法占有"为目的

被告人与某建筑公司存在劳动关系。被告人的塔吊司机从业证书长期在某建筑公司存档，最后一次年审时间为2016年10月，培训7天期间的工资、食宿、交通费等费用均由某建筑公司承担。解放军一〇七医院病案首页显示，刁某某工作单位及住址一栏均写有"姓名：刁某某""某市某建筑工程公司"等字样，均可说明被告人与某建筑公司存在劳动关系是铁的事实。

《最高人民法院关于审理工伤保险行政案件若干问题的规定》（法释

〔2014〕9号）第3条规定："社会保险行政部门认定下列单位为承担工伤保险责任单位的，人民法院应予支持：（一）职工与两个或两个以上单位建立劳动关系，工伤事故发生时，职工为之工作的单位为承担工伤保险责任的单位；（二）劳务派遣单位派遣的职工在用工单位工作期间因工伤亡的，派遣单位为承担工伤保险责任的单位；（三）单位指派到其他单位工作的职工因工伤亡的，指派单位为承担工伤保险责任的单位；（四）用工单位违反法律、法规规定将承包业务转包给不具备用工主体资格的组织或自然人，该组织或者自然人聘用的职工从事承包业务时因工伤亡的，用工单位为承担工伤保险责任的单位；（五）个人挂靠其他单位对外经营，其聘用的人员因工伤亡的，被挂靠单位为承担工伤保险责任的单位。前款第（四）、（五）项明确的承担工伤保险责任的单位承担赔偿责任或者社会保险经办机构从工伤保险基金支付工伤保险待遇后，有权向相关组织、单位和个人追偿。"如果本案认定被告人与吕某某是雇佣关系，吕某某是挂靠某建筑公司资质，某建筑公司收取挂靠费，那么依本条第1款第（五）项规定，本案也应当由某建筑公司承担工伤保险责任。

退一步讲，即使吕某某与某建筑公司不是挂靠关系，而是发包与承包关系，依《劳动和社会保障部关于确立劳动关系有关事项的通知》（劳社部发〔2005〕12号）第4条的规定，建筑施工、矿山企业等用人单位将工程（业务）或经营权发包给不具备用工主体资格的组织或自然人发包方承担用工主体责任。因此，被告人在被吕某某雇佣时受伤，也应当由某建筑公司承担用工主体责任。

2019年1月8日，路某某笔录证实，1993年以后，吕某某就自己干了，某建筑公司偶尔有工程，吕某某就挂靠某建筑公司的资质。当时天鸿首府工程需要某建筑公司来做，吕某某便挂靠某建筑公司，承包了天鸿首府工程，然后吕某某收拾自己的工程设备，准备为天鸿首府工程进行施工，刁某某就是在为吕某某收拾工具时受伤的。另外，某建筑公司法定代表人孙某某在投案时供述："2016年7月，我们公司的包工头吕某某来到我的办公室找我。"2018年5月17日，吕某某供述："我一直在某建筑公司工作，我手下也有施工队，我们交的保险是通过某建筑公司交的。我知道我们交的保险是建筑工程险，这种保险不记名，只要是在交保险的工地发生事故，保险公司就要包赔损失。我给我的施工队工人交的保险刚刚过期10余天，我就想用公司的保险。"根据《最高人民法院关于审理工伤保险行政案件若干问题的规定》（法释〔2014〕9号）第3条、《劳动和社会保障部关于确立劳动关系有关事项的通知》（劳社部发〔2005〕12号）第4条的规定，劳动仲裁部门认定刁某某是工伤完全正确，何来诈骗？

某建筑公司不服仲裁裁决，向某市中级人民法院申请撤销仲裁。在申请书中，某建筑公司言称，被申请人受雇于吕某某，吕某某是个体包工头，在申请人处承揽建设工程。吕某某要么挂靠某建筑公司承揽工程，要么从某建筑公司转包工程，按照上述司法解释和劳社部文件，即使刁某某不是在佳苑工地受伤，也可以认定刁某某与某建筑公司存在劳动关系或者认定某建筑公司对刁某某工伤承担用工主体责任。

2017年2月15日，刁某某向某市劳动人事争议仲裁委员会申请仲裁，某建筑公司在工伤认定申请表上盖章，2017年5月15日，某建筑公司在劳动鉴定表上盖章。在某市劳动人事争议仲裁委员会第一次开庭时，某建筑公司答辩称，吕某某在2016年5月是承揽被申请人建筑工程的包工头，申请人是在为吕某某提供劳务时受伤的。这样的答辩正好符合（劳社部发〔2015〕12号）第4条的规定，某建筑公司就是用工主体。认定工伤正确，被告人在工作中受伤，依法本就应当赔偿，其要求某建筑公司依工伤赔偿标准支付相应的赔偿项目，何来"非法占有为目的"？

二、被告人并未采用虚构事实、隐瞒真相的方法骗取财物

某华际置业有限公司虽然证明吕某某未在北马佳苑小区承包工程，但是根据路某某2019年1月8日的询问笔录可知，北马佳苑的承包人正是某建筑公司。在被告人申请工伤认定时，某建筑公司对其申请是认可、同意的。2017年2月，被告人到某建筑公司解决理赔事宜，某建筑公司、吕某某及被告人三方一致同意通过劳动人事争议仲裁委员会工伤程序解决问题，某建筑公司在工伤申请书上盖公章认可，伤残鉴定书亦盖有某建筑公司的公章及孙某某签字。并且被告人严格按照法律程序进行工伤认定和伤残鉴定，事实清楚、证据充分。

2018年1月30日，某某市劳动人事争议仲裁委员会以龙劳人仲案字

［2018］第2号作出裁决，某建筑公司支付刁某某各项费用共计184 957.84元。2018年2月12日，某建筑公司向某市中级人民法院申请撤销龙劳人仲案字［2018］第2号裁决；2018年3月21日，某市中级人民法院以［2018］鲁06民特35号裁定驳回某建筑公司的申请。2018年4月10日，刁某某向某市人民法院申请执行仲裁裁决；2018年4月23日，某建筑公司向某市人民法院申请不予执行仲裁裁决。某市人民法院于2019年3月14日作出［2019］鲁0681执异第5号执行裁定书，驳回了某建筑公司不予执行龙劳人仲案字［2018］第2号裁决书的请求。而公诉人就以此为据追究被告人的刑事责任，显然不当。

三、某建筑公司加盖公章等行为，并非基于错误认识

某建筑公司作为有相当经营资质的建筑单位，具有完全的民事行为能力及民事权利能力。其在被告人申请工伤认定材料中加盖公章的行为，是其真实意思表示，其作为承担刁某某工伤保险责任的单位，加盖公章亦是其履行相关义务的体现。《中华人民共和国民法总则》（已失效）第143条规定："具有下列条件的民事法律行为有效：（一）行为人具有相应的民事行为能力；（二）意思表示真实；（三）不违反法律、行政法规的强制性规定，不违背公序良俗。"因此，该民事法律行为当属合法有效。某建筑公司当然清楚知晓其加盖公章的法律意义，亦必然能承受因此引起的任何法律后果。如果认定被告人构成诈骗罪，那么某建筑公司作为受害人，是基于何种错误认识加盖的公章呢？试问，如果某建筑公司明知吕某某与刁某某签订的私人协议情况不属实，为何还要保留吕某某与刁某某的协议呢？某建筑公司仅以声称受骗为由，便想否决其加盖公章的法律行为，进而否定劳动人事争议仲裁委员会裁决书、某市中级人民法院判决书及某市人民法院的多次执行裁定书，显然不应得到人民法院的支持。

某建筑公司、吕某某在开始时为了少赔刁某某损失，要求刁某某走劳动仲裁程序。为了维护权益，刁某某答应了某建筑公司与吕某某的要求。但某建筑公司在看到赔偿数额比较大的时候，突然反悔了，为了自身利益在公安机关侦查阶段作出了违心的口供，而公诉机关误将这些口供当成证据使用。试想，刁某某和某建筑公司是原被告、申请人与被申请人的

关系，是严重冲突的双方当事人，劳动仲裁的结果也与吕某某息息相关，为了不赔偿转而答应刁某某走劳动仲裁程序，当仲裁生效后，某建筑公司看到数额较大，又以欺骗为由，否认这一切，还表示盖公章是出于好心，且不说法律规定，单从用工主体或劳动关系主体的角度来讲，如果没有之前吕某某与某建筑公司承诺走劳动仲裁程序的行为在先，某建筑公司怎么可能盖章呢？那么，当刁某某申请工伤的时候，某建筑公司就应当马上意识到，一旦认定工伤，公司将会面临什么样的处境，如何赔偿，其不会不知道。再说，申请工伤是为刁某某好，这样的话谁会信呢？申请工伤了，需要某建筑公司赔偿，怎么能说成是为刁某某好呢？公诉机关怎么可以把这样的口供当成所谓诈骗的证据呢？如果人民法院依据这些违心的口供，对被告人作出有罪判决，那么将极大地拓宽某些单位及个人利益的寻租空间，必然在社会上引起严重的不良后果，更不能达到法律效果和社会效果的统一。

综上，本案被告人不符合诈骗罪的构成要件，从《中华人民共和国劳动法》的规定来看，虽然刁某某是在吕某某院内干活儿受伤的，但某建筑公司是劳动关系主体或用工主体，承担赔偿责任，毋庸置疑，事实清楚，应当依法判决宣告被告人无罪。

【裁判文书】

某省某市人民法院（［2019］鲁0681刑初168号）刑事裁决书：

某市人民检察院以被告刁某某犯诈骗罪，于2019年5月5日提起公诉。在审理过程中，某市人民检察院于2019年9月19日以"事实证据发生重大变化"为由要求撤回被告人刁某某的起诉。

法院认为撤回起诉理由正当，符合相关法律规定。依照《最高人民法院关于执行〈中华人民共和国刑事诉讼法〉若干问题的解释》（法释［1998］23号，已失效）第242条的规定，准许某市人民检察院撤诉。

【案例评析】

本案属于一起撤诉案件。本案的焦点在于对《中华人民共和国刑法》（2017年修正）第266条规定的诈骗罪构成要件的解读。尤其是，挂靠单位人员受伤时，被挂靠单位承担用工主体责任。本案中，刁某某主观上不具有非法占有目的，其不符合法律法规规定的诈骗罪的法律特征，不能成为诈骗罪的犯罪主体。

【结语与建议】

在案件办理过程中，辩护人应当准确把握和适用刑法的总则和分则，严格地依照罪刑法定原则，结合案件事实全方位、多角度地进行严密的法律论证。另外，刑辩律师还要对民事法律法规进行深入的研究。辩护人在案件办理过程中应当充分地与侦查人员、公诉人、审判人员进行交流，工作重心前移，最大限度地维护被告人的合法权益。

第三章

缓刑案例

姚某涉嫌盗窃罪案

◇ 何荣波

律师简介

何荣波，陕西恒典律师事务所律师。2005年开始律师执业，任安康市律师协会行政法专业委员会副主任。长期从事行政法、民商法的理论学习与案件代理工作，同时承接一些具有挑战性的刑事案件辩护。2018年荣获"安康市优秀律师"称号。

» 案例基本信息

案例类型：缓刑案例

业务类型：刑事辩护

人民法院判决时间：2008年9月18日

机关名称：某省某市某县人民法院

辩护律师姓名：何荣波

律师事务所名称：陕西恒典律师事务所

» 案例正文

【案情简介】

被告人姚某，湖北省恩施土家族苗族自治州（以下简称"恩施州"）人，平时在湖北省利川市某出租车公司经营一辆出租车。2008年2月底，姚某准备到山西帮一个亲戚处理工伤事故，恰逢春运期间，火车票难买。他先辗转到重庆，再到达州，还是没能买到去山西的火车票。当滞留达州火车站时，姚某在饭馆偶遇邻桌两人，一人绰号叫"朱儿"，另一人不清楚姓名。交谈中，获悉两人驾车准备前往西安，并且二人说西安是大站，火车票好买。于是，姚某就和"朱儿"商量，把他捎上，承诺给付300元车费，"朱儿"等欣然应允。于是饭后，姚某就随同"朱儿"和其另一同伙，乘坐"朱儿"开的一辆黑色力帆牌小轿车往西安方向进发，途经安康、汉阴、石泉、宁陕等地。

2008年3月1日4：00许，在经过某省某县县城时，"朱儿"和其另一同伙对姚某说，他们去县城办一些事情，让姚某在车上等，并且给了姚某一个电话号码，说要是着急的话，就给他们打电话。

大概过了一个多小时，还没见"朱儿"二人回来，姚某就打电话给"朱儿"。电话接通后，对方并未说话，打了第三次，对方说，他们有点儿重要的事情，不能接电话。大概又过了十几分钟，"朱儿"二人回来了，然后继续往西安方向进发。到西安后，"朱儿"把收取姚某的300元车费，返还给姚某，说路上很愉快，不收其车费。从西安分手后，姚某就乘火车前往山西办理自己的事情去了，再也没有和"朱儿"联系过。姚某在山西大概逗留了半个月，就回了老家，继续经营他的出租车。

2008年4月14日16：00左右，姚某突然被所在的出租车公司通知，要求其即刻返回出租车公司，有重要事情。姚某到出租车公司后，当即被公安机关控制，并被劈头盖脸地讯问："今年是否外出？"由于事发突然，姚某有点儿懵了，说哪里都没去！一直在家里开出租车。这时，公安人员拿出一张电话通讯记录单，指给姚某看，告诉他："该电话通讯记录显示，你于2008年3月1日在某省某县打过电话，你撒谎！"就这样，姚某当天晚上就被某省某县的公安人员带走了。

当晚，宁陕县公安和当地公安吃了一顿饭后，就随车押送姚某回某县。行走的路线是：湖北省利川市—恩施州—某省镇坪县—某县，在恩施州和镇坪县各住一晚，于2008年4月16日18：00左右到达某省某县。

公安机关将姚某带回某县后，当晚23：00左右，即对姚某进行讯问，姚某就把自己如何搭乘"朱儿"车的经过陈述了一遍，可公安人员认为姚某的陈述不正确，认定姚某参与了盗窃作案。

顺着公安人员的思路，相关工作人员对姚某展开"强大攻势"，连续制作了5份有罪供述的讯问笔录，并带姚某"指认"了作案现场，对辨认过程制作了全程录像。

2008年7月8日，公安机关侦查终结，认为姚某构成盗窃罪，制作了《起诉意见书》，将案件移交人民检察院审查起诉。

2008年7月15日早上，被告人姚某的哥哥找到辩护人，辩护人向他了解情况，他说他一点儿都不知情，只是说两个月前，曾到某县看守所见其弟弟一面，但没见到。再就是，公安人员要他们家赶快拿3万元来退赃，以求宽大处理。姚某的哥哥说，自己连最基本的情况都不知道，如何退赃？

当时姚某哥哥找到辩护人，是希望辩护人能立马了解其弟弟的情况，因为其老家在湖北省利川市，到陕西来，路途都需要2天时间，不可能在此久留。经过简单的交谈后，辩护人便与姚某哥哥签订了委托辩护合同，然后安排时间去宁陕县会见。初见姚某，辩护人大概与其谈了2个多小时，总之一句话，姚某认为自己是被冤枉的。

会见结束后，辩护人到人民检察院查阅案卷。让人欣慰的是，《中华人民共和国律师法》（2007年修订）颁布以后，某县人民检察院开展了认真的研究和学习，并对其贯彻和实施制订了具体措施。在检察院，辩护人复制了"全部"案卷材料。

经阅卷，辩护人发现盗窃案是这样发生的：某县人民政府办公室副主任准备和县长出差，向财务部门预支了3万元现金并带回家里，于2008年3月1日凌晨被盗。由于数额巨大，必然责令公安机关赶快破案。所以，公安机关侦破案件的压力很大。

该县公安机关立案后，即向周边公安机关了解，是否查获过类似的盗窃案。最后，某省镇坪县公安局反馈信息，抓捕了一批湖北省利川市籍的盗窃犯罪团伙，有四五个人，某县公安机关即刻派员前去了解情况。

方法也很简单，就是将在押嫌疑人的手机号码簿翻出来，齐齐地问："号码簿上的人是干什么的？"当问到姚某时，嫌疑人说："和我们一样，是用胶片开防盗门偷东西的。"同时，从移动电话公司调取了姚某的通话记录信息核对。于是，公安机关就把嫌疑对象锁定了，也就是前文中被抓捕的姚某。

在对案卷的研究过程中，辩护人发现，本案除口供之外，没有其他任何证据指向姚某实施了盗窃行为。

因为凡是盗窃案，最重要的应该是现场勘验检查，通过勘验检查过程可以获取相应的足迹、指纹及其他物证痕迹等，通过这些物证指向，来证明犯罪嫌疑人是否实施了盗窃行为。可是在本案的卷宗中，《勘验现场笔录》显示，没有任何物证指向姚某实施了盗窃行为。

在审查起诉阶段，辩护人会见了被告人姚某2次，收集书证1份，即向湖北省恩施州移动公司调取了姚某2月至4月的电话记录单，查看3月1日被告人姚某给"朱儿"打电话的时间和"朱儿"的电话号码，主要证明姚某不在作案现场。在调取该证据后，辩护人给被关押的姚某写了一封信，内容如下：

姚某：

您好！2008年7月31日会见你时，你谈到的，你认为很重要的手机通话记录，在会见结束后，我立即通知你妻子向移动公司调取。当天下午，你妻子和你哥哥即调取了从2月至4月共3个月的通话记录，并由移动公司加盖了印章。现正在邮递途中，请你放心！收到后，我会及时向宁陕县人民检察院提交和作出相应的律师辩护意见。

另外，我希望你能信任你的辩护律师。上次会见时，你指着你的囚衣对我说，我看到你穿的衣服，就可能和国家司法人员一样，不相信你说的话。实际上，我感到很难为情，甚至为整体民众对律师的不了解而感到难为情。

律师不是国家工作人员，律师是人民权利的代表，《中华人民共和国律师法》（2007年修订）规定律师是接受委托，为当事人提供法律服务的执业人员。《中华人民共和国律师法》（2007年修订）规定，律师在刑事辩护中的职责是：根据事实和法律，提出犯罪嫌疑人、被告人无罪、罪轻或者减轻、免除其刑事责任的材料和意见，维护犯罪嫌疑人、被告人的合法权益。

所以，我希望你对律师所陈述的情况是真实的，以便律师给你确定最佳的辩护方案。

且不说，普通的老百姓在国家司法机关面前显得无力辩白，即使是国家机关工作人员被指控犯罪时，他们仍然会显得无助。我曾经反复给你举的云南警察杜培武的例子，杜培武本身是个警察，1998年，当他被指控枪杀他的妻子和公安局副局长时，在公安机关成立专案组的强大攻势下，他也只好供述是他杀的，一审被判了死刑，二审被改判为死缓，后投入监狱改造。在被关押26个月后，由于另一案件杨天勇等团伙劫车杀人案的告破，才发现杜培武的妻子和公安局副局长是被杨天勇等所杀。这才发现杜培武案是一错案。所以不管是谁，走到这一步都一样。

话虽这么说，对于本案，我准备做无罪辩护，也就是说对于你所涉嫌的犯罪，我准备向无罪的方向辩护。但同时，你也必须保证你向我所陈述的所有情况都是真实的，而且在今后的诉讼过程中，陈述都必须是如实陈述。否则，我们会丧失其他做罪轻或者减轻辩护的机会。

后边，我会在必要的时候安排会见你，你认为有必要的话，也可使用通信的方式提出你的意见。不要对看守所的管教有抵触情绪和绝对不信任，对于你正当的权利和要求，他们还是基本能够理解和保障的。

好了，我想就此搁笔，希望你不要太焦虑，一切都会迎刃而解的，你的家人也期盼能够与你早日团聚，但是，我们所面临的问题还是需要一点一点地来解决。我们都在为此而努力着！在里边要注意身体健康，这也是你妻子经常惦念着的。本书信，用手写体怕你看起来费力，所以特用打印体书写。

给姚某写的这封信，在很大程度上减轻了其心理压力，让其能够正确面对现在的处境。

辩护人在会见姚某本人后，仔细阅读了案卷材料，和收集相应证据，依据《中华人民共和国刑事诉讼法》（1996年修正）第139条提出以下辩护意见：

一、证明姚某构成盗窃罪的证据明显不足

从整个案卷材料可以看出，除了犯罪嫌疑人的供述之外，没有其他任何证据指向姚某实施了盗窃犯罪行为。

就是犯罪嫌疑人的供述也是前后不一致，除了2008年4月14日17：01—18：30第一次供述当事人没反应过来之外，2008年4月15日13：10—15：20第二次供述，据姚某回忆，在恩施州清新宾馆204房根本没做笔录，签字"记录看过和我说的一样"的字体与姚某在其他笔录上签字的字体不一致。

2008年4月16日23：28—4月17日02：29的讯问笔录基本属实，盗窃是"朱儿"和另一人所实施的。

其他笔录基本上是抄写第二份笔录的内容。

对于《辨认记录》，依据《中华人民共和国刑事诉讼法》（1996年修正）第42条规定的证据种类，仍然应当归于"犯罪嫌疑人、被告人的供述和辩解"的证据种类。

对于盗窃案件，公安机关进行现场勘验检查，最起码应当提取鞋印、足迹及指纹等物证，但是本案的侦查案卷反映公安机关什么都没提取。

从整个案卷可看出，本案除了犯罪嫌疑人的供述之外，没有其他任何证据指向姚某实施了盗窃行为。依据《中华人民共和国刑事诉讼法》（1996年修正）第46条"对一切案件的判处都要重证据，重调查研究，不轻信口供。只有被告人供述，没有其他证据的，不能认定被告人有罪和处以刑罚；没有被告人供述，证据充分确实的，可以认定被告人有罪和处以刑罚"之规定，不能认定犯罪嫌疑人构成犯罪。

二、有证据证明姚某不在盗窃现场，并且姚某当时对"朱儿"和另一人去盗窃一事不知情，故不可能构成犯罪

2008年4月14日17：01—18：30某县公安人员找到本案犯罪嫌疑人姚某时，向姚某出示了其曾在某县拨打过电话的通话记录，认定姚某是犯罪嫌疑人。而在侦查终结后，向某县人民检察院移交证据时，却故意隐匿了姚某手机通话的监控记录，因为该证据恰恰能证明姚某不在盗窃现场，并且当时对"朱儿"和另一人去盗窃的事不知情。

事后，据姚某回忆，他多次向公安机关供述实施盗窃的人——"朱儿"的电话尾数。由于公安机关隐匿了该证据，故，辩护人不得不自行收集该证据，从利川市移动公司调取的"通话记录详情单"显示，该尾数的电话号码与真正实施盗窃的人"朱儿"的电话号码一致。

即2008年3月1日凌晨，姚某搭乘"朱儿"的车途径某省某县县城时，"朱儿"和另一人去盗窃，而姚某并不知情，在车上等，等得急了，打电话催促"朱儿"等赶快赶路。"通话记录详情单"上反映"05：14：35—05：46：46"期间姚某某共拨打了3个电话。足以证明"朱儿"实施盗窃时，姚某并不在现场。若在现场的话，就没必要打电话，而且若他知道是盗窃也必然不敢打电话。

本辩护人向贵人民检察院提出以上两点辩护意见，供审查起诉检察官予以参考。对于本案的处理，辩护人建议，先对在押的犯罪嫌疑人变更强制措施，退回公安机关补充侦查或者作出不起诉决定。

在本案中，辩护人只是依靠自己的个人力量了解案件，难免有掌握不够完全的信息，如在辩护意见中，认为被告人2008年4月15日13：10—15：20的供述是侦查人员伪造的，理由是，被告人签字的字体不一致，其实，辩护人的这个判断是错误的。因为后来会见时，辩护人让被告人辨认字体，看是否是他自己所签，他承认是他自己签的，只是不是那个时间、那个地点所签而已。辩护人让他好好回忆那字是何时签的，他经过了艰难的回忆，说可能是在同年4月18日辨认现场后，由侦查人员随手递给他签的。

2008年8月9日，看守所民警打来电话，说姚某要求会见律师。辩护人估计人民检察院可能已审查完毕，向法院提起诉讼了。同年8月12日，辩

护人到看守所会见了姚某，他把人民检察院的起诉书交给了律师。

被告人姚某最担心的是2008年4月15日13：10—15：20公安人员所制作的《讯问笔录》，说那内容根本就不是自己的陈述，也根本不是"讯问笔录"上记录的自己参与了盗窃作案，而且在笔录上记载的时间和地点，公安人员根本没有对其进行讯问。但那上面必定有姚某签的字和捺的印，故他有种跳进黄河也洗不清的感觉，甚是绝望！

但辩护人相信，真的假不了，假的真不了！

在辩护人对某县人民检察院向法院提交的全部（这回是真的"全部"，共两本，在检察院时只有一本）案件卷宗，进行了深入研究后，找到了办案人员作伪证的蛛丝马迹，即第二份"讯问笔录"记载的时间是"2008年4月15日13：10—15：20"，制作地点是"湖北恩施州清新宾馆"。从宁陕公安人员带姚某从湖北省利川市到陕西省宁陕县的行程可以看出，"2008年4月15日13：10—15：20"的这个时间段，应当是宁陕公安人员和姚某从湖北省恩施州到某省镇坪县的路途中，而在摇摇晃晃的汽车上，是不可能讯问和制作"讯问笔录"的。

为证明该推断，辩护人到新华书店买了两本《中国公路交通地图册》，根据地图册所示路程计算出，从恩施州到镇坪县的公路里程是476公里，而且只有1/5是国道，其余全部是省道。按照通常行车，从恩施州到镇坪县需要12小时左右。根据被告人回忆，同年4月15日9：00时从恩施州清新宾馆出发，21：00左右到达镇坪县。在后来的会见中，辩护人专门了解了姚某被带回宁陕县的行程路线和具体时间，经对照，辩护人的推算和姚某的回忆基本吻合。也就是说，该"讯问笔录"所记载的时间和地点不可能进行讯问和制作笔录，故卷宗中的这份笔录，可以肯定是办案人员捏造的。

于是，辩护人向某县人民法院递交了《通知证人出庭申请书》，要求制作"讯问笔录"的公安人员出庭作证，让公安人员自己陈述押解过程和是否制作了那份"讯问笔录"，以从公安人员这一方面来印证此推断。

同时，为以防万一，若公安人员不出庭（因为当时《中华人民共和国刑事诉讼法》（1996年修正）未规定公安侦查人员的证人身份），辩护人另外书写了一份《提请收集、调取证据申请书》，准备在开庭时提交，申请法院向湖北省恩施州清新宾馆调取记载宁陕县公安人员和姚某在该宾馆住宿登记情况的"旅客住宿登记簿"，希望通过"旅客住宿登记簿"上记载的公安人员和姚某从清新宾馆的离开时间，来证明2008年4月15日13：10—15：20，公安人员和姚某并不在清新宾馆，而是在路途中。从而证明2008年4月15日13：10—15：20的"讯问笔录"是公安办案人员伪造的。

证明公安人员作伪证，还有另外两个证据，即侦查案卷材料中的两份法律文书：拘留证和《拘留通知书》。在2008年4月15日13：10—15：20的"讯问笔录"中记载有向姚某送达"拘留证"签字的情节记录，但拘留证上记载姚某在拘留证上签字的日期是2008年4月14日16：00；在《拘留通知书》上有某县公安局负责人蔡某某"同意延期通知"的意见签署，日期是4月15日。从空间上看，在2008年4月15日这一天，公安侦查人员和姚某一定是在从湖北省恩施州到某省镇坪县的路途中，而蔡某某却远在陕西某县城，存在空间上的矛盾。

在开庭前，会见被告人时，辩护人告诉他，公安人员有涉嫌伪证罪的行为，假若他愿意追究的话，该公安人员有可能也会被关进看守所。另外，辩护人专门准备了一份《控告状》，控告公安人员伪造"讯问笔录"，涉嫌伪证罪，要求追究记录人做虚假记录，意图陷害他人，构成伪证罪，要求追究公安人员刑事责任。计划开庭结束后，让被告人签字，同时根据情况向检察机关提出控告。

2008年9月11日，姚某涉嫌盗窃案开庭审理，某县人民检察院出庭支持公诉，但是，法庭没有通知公安人员出庭作证，据说公安办案人员参加了旁听。在辩护人举证时，又提交了一份《提请调查、收集证据申请书》，内容如下：

申请事项：

请求宁陕县人民法院向湖北省恩施州清新宾馆调取2008年4月15日0：00—12：00时胡某某、胡某等4人住宿登记情况的"旅客住宿登记簿"。

申请理由：

作为被告人姚某涉嫌盗窃一案的辩护人，本人认为需要向湖北省恩施州清新宾馆调取2008年4月15日0：00—12：00时胡某某、胡某等4人住宿登记情况的"旅客住宿登记簿"。因为，作为侦查员的胡某某、胡某及干警吕某某带犯罪嫌疑人姚某于4月15日凌晨2时左右住进清新宾馆，于同日9：00左右离开宾馆。但是"讯问笔录"记载胡某、胡某某竟然于同日13：10—15：20期间在该宾馆204房对姚某进行讯问并制作讯问笔录。据被告人姚某回忆，在清新宾馆未对其讯问，未制作讯问笔录。从行程上看，2008年4月15日13：10—15：20这个时间段应当是在前往陕西方向的路上，所以不可能进行讯问和制作讯问笔录，更不可能还在清新宾馆204房。由于2008年4月15日13：10—15：20的讯问笔录记录了本案的"基本事实"，是否属于伪造是关乎被告人姚某是否构成犯罪的主要证据，辩护人申请调取的证据，是核实2008年4月15日13：10—15：20的讯问笔录是真是伪的关键证据，同时也是证明公安人员胡某、胡某某是否涉嫌伪证罪的直接证据。故根据《中华人民共和国刑事诉讼法》第37条之规定，特提请人民检察院予以调取、收集。

【辩护意见】

在法庭辩论阶段，辩护人发表了以下辩护意见：

一、公诉人对姚某的盗窃犯罪指控，证据明显不足，指控犯罪不能成立

从整个案卷材料可以看出，除了被告人的供述之外，没有其他任何证据指向姚某实施了盗窃行为。

就是被告人的供述也前后不一致、相互矛盾。姚某的第一次供述时间是2008年4月14日17：01—18：30，这次是被告人突然接受公安人员的讯问，没有反应过来，除做无罪供述之外，其他供述，均非姚某本人的真实意思表示。

（一）特别是，公诉人所举的公安人员在2008年4月15日13：10—15：20所制作的"讯问笔录"，可能使记录人涉嫌伪证罪

1. 据姚某回忆，在湖北省恩施州清新宾馆204房，根本没有公安人员对其进行讯问和制作"讯问笔录"。

2. 根据法庭调查，以及从该笔录制作的时间、地点以及空间上来看，辩护人认为，该"讯问笔录"是公安人员胡某和胡某某根据自己的推理和想象制作的，是不真实的。理由如下：

（1）从宁陕县公安人员带被告人自利川市到某省某县的行程路线和时间上可以看出，这份"讯问笔录"是虚假的。

宁陕县公安人员，第一次讯问被告人的时间是2008年4月14日17：01—18：30时，即由利川市公安局协助某县公安人员通知找到被告人姚某后进行的询问。4月15日0：00左右，带被告人姚某前往恩施州，从利川市到恩施州是96公里，时间大约要2.5小时，大概于2：30左右到达恩施州，并住在恩施州的清新宾馆。同日9：00左右，某县公安人员带被告人姚某从恩施州向陕西方向进发，从恩施州到镇坪县的里程，从地图上看是476公里，由于公安人员不是专业的客运或者货运司机，再加上路途所需的吃饭时间，这段路程所用时间，应当在12个小时左右，于21：00左右到达镇坪县城，住于镇坪宾馆。2008年4月16日9：00左右，某县公安人员带被告人到镇坪县公安局和看守所大概停留了一个多小时后，向宁陕县方向进发，于同年4月16日18：00左右到达某县城。

所以，2008年4月15日13：10—15：20这个时间段，应当是在恩施州到镇坪县的路途中，而不可能是"讯问笔录"中记载的"湖北省恩施州清新宾馆204房"。

（2）依据拘留证上所记载的被告人签字时间是"2008年4月14日16时"，可该"讯问笔录"上对被告人在拘留证上签字捺印的情节记录，反映被告人在拘留证上签字的时间是"2008年4月15日13：10—15：20"，所以，拘留证和该讯问笔录这两个相互矛盾的法律文书，必有一假，甚至两份材料都是假的。

（3）该"讯问笔录"记录的被告人在拘留证上签字的情节，和领导蔡某某在《拘留通知书》上签署"同意延缓通知"的日期"4月15日"存在空间上的矛盾。因为2008年4月15日胡某某和胡某带被告人正在从恩施州到镇坪县的路上，胡某某和胡某不可能同时在某县向公安局领导请示"延缓通知"这一事项，所以，该《讯问笔录》和《拘留通知书》这两份法律文书相互矛盾，所以也必定有一份是假的，或者两份都是假的。

3. 为人民法院能查清案件事实，本辩护人特提出《调取、收集证据申请书》，申请人民法院调取记载胡某、胡某某等在湖北省恩施州清新宾馆住宿时间的"旅社住宿登记簿"，以查清2008年4月15日13：10—15：20，胡某、胡某某等是否还在清新宾馆。这是证明2008年4月15日13：10—15：20公安人员所制作的"讯问笔录"真伪之关键。同时也是追究胡某、胡某某是否构成伪证罪的直接证据。

（二）2008年4月16日23：28—4月17日02：29，即被告人被公安人员带回宁陕后进行的首次讯问

这份讯问笔录的内容基本属实，被告人陈述的盗窃由"朱儿"和另一人所实施。可公安人员却忽视了"另一人"的存在，是不尊重事实、故意歪曲事实的表现。

其他笔录基本上是照抄2008年4月15日13：10—15：20的笔录的虚假内容，显然是荒谬的。

（三）对于"辨认笔录"，依据《中华人民共和国刑事诉讼法》（1996年修正）第42条规定的证据种类，本辩护人认为应当归于"口供"的证据种类

而且，被告人认为是在公安人员的胁迫和控制下进行的。本辩护人也认为，该辨认笔录无法证明，到底是公安人员带被告人指认现场，还是被告人带公安人员指认现场，故该笔录不具有真实性。

（四）对于公安机关侦查盗窃案件，公安机关进行现场勘验检查时，最起码应当提取足迹、指纹及其他痕迹等物证，以便通过这些物证的指向，来查找犯罪嫌疑人，破获案件

但是本案的公安侦查案卷反映的是公安机关什么物证都没有提取，这使本辩护人很是疑惑。

鉴于上述，从整个案卷可看出，本案除了被告人自相矛盾的供述之外，没有其他任何证据指向姚某实施了盗窃行为。依据《中华人民共和国刑事诉讼法》（1996年修正）第46条"对一切案件的判处都要重证据，重调查研究，不轻信口供。只有被告人供述，没有其他证据的，不能认定被告人有罪和处以刑罚；没有被告人供述，证据充分确实的，可以认定被告人有罪和处以刑罚"之规定，本案不能认定被告人构成盗窃犯罪。

二、被告人有证据证明自己不在盗窃现场，而且还可以证明，被告人当时对"朱儿"和另一人去盗窃的事不知情

2008年4月14日16：00，某县公安人员找到本案被告人姚某时，向姚某出示了其曾在某县城拨打过电话的通话监控记录，认为姚某是盗窃嫌疑人。而在侦查终结后，公安机关向某县人民检察院移交证据，以及某县人民检察院向人民法院起诉时，却隐匿了姚某的手机通话监控记录这一证据，因为该证据足以证明姚某不在盗窃现场，而且还能证明被告人姚某当时对"朱儿"和另一人去盗窃的事不知情。

据姚某回忆，他多次向公安机关供述实施盗窃的人——"朱儿"的电话号码尾数。由于公安机关隐匿了该证据，故本辩护人不得不自行收集该证据，从利川市移动公司调取的"通话记录详情单"，查找到该尾数的电话号码是真正实施盗窃的人"朱儿"的电话号码。而某县公安机关却未能通过这一电话抓获"朱儿"和其另一同伙。

通过这一证据，展示了案件的本来面目，即姚某搭乘"朱儿"的便车，于2008年3月1日凌晨，途经某省某县县城时，"朱儿"和其另一同伙去实施盗窃，让姚某在车上等候，姚某等得急了，打电话催促"朱儿"等赶快赶路。通话记录详情单上反映"05：14：35—05：46：46"姚某共拨打了3个电话，这足以证明"朱儿"等实施盗窃时，姚某不在盗窃现场，以及姚某对他们的盗窃行为不知情。若姚某在盗窃现场，就没必要打电话，再者，假若姚某知道他们去盗窃，也必然不敢打电话。

综上，被告人不在盗窃现场，就更谈不上盗窃犯罪了。

三、被告人有固定的职业和稳定的收入来源，不具有盗窃犯罪的作案动机

本案被告人姚某在湖北省利川市经营着一辆出租车，车型是上海杰士达。在法庭调查阶段，本辩护人向法庭出示了该车相关信息，2006年8月23日，姚某和利川市富利出租汽车有限责任公司签订的《出租汽车承包经营合同》，以及利川市富利出租汽车有限责任公司出具的证明姚某是该公司驾驶员的证明文件及出租汽车的相关证照，这些足以证明，被告人姚某

有着固定的职业和稳定的收入来源，不具有实施盗窃犯罪的作案动机。

综上所述，公诉机关对被告人盗窃犯罪的指控，明显证据不足，并且有证据证明被告人未实施盗窃行为，以及被告人不具有盗窃犯罪的作案动机。根据《中华人民共和国刑法》（2006年修正）关于犯罪的构成理论，公诉人指控被告人涉嫌盗窃犯罪，缺少犯罪构成的主观方面、客观方面和客体等最基本的犯罪构成要件，即在不知情的情况下，搭乘盗窃人的便车的行为，绝对不可能构成盗窃犯罪。依据《中华人民共和国刑事诉讼法》（1996年修正）第46条"重证据、不轻信口供"的规定，和《中华人民共和国刑事诉讼法》（1996年修正）第162条第（三）项"证据不足，不能认定被告人有罪的，应当作出证据不足、指控的犯罪不能成立的无罪判决"的规定，人民法院应当依法判决被告人无罪。

最终，由于种种原因，此案获得缓刑判决。

【判决结果】

某省某县人民法院于2008年9月18日对姚某作出判处有期徒刑3年、缓期5年执行的判决。2008年9月29日，姚某得到释放。

【裁判文书】

某省某县人民法院（〔2008〕宁刑初字第26号）刑事判决书：对姚某以盗窃罪判处有期徒刑3年，缓期5年执行，罚金1万元。

【案例评析】

首先，这个案子体现了一条律师执业伦理：当律师维护委托人利益与维护公共利益相冲突时，应当优先维护委托人利益。这也是律师立足的根本和出发点。

其次，本案虽没有达到无罪辩护的目的，但是律师必须尊重当事人意见。当事人不愿意在看守所里多待一天，是其最大利益，律师必须把这种利益放大化，予以充分尊重。即两害相衡，取其轻；两利相权，取其重。

最后，只有法律才能树立律师的职业尊严、体现律师的职业魅力，当事人对法治的信仰、对司法机关的信心，是对律师最好的回报。

【结语与建议】

律师一路走来，会办理各种各样的案件，在每一个案件中都要陪伴当事人走过人生一段艰难的历程，在关键时刻往往很难抉择。比如本案，有律师说，遇着一个可以判无罪的案子不容易，要坚持无罪的效果，这对律师来说是一种成就感。但是，我们更要清楚，在当事人利益面前，律师的成就感无足轻重，律师办案的价值追求，一定是以当事人的价值判断为中心的。

王某涉嫌非法吸收公众存款罪案

◇ 曹剑刚

律师简介

　　曹剑刚，中南财经政法大学法律硕士，现为湖北得伟君尚（湖北自贸区武汉片区）律师事务所创始合伙人、副主任、刑事业务部负责人，武汉律师协会刑事风险防控专业委员会委员，武汉律师协会评定的刑事专业和知识产权专业律师，武汉市名优律师。

　　1996年起从事律师工作以来，多次获得行业荣誉称号。先后参加了武汉大学"死刑案件辩护技能培训班"、中南六省（区）律师论坛、尚权刑事论坛、"法律职业共同体背景下的刑事辩护制度"高端论坛等，公开发表多篇论文。执业以来带领团队办理了多起刑事案件，特别是对企业家犯罪、知识产权犯罪、职务犯罪等领域的辩护有一定心得。

» 案例基本信息

案例类型：缓刑案例

业务类型：刑事辩护

人民法院判决时间：2013年4月10日（一审）、2013年11月14日（二审）

机关名称：某省某市某区人民法院

辩护律师姓名：曹剑刚

律师事务所名称：湖北得伟君尚（湖北自贸区武汉片区）律师事务所

检索主题词：非法吸收公众存款罪；无罪辩护；缓刑执行

» 案例正文

【案情简介】

被告人王某为湖北某投资公司的小股东（占5%的股份），在该投资公司负责投资项目的合同管理等工作。从2007年投资公司成立至2010年12月案发，该投资公司为解决公司投资项目的资金需求，通过和下属的房地产代理公司及客户签订三方委托代理合同，承诺向客户支付每月2%～3%的预分红回报，吸取公众存款4亿余元，涉及客户1000多人，其中案发时未兑付资金达1亿余元。案发后，该投资公司的全部股东（包括已退出的股东）和客户经理共18人被抓。后起诉书指控该投资公司涉嫌构成单位犯罪，18名被告人作为被告单位直接负责的主管人员和其他直接责任人员，均涉嫌构成非法吸收公众存款罪，被羁押和提起公诉。

【辩护意见】

被告人王某虽是被告单位湖北某投资公司的小股东，但依法并不属于公司的直接负责主管人员和其他直接责任人员，故不应该对本案的全部犯罪金额和犯罪结果负责。

1. 被告人王某在本案中从来没有对外实施非法吸收公众存款的行为，也没有指使和帮助他人实施任何非法吸收公众存款的行为，而且案发时其早已离开了被告单位。

2. 被告人王某不是被告单位的董事会成员，也从未担任被告单位的法定代表人（其他股东都曾担任过），不担任公司任何实质领导职务，无权策划和决定公司的任何事情，从未对外代表公司签订过任何合同（包括融资合同），更不分管公司财务等方面业务。公司内部通讯录排名也充分反映出了这一点，被告人王某在全部注册股东中排名是最后的。

3. 被告人王某作为公司负责的工作人员，按照公司的安排起草《委托代理合同》，该合同文本并经公司聘请的法律顾问审改后，才由公司进行使用。起草合同文本的行为本身是其履行工作职责的行为，而且这个合同文本本身是没有任何问题的，是个合法有效的合同文本。只是公司在客户委托理财的资金入账后，违规使用才导致本案的发生。而这与被告人王某起草合同文本的行为是不存在任何法律上的因果关系的。

4. 被告人王某只是公司登记的小股东，只占5%股份，后降为2%，无独立的提案权，对公司事务基本没有话语权。

5. 被告人王某在公司全部注册股东中取得的收入也是最少的，其除了按公司规定领取了一定的工资报酬，以及自己借钱给公司收取一定利息和分红外，在本案中没有非法和实际获利。其也是本案的受害者之一，至今还有借款本金和入股的股本金几十万元没有收回。案件的司法会计鉴定报告只有各股东在公司"非法获利"的数据，却没有各股东真实投资的本金等数据，缺乏客观性和全面性。

6. 被告人王某在本案中的地位低，作用微不足道。

7 本案客户资金进来后，绝大部分资金被公司拿去进行房地产项目投资，并没有挪作他用。至案发，被告单位对外还有不少合法债权和房地产项目、土地等资产可以清收和处理。如果进行依法处理和变卖，是基本能够清偿本案客户的借款的，但案件的司法会计鉴定报告缺乏这方面的内容。

《最高人民法院关于印发〈全国法院审理金融犯罪案件工作座谈会纪要〉的通知》（法〔2001〕8号）规定："直接负责的主管人员，是在单位实施的犯罪中起决定、批准、授意、纵容、指挥等作用的人员，一般是单位的主管负责人，包括法定代表人。其他直接责任人员，是在单位犯罪中具体实施犯罪并起较大作用的人员，既可以是单位的经营管理人员，也可以是单位的职工，包括聘任、雇佣的人员。应当注意的是，在单位犯罪中，对于受单位领导指派或奉命而参与实施了一定犯罪行为的人员，一般不宜作为直接责任人员追究刑事责任。"

本案完全可参照《最高人民法院关于审理非法集资刑事案件具体应用法律若干问题的解释》第3条"非法吸收或者变相吸收公众存款，主要用于正常的生产经营活动，能够及时清退所吸收资金，可以免予刑事处罚；情节显著轻微的，不作为犯罪处理"的精神进行处理。

【裁判文书】

某省某市某区人民法院一审刑事判决书虽未支持辩护人认为起诉书的指控事实不清、证据不足的无罪辩护意见，但人民法院综合考虑本案情况，除法定代表人被判处实刑外，对被告人王某等人作出了缓刑判决，定程度上实现了辩护人和被告人事先沟通的辩护效果。

一审人民法院根据《中华人民共和国刑法》（2011年修正）第176条，第271条，第69条，第67条第1款，第72条，第73条第2款、第3款，第64条的规定，判决被告人王某犯非法吸收公众存款罪，判处有期徒刑3年，缓刑4年，并处罚金人民币10万元。

一审判决后人民检察院不服提起抗诉，经某省某市中级人民法院二审终审，依照《中华人民共和国刑事诉讼法》（2012年修正）第225条第1款第（一）项的规定，裁定如下：驳回抗诉、上诉，维持原判。

【案例评析】

本案是一起辩护人和被告人事先充分沟通，辩护人做指控事实不清、证据不足的无罪辩护，司法机关减轻判处的案例。虽谈不上是典型的无罪案件，但有一定的现实指导意义。因为，当事人利益最大化问题，需每个辩护人充分考虑。

全面权衡本案的利害关系，辩护人经与被告人王某庭前充分沟通，在一审中，以被告人依法不属于被告单位的直接负责主管人员和其他直接责任人员，单位犯罪并不等于股东犯罪，股东也不必然就是单位犯罪的直接负责的主管人员或其他直接责任人员，而应严格依法区分他们在单位犯罪中的地位和作用，起诉书指控被告人犯非法吸收公众存款罪，该指控的事实不清、证据不足，指控的罪名依法不能成立，进行指控的证据不足的无罪辩护，行使独立辩护权。同时，考虑到本案被告人已长期被羁押、被害人损失大部分未追回等实际情况，由被告人自行认罪（即定性服从人民法院的依法认定）。

【结语与建议】

关于辩护人独立行使辩护权与维护被告人合法权益的平衡问题，实务中一直存在争议。

在我国，辩护律师在刑事诉讼中是可以在犯罪嫌疑人、被告人意思表示之外进行独立辩护的，只要辩护不损害犯罪嫌疑人、被告人的利益。《中华人民共和国律师法》（2007年修正）第2条第2款明确规定："律师应当维护当事人合法权益，维护法律正确实施，维护社会公平和正义。"第3条规定："律师执业必须遵守宪法和法律，恪守律师职业道德和执业纪律。律师执业必须以事实为根据，以法律为准绳。"因此，辩护律师在刑事诉讼中的辩护活动是有一定独立地位的。

同时，为更好地维护被告人的合法权益，在做无罪辩护的同时，也可以考虑做量刑辩护。全国律师协会2017年《律师办理刑事案件规范》第118条明确规定，辩护律师做无罪辩护的案件，可以先就定罪问题发表辩护意见，然后就量刑问题发表意见。此规定，也明确回答了司法实践中广受争议的"骑墙式"辩护问题，有利于实现当事人合法利益最大化。

范某瑞涉嫌侵犯公民个人信息罪案

◇ 刘金瑞

律师简介

刘金瑞，安徽临泉人，1985年9月生，中国国民党革命委员会党员，法学学士学位。安徽广播电视台特邀嘉宾律师、铜陵学院法学院"实践教学导师"。现为星火律师平台第三届管理委员会委员、淮北仲裁委员会仲裁员、合肥市律师协会青年律师工作委员会委员、北京盈科（合肥）律师事务所青年工作委员会副主任、北京盈科律师事务所全国刑民交叉专业委员会副秘书长、北京盈科（合肥）律师事务所刑民交叉专业委员会执行主任。专注于刑事辩护、建筑房地产案件，以及法律顾问业务。

» 案例基本信息

案例类型：缓刑案例

业务类型：刑事辩护

人民法院判决时间：2018年6月26日

机关名称：某省某市某县人民法院

辩护律师姓名：刘金瑞

律师事务所名称：北京盈科（合肥）律师事务所

检索主题词：倒卖简历；侵犯公民个人信息罪；缓刑

» 案例正文

【案情简介】

2015年3月至2017年4月，被告人张某轩、付某宇、陈某宏、郑某伟、杜某桥、王某、范某瑞、刘某飞在某市某区租住房内利用开发的"58同城招聘助手"软件，由张某轩、付某宇、陈某宏联系购买个人简历信息并销售，被告人郑某伟、杜某桥负责销售个人简历信息，被告人王某、范某瑞负责系统后台维护，被告人刘某飞负责资金管理。他们通过QQ、微信转账等方式，以每份信息1.2元至1.8元不等的价格非法卖与他人。

2016年4月至8月，北京五八信息技术有限公司（以下简称"58同城"）鞍山代理商孙某田（被告人）在被告人陈某宏未提供相关资质的情况下，向陈某宏出售58同城会员个人简历信息。2016年6月至9月，被告人王某静（58同城常州代理商）在陈某宏未提供相关资质的情况下，向陈某宏出售58同城会员个人简历信息。2016年7月至2017年年初，被告人刘某运（58同城济宁代理商）在陈某宏未提供相关资质的情况下，向陈某宏出售58同城会员个人简历信息。2017年7月，被告人赵某晖、贾某莉（58同城咸阳代理商）在陈某宏未提供相关资质的情况下，向陈某宏出售58同城会员个人简历信息。

案发后，被告人张某轩、郑某伟、杜某桥、王某、范某瑞、王某平、陈某宏、刘某运、王某静、孙某田、赵某晖、贾某莉均被办案民警抓获归案；被告人付某宇、刘某飞主动到公安机关投案。2017年8月3日，某县公安局出具砀公诉〔2017〕186号起诉意见书，指控范某瑞等15人涉嫌侵犯公民个人信息罪。2018年1月6日，某县人民检察院出具砀检刑诉〔2018〕5号起诉书，指控范某瑞等15人涉嫌侵犯公民个人信息罪。2018年6月26日，某县人民法院出具〔2018〕1321刑初32号判决书，判决范某瑞等15人犯侵犯公民个人信息罪，其中范某瑞判处有期徒刑2年，缓刑3年，并判处罚金人民币2万元。

【辩护意见】

辩护人接受被告人范某瑞及其近亲属的委托后，依法多次会见了被告人范某瑞，并查阅案卷的相关材料，结合本案的举证、质证、庭审材料以及案件的相关材料认为，范某瑞归案后如实供述自己的行为，依法构成坦白；对自己涉嫌侵犯公民个人信息一案的罪名、事实不持异议并当庭表示认罪，认罪、悔罪态度极好；公诉机关认定其是共同犯罪的从犯，依法应当从轻减轻处罚；被告人范某瑞无犯罪前科，是初犯、偶犯。本辩护人尊重范某瑞本人及第一辩护人罪轻辩护的观点，但本辩护人结合本案庭审内容、证据材料以及相关法律认为，虽然被告人范某瑞认罪，但其并不构成侵犯公民个人信息罪。具体辩护意见如下：

1. 被告人范某瑞没有犯罪的主观故意，更没有共同犯罪的合意。《中华人民共和国刑法》（2017年修正）第25条第1款明确规定："共同犯罪是指二人以上共同故意犯罪。"顾名思义，共同犯罪需要有共同犯罪的主观故意，结合当庭向被告人张某轩、范某瑞的讯问，张某轩当庭发问时的回答足以证明范某瑞并不知道张某轩等人从事违法简历的买卖工作，更未和张某轩、付某宇就违法从事简历买卖达成合意，公诉机关亦未提供证据证明范某瑞同张某轩、付某宇有合谋买卖简历的意思表示，何来共同犯罪？

综上，故辩护人认为被告人范某瑞没有犯罪的主观故意，更没有共同犯罪的合意。

2. 被告人范某瑞只是从事后台维护工作，并未实施出卖简历的行为，只是通过计算机技术对下载权限中出现的技术故障提供技术支撑。本案是被告人付某宇、张某轩等人从58同城代理商处购买相应简历下载权限服务后，再将该权限转卖给第三方的行为。辩护人认为在此过程中，被告人范某瑞并未实施买卖简历的行为，只是通过计算机技术为下载权限中出现的技术故障提供技术支持。因为简历来源于58同城网站，简历本身是求职者公开发布于58同城网站的，人人均可以下载。58同城网站在通过收集、整理以后，只是设置了一定的权限使普通用户无法查看简历，必须购买相应的服务点数才能查看。被告人范某瑞从事服务器后台维护，通过计算机技术为下载权限中出现的技术故障提供技术支持。通过公诉机关提供的证据以及庭审查明的事实，证实范某瑞本身并未下载简历，更未向他人出售过简历，被告人范某瑞并未实施侵犯公民个人信息的行为，亦未侵犯管理公民信息的管理秩序。因此，辩护人认为被告人范某瑞并不构成侵犯公民个人信息罪。

3. 被告人范某瑞维护后台的行为并未造成社会危害性。《最高人民法院、最高人民检察院关于办理侵犯公民个人信息刑事案件适用法律若干问题的解释》（法释〔2017〕10号）第1条规定："刑法第二百五十三条之一规定的'公民个人信息'，是指以电子或者其他方式记录的能够单独或者与其他信息结合识别特定自然人身份或者反映特定自然人活动情况的各种信息，包括姓名、身份证件号码、通信通讯联系方式、住址、账号密码、财产状况、行踪轨迹等。"公民个人信息具有隐蔽性、隐私性，也就是说，犯罪嫌疑人是在公民不知情的情况下，将其本应当保密的信息，买卖、泄露给其他人的。但本案的公民个人信息并不是真正的公民个人信息，而是下载的权限，被告人范某瑞仅仅提供后台维护，通过计算机技术对下载权限中出现的技术故障提供技术支持。权限均不是具体的简历信息，并不会给社会造成危害。

4. 被告人范某瑞依法不构成侵犯公民个人信息罪。

（1）公诉机关没有充足的证据证明被告人范某瑞犯侵犯公民个人信息罪。

第一，结合当庭对张某轩、付某宇、范某瑞的发问以及他们的回答，足以证明他们之间没有侵犯公民个人信息的合意；公诉机关也未提供其他证据证明被告人存在犯罪的主观故意。

第二，结合张某轩、付某宇、范某瑞等人的讯问笔录，证实范某瑞就是付某宇聘请过来从事后台维护工作的，未有证据证明范某瑞实施了贩卖简历的行为以及犯罪的主观故意。

第三，公诉机关作为定罪量刑的关键证据——2017年4月27日电子数据检验报告、2017年12月12日两份电子数据检验报告鉴定人员是本案的侦查工作人员，严重违反《公安机关电子数据鉴定规则》第17条第4项"被指派为本案侦查人员的"应当回避而未回避，依法不能作为定案的依据。

第四，磐石司鉴〔2017〕计鉴字第128号磐石软件（上海）有限公司计算机司法鉴定所出具的《计算机司法鉴定意见书》鉴定方法方式导致去重计算并不科学、合理，如若以此鉴定定罪量刑，应当具体区分各被告的具体数量。据此认定范某瑞涉嫌侵犯公民个人信息罪数额特别巨大证据不足。

（2）法律适用问题。《中华人民共和国刑法》（2017年修正）第12条确定了"从旧兼从轻"原则。其中一条原则是：旧法和新法都认为是违法，并且按照新法的规定应当追责的，原则按旧法追责，即新法不具有溯及力，这就是从旧兼从轻原则所指的"从旧"。但是如果旧法处罚比新法处罚更重，则应适用新法，新法具有溯及力，这便是从轻原则的体现。《最高人民法院、最高人民检察院关于办理侵犯公民个人信息刑事案件适用法律若干问题的解释》（法释〔2017〕10号）于2017年6月1日实施，被告人在2017年4月18日已经被口头传唤，4月20日被采取强制措施。因此其犯罪行为不可能延续到2017年6月1日后，也没有连续、跨越至2017年6月1日，对被告人的量刑应当适用"从旧兼从轻"原则。在司法解释出台之前，被告人范某瑞的行为不能被认定为"情节特别严重"，应当遵循"从轻原则"，其主体及行为亦不违法。2015年5月27日的《人民法院报》对《最高人民法院、最高人民检察院关于适用刑事司法解释时间效力问题的规定》（高检发释字〔2001〕5号）进行了阐述。第3条规定，对于具有新旧司法解释交替的情形，对于发生在新司法解释施行前的行为，在新司法解释施行后处理的，采取从旧兼从轻原则。可以总结：对于新司法解释施行之前的行为，在新司法解释之后处理，分为两种情形：如果无旧司法解释的，采取从新原则；如果存在新旧司法解释交替的，采取从旧兼从轻原则。

众所周知，法律对个人具有指导意义，但新法律显然不能指导旧行为。如果新法律能够指导、约束旧行为，那么必将导致人人自危，因为人们不知道现在正在实施的行为，会不会被将来的某部法律认定为是犯罪行为！

综上所述，辩护人认为，范某瑞没有实施侵犯公民个人信息罪的主观故意，亦没有同付某宇等共同犯罪的合意，其仅仅提供后台维护服务，通过计算机技术对下载权限中出现的技术故障提供技术支持。被告人范某瑞当庭认罪的行为只是对侵犯公民个人信息罪法律的误解，其并不构成侵犯公民个人信息罪。因此依法应当判决无罪。

【判决结果】

某省某市某县人民法院于2018年6月26日作出判决，判处范某瑞等15人犯侵犯公民个人信息罪，其中范某瑞判处有期徒刑2年，缓刑3年，并判处罚金人民币2万元。

【裁判文书】

某省某县人民法院（［2018］皖1321刑初32号）刑事判决书：

对于被告人范某瑞的辩护人提出的范某瑞没有与付某宇等人合谋实施侵犯公民个人信息的故意，范某瑞不构成侵犯公民个人信息罪的辩护意见，经查，在本起犯罪过程中，付某宇将买卖公民简历信息的经营模式告知了范某瑞，并让他负责计算机后台服务器自动下载等功能的维护。郑某伟、杜某桥等人在销售简历过程中遇到不能下载简历的情况，也是通过范某瑞来解决。因此，范某瑞对付某宇、张某轩等人买卖简历的行为是知情的，且提供了技术帮助，起辅助作用。此节事实有付某宇、郑某伟、杜某桥等人的供述以及范某瑞本人的供述证明，且能够相互印证。故辩护人此节辩护意见不能成立，本院不予采纳。

对被告人范某瑞，依照《中华人民共和国刑法》（2017年修正）第253条之一第1款，第25条第1款，第27条，第67条第3款，第52条，第72条第1款、第3款，第73条第2款、第3款，第61条，第64条及《最高人民法院、最高人民检察院关于办理侵犯公民个人信息刑事案件适用法律若干问题的解释》（法释〔2017〕10号）第5条第2款第（三）项之规定判处有期徒刑2年，缓刑3年，并处罚金人民币2万元。对张某轩等7人按照相关法律规定判处有期徒刑并处罚金，对刘某运等其余7人判处有期徒刑缓期执行，并处罚金不等。

【案例评析】

本案属于一起新型侵犯公民个人信息案件，案件发生时点比较罕见，涉案人数众多，涉案个人信息数以万计，社会影响力大。本案的焦点在于对《中华人民共和国刑法》第253条第1款、第3款，第25条第1款规定的侵犯公民个人信息罪的犯罪主体以及客体的解读。本案所涉及共同犯罪需要2人以上达成合意，涉及侵犯公民个人信息罪，简历下载售卖是否属于个人信息范畴，后台软件维护人员仅受雇佣进行简单下载操作是否构成共犯和侵犯公民个人信息罪，均是值得研究的焦点话题。

【结语与建议】

在案件办理过程中，辩护人应当准确把握和适用刑法的总则和分则，严格地依照罪刑法定原则，结合案件事实全方位、多角度进行严密的法律论证。辩护人在案件办理过程中应当充分地与侦查人员、公诉人、审判人员进行交流，将工作重心前移，最大限度地减少当事人的诉累。

第四章

免于刑事处罚案例

刘某某、谢某某涉嫌玩忽职守罪案

◇ 严林福

律师简介

严林福，中共党员，江西南芳律师事务所高级合伙人、第一党支部书记；第一批江西省青年文明号服务导师、赣州仲裁委员会仲裁员、江西理工大学应用科学学院外聘教师，赣州市律师协会纪律与奖惩委员会副主任、劳动和社会保障法律专业委员会副主任，江西省劳专委委员、赣州广播电视台《阳光热线》栏目嘉宾律师。

» 案例基本信息

案例类型：免予刑事处罚案例

业务类型：刑事辩护

人民法院判决时间：2015年12月28日

机关名称：某省某市某县人民法院

辩护律师姓名：严林福

律师事务所名称：江西南芳律师事务所

无罪辩护

星火律师经典案例集

» **案例正文**

【案情简介】

2000年9月22日，某县某镇某村大屋组村民肖某某因在某村大屋组违规占地建了一层房屋，经某县人民政府批准补办了60平方米土地审批手续。2008年11月19日，某县人民政府以于府字〔2008〕31号文批复某镇政府，同意某镇政府报送的《某县某镇总体规划（2006—2020）》。肖某某补批的60平方米土地位于该镇总体规划范围内。2014年4月，肖某某在未依法取得规划许可的情况下，雇请泥工对已列入某镇总体规划范围内的房屋进行加层扩建，同年7月17日11时许，肖某某在雇请泥工徐某某等人违规扩建第三层房屋时，房屋发生倒塌，造成4人死亡、3人轻伤、多人轻微受伤的严重后果。在肖某某违规加层扩建房屋期间，被告人谢某某负责某村农民建房日常巡查等工作，被告人刘某某主持某镇村镇规划管理所全面工作，均未正确履行工作职责，对某镇总体规划范围内的房屋加层扩建行为未进行认真监管，对肖某某违反城乡规划的行为未依法予以制止，以致肖某某、徐某某等人违法施工，造成多人伤亡的重大责任事故。

2015年6月8日，被告人刘某某、谢某某被某市某县人民检察院取保候审。2015年7月8日，某市某县人民检察院反渎局向某市某县人民检察院移送审查起诉。某县人民检察院公诉科于2015年8月5日退回本院侦查部门补充侦查，本院侦查部门于2015年8月14日补查重报。2015年9月8日，某市某县人民检察院以于检刑诉〔2015〕152号起诉书指控被告人刘某某、谢某某犯玩忽职守罪向某市某县人民法院提起公诉。2015年12月28日，某市某县人民法院作出判决，判处被告人刘某某、谢某某免予刑事处罚。

【辩护意见】

本案涉及的罪名为《中华人民共和国刑法》（2015年修正）第397条规定的玩忽职守罪，该罪名罪状描述为"国家机关工作人员严重不负责任，不履行或者不认真履行职责，致使公共财产、国家和人民利益遭受重大损失的行为"。因此，刘某某、谢某某是否具备玩忽职守罪所必须具备的法定职责是本案被告人出入罪与否的关键。本案辩护人总的辩护意见是刘某某不具备《中华人民共和国刑法》（2015年修正）规定的玩忽职守罪所具备的法定职责，即便被告人违反职责，其行为与损害结果不具有刑法意义上的因果关系，具体辩护意见如下：

一、刘某某不具备玩忽职守罪所必须具备的法定职责

（一）倒塌房屋不在刘某某监管范围内

本案侦查机关认定刘某某具有相关职责义务的基本依据是《中华人民共和国城乡规划法》（2015年修正）第65条以及《某省城乡规划条例》第67条，但《某省城乡规划条例》第67条的规定是针对乡村一级的规划，而根据《某县工业新区西区（罗坳工业小区二期）区域1号地块拟征收土地方案公告》来看，本案倒塌房屋位于县级规划内，因此，不能引用《中华人民共和国城乡规划法》（2015年修正）第65条来确定被告人职责；而《某省城乡规划条例》第67条更是明确规定对于城市、镇规划区内的，乡镇应当配合县级城乡规划主管部门进行依法查处。因此，对于位于县工业园规划内的违法规划的查处并不在刘某某职责范围内。

（二）对倒塌房屋具有监管义务的是乡镇政府

即便《某省城乡规划条例》第67条规定，乡、镇人民政府对本辖区内违反城乡规划的行为，应当依法予以制止。该制止的职责应属于乡镇政府，而非镇政府的职能部门。因此，不能以此规定认定被告人具备制止的职责。

（三）刘某某无法单独履行制止职责

法庭调查时查明，乡镇如果需要对乡镇规划区内违规建房进行制止，需要巡查大队、规划所、土管所、水保站、林业站等部门共同参与，因

此，被告人即便具备制止的职责也无法单独履行，该职责显然不能成为玩忽职守罪中的法定职责。

二、被告人即便存在规划职责，该违反职责的行为与损害结果并不存在刑法意义上的因果关系

（一）房屋倒塌是建设工程质量问题所致

被告人刘某某未严格履行规划职责，并不必然导致本案安全事故的发生，本案事故的发生也并不需要以刘某某未严格履行规划职责为必要前提，毕竟符合规划的施工也可能会发生安全事故。根据江西赣州司法鉴定中心的鉴定报告，本案安全事故发生的主要原因是二层墙柱构造设置极少，墙体十分单薄，承载力严重不足。即事故发生属于建设工程质量问题以及安全生产监督问题，而非规划是否合理问题。

（二）最高人民法院指导性案例对因果关系的判断标准

根据"最高人民法院公布刑事指导案例龚某玩忽职守案〔第294号〕（《刑事审判参考》2004年第2辑，总第37辑）——渎职犯罪的因果关系判断"，该指导案例中明确指出，在判断行为与结果之间是否存在刑法上的因果关系时，应以行为时客观存在的一切事实为基础：依据一般人的经验进行判断。在存在介入因素的场合下，判断介入因素是否对因果关系的成立产生阻却影响时，一般是通过是否具有"相当性"的判断加以确定的。在"相当性的具体判断中，一般可以从以下三个方面来进行：第一，最早出现的实行行为导致最后结果发生的概率的高低。概率高者，因果关系存在：反之，因果关系不存在。第二，介入因素异常性的大小。介入因素过于异常的，实行行为和最后结果之间的因果关系不存在；反之，因果关系存在。第三，介入因素对结果发生的影响力。影响力大者，因果关系不存在；反之，因果关系存在。当然，如果介入行为与此前行为对于结果的发生作用相当或者互为条件时，均应视为原因行为，同时成立因果关系。回到本案，首先，不履行规划职责，发生安全事故的概率并不高，实践中存在众多不符合规划的施工行为，即便未进行及时制止，也少有发生安全事故的事例。其次，肖某某、徐某某违反建筑原理的方式建房的因素，属于异常性因素，肖某某建房的目的并非用于居住而是用于骗取政府

拆迁补偿，因而施工时才会存在严重偷工减料的行为。最后，根据江西赣州司法鉴定中心报告，违反建筑原理偷工减料施工是发生安全事故的主要原因。基于上述三点，结合最高人民法院指导性案例的判断标准，可以明显否认本案不履行规划职责与损害后果之间的刑法因果关系。

三、假设被告人构成玩忽职守罪，因本次事故发生属于多因一果，以及被告人积极认罪具备自首情节，建议对其免予刑事处罚

即便认定被告人构成玩忽职守罪，但其具备自首情节，且事故发生的原因主要是建设工程质量问题所致，事故发生以后被告人等政府人员积极参与善后处理，事故受害者得到积极赔偿，并未造成恶劣的社会影响，事故直接责任人也仅仅判处了缓刑，而玩忽职守罪属于不作为犯罪，理应比对应的作为犯罪判处更轻的刑罚。因此，即便判处构成犯罪，仍建议人民法院依法对被告人作出免予刑事处罚的判决。

【判决结果】

某省某市某县人民法院于2015年12月28日作出判决：被告人刘某某、谢某某免予刑事处罚。

【裁判文书】

某省某市某县人民法院〔2015〕于刑初177号刑事判决书。

被告人刘某某、谢某某作为某镇人民政府确定的专门负责本行政区域内城乡规划管理的工作人员，应当对辖区内的房屋加层扩建行为严格监管，对违法加层行为予以制止。根据《某省城乡规划条例》有关规定，在乡、村庄规划区内，村民不超出原有宅基地范围建设住宅的，乡、镇人民政府应核发乡村建设规划许可证；对分期建设的，分期核发乡村建设规划许可证。因此，两被告人辩解农村村民加层扩建三层以下房屋属正常加层，不需核发规划许可证，没有法律依据，本院不予采信。两被告人在巡查中发现肖某某加层扩建时，不认真调查研究和学习法律法规，主观臆

断，认为其取得了用地许可，在原范围内加层扩建就不再需要办理规划许可，不及时采取措施，造成重大人身伤亡事故，其行为符合玩忽职守罪的构成要件。公诉机关指控的罪名成立。辩护人关于两被告人不构成玩忽职守的辩护意见，没有事实和法律依据，本院不予采纳。两被告人经传唤主动到案，并如实供述自己的罪行，属自首，依法可以从轻或者减轻处罚。本案中，重大损失的危害后果虽发生在两被告人履职期间，其玩忽职守行为对该客观危害后果的产生实际发生了作用，但现有证据能够证实房屋倒塌的主要原因是二层墙柱构造设施极少，三层主体结构施工时产生震动荷载，对二层墙柱产生附加偏心受力弯曲导致，房主承担主要责任，三层建筑方和浇注水泥方徐某某以及二层建筑方彭某某承担次要责任，且事发前两被告人亦向乡镇领导汇报过。由此，两被告人的玩忽职守行为与重大损失后果之间的作用力较小，属情节轻微。同时，肖某某、徐某某等与各受害方已达成赔偿协议，最大限度地赔偿了受害方，社会影响较小。综上，结合两被告人犯罪性质、情节等对被告人刘某某、谢某某犯玩忽职守罪，免予刑事处罚。

【案例评析】

本案的焦点是是否存在刑法因果关系，是否存在刑法因果关系的中断，本案与"最高人民法院公布刑事指导案例龚晓玩忽职守案［第294号］（《刑事审判参考》2004年第2辑，总第37辑）——渎职犯罪的因果关系判断"有着极其类似之处。

【结语与建议】

在案件办理过程中，辩护人应当准确把握和适用刑法的总则和分则，充分分析犯罪构成要件，严格地依照罪刑法定原则，结合案件事实全方位、多角度进行严密的法律论证。

许某某被控寻衅滋事罪案

◇ 许向前

律师简介

　　许向前，北京润朗（深圳）律师事务所合伙人、星火律师平台联合创始人、中国人民大学校友会法学院深圳分会理事。有13年的法律实务经验，专注刑事辩护、婚姻家庭、继承，企业法律顾问等领域，曾接受中央电视台、东方卫视、澳亚卫视、广东电视台、深圳电视台专题采访。

》 案例基本信息

案例类型：免予刑事处罚案例

业务类型：刑事辩护

人民法院判决时间：2016年3月30日

机关名称：某省某市人民法院

辩护律师姓名：许向前

律师事务所名称：北京润朗（深圳）律师事务所

检索主题词：寻衅滋事罪；土地纠纷；无罪辩护；免刑

» 案例正文

【案情简介】

许某某是某市某镇某村下辖某自然村村主任，出于防范治安隐患的目的，组织村民平整位于某市某镇东海大道中段某村村委会治安亭旁边一块土地。在平整过程中，陈某彬、李某喜等部分隔壁龙光村村民认为涉案土地为该村所有而与其产生纠纷。施工现场受到陈某彬、李某喜等数百人的疯狂打砸，停留在现场小汽车、摩托车及挖土机等物品被毁，财产损失严重。许某某以及路过群众马某某等人也被陈某彬、李某喜等人殴打，造成许某某轻微伤、马某某轻伤的严重后果。某市人民检察院以寻衅滋事罪对陈某彬、李某喜、许某某进行指控，提起公诉。2016年2月24日，当事人许某某已被羁押6个多月，辩护人接受当事人亲属委托，经过深入研究，为当事人做坚定的无罪辩护。经过一个多月艰苦卓绝的无罪辩护，2016年3月30日，某省某市人民法院作出判决，认定许某某犯罪情节轻微，判处被告人许某某免予刑事处罚，被告人许某某在被羁押8个多月后终于重获自由。

【办案经过】

辩护人接受委托后，在不到半个月的时间内与当事人进行了4次会见，每次均与当事人进行了深入的交流沟通。因本案案情复杂，纠纷所涉人数众多，辩护人花费多天时间走访数十名有关群众，赶赴案发现场勘查，了解案发有关情况，并积极进行调查取证、查阅有关案卷，共计制作阅卷笔录、谈话笔录、询问笔录和会见笔录10份。辩护人除了日常工作，抽出空余时间认真研究案情，撰写辩护词、补充辩护意见等文书材料4份，同时为村民代表撰写《许某某所在村村民关于无罪释放许某某村主任联名请愿书》《许某某所在村村委会关于无罪释放许某某村主任呼吁信》《许某某所在村民委员会关于许某某工作突出表现的有关证明》等材料争取群众支持。辩护人结合自身的多年执业经验，根据本案事实和法律，从事实证据和案件定性、本案被告人不符合寻衅滋事罪的客体、主观和客观构成要件以及因果关系有误、土地权属认定错误等方面，提出指控许某某不构成寻衅滋事罪，也不构成其他犯罪的辩护意见，为当事人进行无罪辩护。

本案庭审过程中，辩护人针对事实和法律发表有效辩护意见、对控方证人作出精彩的交叉询问、帮助合议庭查明事实，赢得了法庭的尊重。综合以上种种努力，最终取得理想的辩护效果。

【辩护意见】

辩护律师组织团队多次讨论、反复研究，最终确定了彻底的无罪辩护方案，撰写了两份专业的辩护意见书，为当事人争取最大的合法权益。

本案涉及的罪名为《中华人民共和国刑法》（2015年修正）第293条规定的"寻衅滋事罪"，该罪名罪状描述为："有下列寻衅滋事行为之一，破坏社会秩序的，处五年以下有期徒刑、拘役或者管制：（一）随意殴打他人，情节恶劣的；（二）追逐、拦截、辱骂、恐吓他人，情节恶劣的；（三）强拿硬要或者任意损毁、占用公私财物，情节严重的；（四）在公共场所起哄闹事，造成公共场所秩序严重混乱的。纠集他人多次实施前款行为，严重破坏社会秩序的，处五年以上十年以下有期徒刑，可以并处罚金。"由此可以看出，该罪名是典型的行为结果犯，要求犯罪结果与犯罪行为之间有明确的刑法意义上的因果关系，并且必须达到"情节恶劣""社会秩序的严重紊乱"等后果。因此，本案中关于被告人许某某是否实施寻衅滋事行为以及是否造成严重危害后果，相关证据是否充足就是被告人出入罪与否的关键。本辩护人认为：本案被告人不构成寻衅滋事罪，也不构成其他犯罪。主要辩护意见如下：

一、辩护人首先想就本案事实部分做几点说明

第一，平整涉案土地是经许某某所在村村干部会议集体决策实施的，

非许某某一人私自组织的生产作业行为。

第二，平整土地的出发点是为了防范和消除治安隐患，维护许某某所在村村民和人民群众的生命、财产安全，是在许某某所在村管辖区内解决本村治安等份内之事，是正常的生产施工行为，是合理合法的正当行为。

综上，平整土地的出发点就是为了根除治安隐患，"目的是使吸毒人员无藏匿的地点和减少抢劫等治安案件"，合理利用荒废多年的土地，维护许某某所在村村民和人民群众的生命、财产安全。平整土地是许某某所在村村干部在许某某所在村管辖范围内，解决本村治安等村内部公共事务的正常生产施工行为，是合理合法的正当行为。

第三，许某某不知道，也不可能知道该地块另有权属主体，更不可能借此来挑起纷争。

无论是从历史记载、政府征地范围以及治安亭的设置，还是该宗土地没有明确的土地使用证、当地对区分土地权属的习惯做法等方面来看，同时本案没有任何事实和法律依据认定涉案地块属于汕尾市某实业有限公司。而从现有证据来看，许某某所在村才是涉案土地的所有者，许某某所在村对该涉案地块实际行使着行政管理权。许某某不知道，也不可能知道该地块另有权属主体，更不可能借此来挑起纷争。

二、针对本案定罪方面，本辩护人发表如下辩护意见

（一）本案被告人不符合寻衅滋事罪的客体构成要件

自始至终，身为该村村主任的许某某，不是为了一己私利，而是出于所在村村民的生命财产安全和长远利益考虑，才实施平整土地，履行清除村内治安隐患的职责，是在本村管辖区域内正常生产作业的正当行为，未曾破坏任何社会秩序。本案被告人不符合寻衅滋事罪的客体构成要件。

（二）本案被告人不符合寻衅滋事罪的客观构成要件

本案中被告人并非任意损毁公私财物。许某某等许某某所在村村干部是在历史和现实皆有证据证明涉案地块属于许某某所在村所有的主观认识下，在村干部集体开会决议后，组织对涉案地块进行平整，目的是为了清理安全隐患，为的是保护村民和路过人民群众的生命财产安全，并未造成对该地块的破坏损毁，反而是对该土地的加工利用，使该土地增值，是合

理正当的行为，与随心所欲、任意损坏公私财物有着本质的差别。故被告人的行为不能构成寻衅滋事罪的客观构成要件。

（三）本案被告人不符合寻衅滋事罪的主观构成要件

被告人许某某的主观目的并非有意挑起土地纠纷，发生龙光村村民打砸暴力行为也是许某某等村干部始料未及的，该主观目的并不符合寻衅滋事罪的主观构成要件。在5月18日事件发生过程中，面对数百名暴徒的野蛮攻击，作为村主任的许某某，凭其威望和号召力，完全有能力第一时间组织许某某所在村村民前来自卫反击，然而其始终保持和平理性、高度克制，第一时间拨打110寻求警方的帮助，未组织和煽动许某某所在村村民前来反击。从案发前、案发后等过程来看，许某某的所有行为都可证明，其主观目的是善意、和平、理性、合理正当的。从案发前后看，许某某等许某某所在村村干部丝毫没有强拿强要、非法损毁、占用他人财物的主观故意。

三、应依法正确认定本案的因果关系

在本案涉案土地权属至今未查明的情况下，许某某带领村民平整许某某所在村管辖区域的土地，清除潜在的治安隐患，同时也是对土地的加工，使这块荒芜的土地得到合理利用，发挥其应有的价值，是本村合理合法的生产作业行为，没有任何的社会危害性。

许某某等许某某所在村村干部平整土地的正当合理行为，没有任何的社会危害性，并不会必然导致龙光村村民的打砸行为这样的危害后果。如果把正常合理合法平整涉案土地的行为与打砸伤人的寻衅滋事的行为相提并论，把被害人和肇事者共同定罪的话，就是颠倒了本案中的因果关系，是非常不合理、不正确的。

被告人许某某没有犯罪故意，也没有实施犯罪行为，指控许某某构成寻衅滋事罪没有任何事实和法律依据。本辩护人认为，本案被告人不构成寻衅滋事罪，也不构成其他犯罪。

辩护人在庭审发言的最后强调，许某某及许某某所在村村干部在整个案件过程中，自始至终保持和平理性和高度克制，相信政府、相信法律，遵纪守法，没有导致冲突进一步升级，值得被赞扬和高度肯定。在整个事件过程中，是完全被动和消极的，其手无寸铁却遭遇野蛮殴打，甚至没有

做任何自卫反抗，身心遭受了巨大的伤害。作为受害者的被告人许某某被无辜关押长达8个月之久，作为一名65岁高龄的老村主任，许某某服务村民13年之久，带领村民发家致富，团结村民成功修建许某某所在村许氏祖祠（革命历史教育基地、农会旧址）；在某市行政新区征地和政府办公楼建设的事情上，全力支持政府的工作，行政新区的顺利建设成功，许某某功不可没。同时，这位老村主任还在谋划着为村里老人建文化活动中心（规划和地基围墙已经打好，出事后工程已全部停止），在村民心中德高望重，有口皆碑。就是这么一名好村主任，如今为了保护其所在村村民的公共利益，在遭受暴徒对其身心的巨大伤害后，还要被迫在高墙之内承受不白之冤，再次遭遇对其身心的巨大伤害。而本案寻衅滋事的真凶，参与打砸的大部分暴徒至今仍逍遥法外。这对许某某和许某某所在村全体村民来说是极为不公的，更是对公平正义的极大讽刺。

恳请合议庭查明以上事实，坚持以事实为依据、以法律为准绳的判案原则，让判决经得起历史的考验，杜绝冤假错案的发生。维护社会应有的公平正义，依法及时判决，宣告许某某无罪。

另外，辩护人在提出第一份辩护意见的基础上，深入研究案情，加大辩护力度，又一次提出该案补充辩护意见。

辩护人认为，本案事实不清、证据不足，被告人许某某不构成寻衅滋事罪，也不构成其他犯罪。有关辩护理由，除当庭发表之外，已当庭提交书面辩护意见。现针对本案庭审中的关键问题，补充发表辩护意见如下：

本案涉案土地的权属问题，是判定许某某是否构成犯罪的关键事实。根据本案现有的证据和已查明的事实，可以证实，目前没有确切的证据可以证明该地块就是属于该公司所有（具体论述详见第一份书面辩护词及质证意见），而事实上本案经两次退回补充侦查，仍没有查找到该土地证的附卷，而本案第三人公司汕尾市某实业有限公司法定代表人至今未归，无法提供该地块具体四至等附卷资料，是不愿意配合调查，还是根本无法提供，我们不得而知。因为没有更具体的附卷资料，本案据以认定许某某犯罪事实成立的该涉案地块的权属问题至今仍然无法查清，缺乏本案的关键事实基础，如何认定许某某是"未经该公司同意私自组织平整该地块"？

被告人并非明知该地块属于他人所有而强行平整、侵占。通过庭审查明的事实，事发前这块土地并不存在与别村的任何纠纷。许某某主观上理所当然认为该地块属于本村所有，不需要经过任何第三方的同意，难道平整自家土地还需要其他人同意？

综上所述，本案涉案土地的权属问题，是判定许某某是否构成犯罪的关键事实。无论是从历史记载、有关土地证详细档案资料、政府征地范围，以及许某某所在治安亭的设置，还是该宗土地没有明确的土地使用证、当地对区分土地权属的习惯做法等方面来看，本案目前没有确切的证据依据认定涉案地块就是属于汕尾市某实业有限公司所有。而从现有证据来看，许某某所在村才是涉案土地的所有者，许某某所在村对该涉案地块实际行使着行政管理权。许某某组织村民在自家的"一亩三分地"里行使对土地的管理权，和平理性、合法正当，未曾造成社会秩序的混乱，如何成为寻衅滋事者？作为本案的受害人，与真正有组织地打砸伤人的真凶相提并论，是十分错误的。

本案控方依据的涉案土地权属的这一关键事实存在重大疑点，许某某客观上不可能知道，主观上也不知道该地块存在其他权属主体，许某某没有寻衅滋事罪的主观故意。本案犯罪事实不清、证据不足，不足以认定许某某构成寻衅滋事罪，或其他犯罪。

辩护人再次恳请合议庭查明以上事实，坚持以事实为依据、以法律为准绳的判案原则，让判决经得起历史的考验，杜绝冤假错案的发生，维护社会应有的公平正义，依法及时判决，宣告许某某无罪。

【判决结果】

某省某市人民法院公开开庭审理该案，并于2016年3月30日作出判决，判决被告人许某某犯罪情节轻微，免予刑事处罚。

【裁判文书】

某省某市人民法院（［2016］粤1581刑初82号）刑事附带民事判决书：被告人许某某犯罪情节轻微，免予刑事处罚。

【案例评析】

本案的焦点在于对《中华人民共和国刑法》（2015年修正）第293条规定的寻衅滋事罪的犯罪主体以及客体的解读。本案所涉及的被告人许某某属于本案的受害人，不是本案的犯罪主体。同时许某某的行为也不具备寻衅滋事的主客观构成要件，不具有刑法意义上的因果关系，同时本案涉案土地的权属也存在重大争议。

【结语与建议】

本案案发后辩护人介入时间较晚，但在接受委托后第一时间与相关人员取得联系，了解案件进展，从保护村民利益、防范治安隐患的角度出发，着重从本案寻衅滋事罪的构成要件尚不完全满足的情形入手，坚持敢辩、真辩的精神，为当事人做完全彻底的无罪辩护。同时联合村民集体和村委会成员，多方合力为事情解决提供强大的法律支撑以及群众支持。该案的成功解决是多方共同努力的结果，但本案律师团队的坚持和专业付出无疑是最重要的因素。

程某某涉嫌挪用公款罪案

◇ 张金武

律师简介

张金武，毕业于山东大学。山东忆兴律师事务所合伙人、副主任，刑事部主任。2011年1月合伙创办山东忆兴律师事务所，并担任多家政府和企事业单位法律顾问。新浪微博2017年十大新星法律大V；德州市新阶联网络人士分会暨新媒体联盟理事。专注刑事辩护与代理20余年，拥有丰富的刑事辩护经验和扎实的法律功底，秉承和坚持当事人利益至上的原则，恪尽职责，精研法律，最大限度地维护了当事人的合法权益，代理了多起成功案例，赢得了当事人的一致好评，在刑辩界有一定影响力。辩护成功案例分别收录于《扬子鳄刑辩联盟精选刑事案例集：进攻型辩护》《扬子鳄刑辩联盟精选刑事案例集：精彩辩护人》。

» 案例基本信息

案例类型：免于刑事处罚案例

业务类型：刑事辩护

人民法院判决时间：2018年6月21日

机关名称：某省某市人民法院

辩护律师姓名：张金武

律师事务所名称：山东忆兴律师事务所

检索主题词：挪用公款罪；免予刑事处罚

» 案例正文

【案情简介】

程某某是某市图书馆馆长。2007年，某市图书馆面向读者收取图书押金办理借书证，刚开始是每个借书证50元，后来涨到100元，近年来推行了一卡通，每张收取200元，借书证押金由员工台某某负责管理。

在台某某管理借书证押金时，程某某发现台某某用一些不认识的人名将押金变成了存单，程某某害怕公款出现问题，就让台某某出具了内容为"代管押金××钱"的代管条，注明时间并签名，后将大额公款提取出来由自己代管。除去自己花掉的，其余部分存入了中国银行、中国工商银行和中国邮政储蓄银行的个人账户中。

2017年9月4日，某市纪检委介入案件。纪检委工作人员找到程某某谈话，调查相关问题。在此之前，程某某一直将其代管的图书押金用于馆中的各项支出，范围涵盖图书馆日常各项正常开支，包括电话费、网络费、打字复印费、设备维修保养费、夏季空调维修费、冬季场馆取暖费、图书加工管理费和支付临时工工资等。经查明发现，程某某在图书馆财务工作人员台某某等人处支取图书馆读者押金88万元，其中的75万元已不在账上。程某某不能说明所支取图书证押金的合理去向，也无法提供使用图书证押金的相关证据。有证据证明程某某于2016年2月14日、2月18日分别挪用图书证押金4万元、1万元，用于归还其于2015年11月的个人借款。

2017年9月5日，程某某一共借得款项60余万元，连同自己手头积蓄，将88万元款项全部上缴至某市纪检委。

2017年10月26日，某市公安局对程某某执行刑事拘留，同年11月10日，由某市公安局执行取保候审。2017年12月15日，某市公安局以程某某涉嫌挪用公款罪向某市人民检察院移送审查起诉。2018年4月3日，某市人民检察院指控程某某犯挪用公款罪，向某市人民法院提起公诉。

【辩护意见】

一、指控的图书证押金不属于公款

1. 指控的图书馆代为临时保管的图书证押金，谁收谁管，随时退还，所有权仍属于读者本人，图书馆对该款无处分权和所有权，故该款不属于公款。

2. 图书馆不属于《中华人民共和国刑法》（2017年修正）第91条所规定的国家机关、国有公司、企业、集体企业和人民团体中的任何一个。

二、现有证据不能证明程某某将支取的5万元图书证押金用作归还个人债务

虽然银行交易明细显示，2016年2月14日程某某分6次向李某甲的银行卡存款39 920元，当月18日分5次向李某甲的银行卡存款16 700元，但是所存的现金有零有整，少的100元，多的20 020元，以上款均是程某某多方筹集的出书款等个人款项，才会出现多次存入归还借款的情形，如果用图书证押金归还借款完全可以一次性现金存入，没必要分11次存入。程某某所支取的50 000元均用于图书馆支出，现有证据不能证实程某某将支取的50 000万元图书证押金用于归还个人借款。公诉机关仅依据程某某支取图

书证押金当天有还款行为就推定是用图书证押金归还了个人借款，显然是有罪推定。综上，请求宣告被告人程某某无罪。

【判决结果】

某市人民法院于2018年4月26日公开开庭审理了该案，2018年6月21日作出判决：

1. 被告人程某某犯挪用公款罪，免予刑事处罚；

2. 涉案款返还某市文化局依法处理（已退还）。

【裁判文书】

某省某市人民法院（［2018］鲁1482刑初66号）刑事判决书：

经本院审理后认为，被告人程某某挪用公款50 000元归个人使用，数额较大，其行为构成挪用公款罪。公诉机关指控的事实清楚、证据充分，罪名成立，本院予以支持。鉴于被告人程某某挪用公款50 000元仅达立案标准，且能够如实供述案件事实，情节轻微，对公诉机关所提出的免予刑事处罚的意见予以采纳。

【案例评析】

程某某虽然被定为挪用公款罪，但是法院采纳了免予刑事处罚这一法律意见，最终程某某得以定罪免刑。本案其实是一个平衡控辩双方诉求后作出的折中结果，如果法院认定程某某挪用公款50 000元，并判处其有期徒刑，在法律层面也没有任何问题。辩护人为当事人争取到了免予刑事处罚的结果，对当事人而言与无罪判决没有实质上的区别。

【结语与建议】

虽然在法律层面，辩护对象不可避免地被判决有罪，但是免予刑事处罚对当事人来说意义重大。根据《中华人民共和国公务员法》（2017年修订）第24条第1款之规定："下列人员不得录用为公务员：（一）曾因犯罪受过刑事处罚的；……"这不仅仅意味着当事人免去了牢狱之苦，也保住了其公职身份，当事人也没有选择继续上诉，辩护人在本案中的作用得到了充分体现。

田某某涉嫌贪污罪、受贿罪案

◇ 李双盈

律师简介

　　李双盈，律师、专利代理人，河北世纪鸿业律师事务所副主任。2001年开始执业，现为河北省律师协会知识产权法律专业委员会主任、河北省法学会诉讼法学研究会副会长、河北政法职业学院兼职教授、河北省政府债券项目评审专家库成员、最高人民检察院民行案件咨询专家。擅长领域：知识产权、刑事辩护。

» 案例基本信息

案例类型：免于刑事处罚案例

业务类型：刑事辩护

人民法院判决时间：2019年1月28日

机关名称：某省某市某县人民法院

辩护律师姓名：李双盈

律师事务所名称：河北世纪鸿业律师事务所

检索主题词：受贿；贪污；免予刑事处罚

» 案例正文

【案情简介】

田某某自2010年11月起担任某市公安交通管理局规划设施大队大队长，2013年8月起担任某市公安交通管理局高新区交警大队大队长。2013年期间，被告人田某某担任某市公安交通管理局规划设施大队大队长，其利用职务便利先后将该大队价值19万余元的加油卡据为己有；利用职务便利，先后为河北某科技开发有限公司、河北某实业股份有限公司等多家公司在其承揽的某市公安交通管理局工程项目中提供帮助，先后收受上述公司法定代表人秦某某、王某磊、翟某晖等人人民币、购物卡、汽车等钱物合计46万余元。被告人田某某自2016年2月27日被某县人民检察院传唤，同年3月18日被某县人民检察院决定指定居所监视居住；4月7日经某县人民检察院决定，次日由某县公安局刑事拘留；4月25日经某市人民检察院决定，次日由某县公安局逮捕。2016年7月16日被某县人民检察院取保候审。

2016年12月2日，某县人民检察院以正检公刑诉［2016］262号起诉书指控被告人田某某犯有贪污罪、受贿罪向某县人民法院提起公诉。2019年1月28日，某县人民法院作出［2016］冀0123刑初331号刑事判决书，判决田某某犯贪污罪，免予刑事处罚。

【辩护意见】

本案涉及《中华人民共和国刑法》（2017年修正）第382条的贪污罪和第385条的受贿罪。这两个罪名为职务犯罪中的常见罪名，也是反腐工作中打击力度最大的罪名。贪污罪的罪状描述为："国家工作人员利用职务上的便利，侵吞、窃取、骗取或者以其他手段非法占有公共财物。"受贿罪的罪状描述为："国家工作人员利用职务上的便利，索取他人财物的，或者非法收受他人财物，为他人谋取利益。"能否证实被告人存在上述犯罪行为，指控的证据是否合法，在侦查过程中是否存在刑讯逼供行为，是准确认定被告人犯罪与否的关键。本案辩护人总的辩护意见是依据最高人民法院等五个部门公布的《关于办理刑事案件排除非法证据若干问题的规定》（法发〔2010〕20号）中的规定，提出非法证据排除申请，请求人民法院依法排除被告人田某某在非法羁押期间及遭受刑讯逼供状态下所形成的供述等非法证据，进而判决田某某无罪。具体辩护意见如下：

一、公诉机关出示的被告人田某某的供述及证人证言均是非法证据，依法应予以排除

1.被告人田某某自2016年2月27日19时被某县人民检察院传唤至某市中山宾馆讯问（正检反贪〔2016〕10号传唤通知书，侦查第1卷第3页）起，直至3月18日被决定监视居住（正检反贪监〔2016〕6号监视居住决定书，侦查第1卷第4页），在没有被采取其他任何强制措施的情况下一直被拘禁在该宾馆长达20天。显然严重违反了《中华人民共和国刑事诉讼法》第117条关于不得以连续传唤、拘传的形式变相拘禁犯罪嫌疑人的规定，构成了变相拘禁。因此，在该期间被告人田某某的所有供述均应作为非法证据予以排除，不能作为定案根据。

2.上述期间侦查机关所调取证人证言的地点均与被告人田某某被变相拘禁或被监视居住的地点相同，例如，2016年2月27日至3月17日被告人田某某在中山宾馆被变相拘禁期间，证人翟某晖、王某磊、刘某瑞、顾某梅、刘某国、王某甲的证人证言都是在中山宾馆调取的；3月18日至4月7日被告人田某某被监视居住在农校招待所期间，证人靳某娟、齐某江、靳某利、张某英、赵某进、范某、梁某庄、廖某东、王某乙、邢某仁、许某光、梁某飞、关巴某、李某、董某波、孙某、李某华等的证言都是在农校招待所调取的，上述证人证言的形成均不符合《中华人民共和国刑事诉讼法》（2012年修正）第122条关于询问证人可以在现场、证人所在单位或者到人民检察院提供证言的规定。因此，上述证人证言也应当作为非法证据予以排除。

二、公诉机关出示的物证、书证均不能证实被告人田某某构成贪污罪

1.公诉机关指控被告人田某某涉嫌贪污罪的物证中仅有两张加油卡（早在2015年8月23日被告人田某某就将这两张加油卡上交某市纪检部门）。两张加油卡对应的账单仅能证明加油卡的使用时间、地点、数量、金额情况，并不能证实被告人田某某将卡内资金非法据为己有的事实。

2.柴某力提供的IC卡客户持卡清单上的人名是个人手写，在没有其他证据佐证的情况下，不能作为认定贪污事实的证据。

3.被告人田某某并未将加油卡据为己有，不具备贪污罪的主观要件。某市公安交通管理局石公交管〔2003〕31号通知规定，各大队所有车辆维修及用油由各大队包干经费解决，燃油费以科、所、室、处为单位统一掌握调配使用，超支不补，结余下月继续使用。被告人田某某在调任开发区交警大队时，该大队燃油费只有几百块钱，绝大部分被前任大队长带走。被告人田某某将设施大队加油卡带到开发区大队使用，完全是为了工作需要。这期间利用加油卡内资金解决了王某丙与民警张某勇的交通事故的赔偿问题、开发区交警大队办公设备器材问题及协调交警大队与周边单位相关问题等，并未有将卡内资金据为己有的主观故意和客观行为，因此不应认定被告人构成贪污罪。

三、公诉机关出示的物证、书证均不能证实被告人田某某构成受贿罪

1.公诉机关对被告人田某某收受秦某某人民币6万元、购物卡0.6万元及价值25万元迈腾汽车一辆的指控根本不成立。秦某某任法定代表人的河北某科技开发有限公司多年来一直承包市交管局设施大队的相关工程，从公诉机关提供的河北某科技开发有限公司的财务账目来看，被告人田某某任设施大队大队长期间，河北某科技开发有限公司自2011年11月30日至2013年8月31日承包设施大队工程数额为7 076 228元，其中招标工程为

5 156 419元，零星工程为1 919 809元。2013年9月30日至12月20日，被告人田某某调离设施大队后，河北某科技开发有限公司仍然承包施大队的零星工程，工程款数额为478 488元。从上述数据可以看出，河北某科技开发有限公司能否在设施大队承包工程与被告人田某某并无必然联系。设施大队的招标工程都是通过市交管局进行的，被告人田某某无权决定让河北某科技开发有限公司中标，秦某某无须向田某某行贿；不经过招标的零星工程，在其工程收入为190多万元，利润顶多10多万元的情况下，秦某某不可能向被告人田某某行贿30多万元。秦某某的当庭证言可证实，河北某科技开发有限公司承包的和平路潮汐工程属于亏损项目，指控秦某某就此向田某某行贿更无可能。关于秦某某涉嫌行贿一案，公诉机关已经作出不起诉决定，足以证实秦某某行贿的事实不存在，那么由此可知，被告人田某某受贿的事实亦不存在。

2. 公诉机关指控被告人田某某收受王某磊人民币4万元的事实不存在。首先，从第5卷第7页王某磊的证言可知，王某磊自2000年至2013年在北京工作，2015年才到河北某实业股份有限公司任职。他不可能在2011年向田某某行贿。其次，河北某实业股份有限公司证明仅证实王某磊任该公司项目一部经理，并未说明王某磊从何时起到公司任职，不具有证明效力。最后，2011年12月1日"费用报销单"上的王某磊签字与王某磊身份证复印件上的签字非一人所写，且数额不符，不能证实本案指控的事实。

3. 公诉机关指控被告人田某某收受翟某晖1万元毫无证据。翟某晖当庭证言证实从未向田某某送过钱，被告人田某某也当庭否认收受过翟某晖的钱。其他书证更无法证明田某某受贿之事实，所以该指控不成立。

4. 公诉机关指控被告人田某某收受靳某娟1万元毫无证据。靳某娟当庭证言证实从未向田某某送过钱，被告人田某某也当庭否认收受过靳某娟的钱，其他书证更无法证明田某某受贿之事实，所以该指控不成立。

5. 公诉机关指控被告人田某某收受顾某梅4000元的购物卡的证据不足。顾某梅在询问笔录中被问到关于其送给田某某购物卡的来源时回答含糊不清，根本搞不清购买购物卡的北国商城的具体位置（第10卷第8页），如此模糊的证言无法作为证据材料使用，并且在陈述送被告人购物卡的时间、数额上均与被告人的陈述存在不同之处。另外也没有任何证据能够证明顾某梅曾经任职京安通公司的项目经理,所以本项的指控存在诸多问题,不能成立。

6. 公诉机关指控被告人田某某收受刘某国3万元的事实不合常理,也不可能存在。根据河北某交通设施科技有限公司工商登记显示,2010年3月15日起至今,该公司经理为赵某来,并不是刘某国。该公司工商登记档案中并未显示刘某国的名字。由此可见,刘某国的证言和该公司的任职证明存在虚假,不具证据效力。整个案卷中,刘某国代表该公司与市交管局签订的施工合同只有2013年4月19日的1份,该合同的总价款是50 778.46元,刘某国为了一个5万多元的合同向田某某行贿3万元太不合常理了。

7. 公诉机关指控被告人田某某收受刘某瑞2万元的事实不存在。本案证据中,刘某瑞证言和田某某供述均在非法证据排除范围之内,其他书证不能证实田某某收受刘某瑞2万元的事实。被告人田某某在设施大队任职期间,凤达公司工程的合同总价为422 902.59元,而田某某任职前和调任后,凤达公司的工程总价为865 338.69元,并未如刘某瑞所说"给田某某送钱后工程量增多了"。刘某瑞在此情况下送被告人田某某2万元的可能性根本就不存在。

8. 公诉机关指控被告人田某某收受王某甲3万元的事实不存在。本案证据中,王某甲证言和田某某供述均在非法证据排除范围之内,其他书证不能证实田某某收受王某甲3万元的事实。被告人田某某在设施大队任职期间,健达公司承包的绝大部分工程都是经过招标取得的,田某某无权决定让该公司中标,也无权决定支付工程款。健达公司的零星工程合同总价仅为235 702.97元,在此情况下王某甲送被告人田某某3万元的可能性根本就不存在。

综上所述,公诉机关指控被告人田某某犯贪污罪、受贿罪存在诸多非法言词证据,依靠书证、物证证实被告人田某某犯罪根本不合常理。辩护人认为,该案是人为炮制的刻意陷害田某某,侵害其合法权益的错案,因此恳请合议庭查明事实,依法判决被告人田某某无罪。

【判决结果】

某县人民法院于2016年12月6日公开开庭审理此案，2019年1月28日，作出（［2016］冀0123刑初331号）刑事判决书：判决田某某犯贪污罪，免予刑事处罚。

【裁判文书】

某省某县人民法院（［2016］冀0123刑初331号）刑事判决书：

公诉机关指控被告人田某某犯贪污罪、受贿罪的事实，经审理查明，本院认为相关证据是非法证据，应予排除，指控不成立，具体为：①被告人田某某自2016年2月27日19时至3月18日被某县人民检察院以正检反贪［2016］10号传唤至某市中山宾馆接受讯问，违反了《中华人民共和国刑事诉讼法》（2012修正）第117条第2款规定："传唤、拘传持续时间不得超过十二小时；案情特别重大、复杂，需要采取拘留、逮捕措施的，传唤、拘传的时间不得超过二十四小时。"上述证据是采取非法拘禁等非法限制人身自由的方法收集的被告人供述，应当予以排除。②侦查、公诉机关应当对被告人田某某于2016年2月18日至4月8日送看守所之前的刑讯逼供等事实作出合理解释，但并无补交证据或合理解释，故对相关证据予以排除。③证人翟某晖、王某磊、刘某瑞、顾某梅、刘某国、王某甲的证人证言都是在中山宾馆调取的；证人靳某娟、齐某江、靳某利、张某英、赵某进、范某、梁某庄、廖某东、王某乙、邢某仁、许某光、梁某飞、关巴某、李某、董某、孙某、李某华等的证言都是在农校招待所调取的，上述地点不符合《中华人民共和国刑事诉讼法》（2012年修正）第122条关于询问当事人的程序规定。本院予以部分排除。

本院认为，①公诉机关指控被告人田某某贪污加油卡7.8万元的事实，有相关证据证实该笔费用用于单位建设，并未据为己有，不能排除合理怀疑，故对该起事实不予认定。②公诉机关指控被告人田某某收受秦某某现金、购物卡及25万元的汽车，由于侦查人员将被告人田某某所居小区值班室监控硬盘取走，未就该硬盘所记载的视频内容做合理说明，也未提供该硬盘。且调取该汽车的行车轨迹，未发现该汽车出现在各个卡口。秦某某出庭证明，从未给田某某送过钱物，因此本院认为该起指控证据不充分，不予认定。③对于公诉机关指控的其他受贿事实，因公诉机关的证据不充分，不应予以认定。④公诉机关指控被告人田某某犯贪污罪的犯罪数额为19万元，分别是尾号为"6314""9557""1041"的加油卡，指控数额分别是7.8万元、6万元、6万元，关于尾号"6314""9557"加油卡的事实，本院不予认定，故认定其贪污数额为6万元。

被告人田某某利用职务上的便利，侵吞公共财物，数额较大，其行为已经构成贪污罪。公诉机关指控被告人田某某犯贪污罪的事实清楚，证据确实、充分，指控罪名成立；指控被告人田某某犯受贿罪的事实不清、证据不足，指控罪名不成立。被告人田某某能如实供述自己的犯罪事实，可从轻处罚；积极退赃，可从轻处罚；犯罪情节轻微不需要判处刑罚，可免予刑事处罚。依照《中华人民共和国刑法》（2015年修正）第382条第1款、第67条第3款、第37条的规定，判处被告人田某某犯贪污罪，免予刑事处罚。

【案例评析】

本案的焦点在于公诉机关指控田某某犯罪的证据是否属于合法证据，是否应当作为非法证据予以排除。适时提起非法证据排除申请，并申请调取审讯时的同步同音录像及看守所相关记录及就诊记录是成功辩护的关键。

【结语与建议】

该案体现了司法的公正，非法证据排除的力度及程度是非常大的，这其中不但有辩护人的努力，更少不了主审法官办案的公平公正。

赵某某、姚某某涉嫌私分国有资产罪案

◇ 李建武

律师简介

李建武，毕业于中国政法大学，现攻读中国政法大学民商法专业硕士研究生。云南弘蕊律师事务所高级合伙人、党支部书记，中国大学生反诈联盟副秘书长。获中国建筑业企业联合会授予"建筑行业法律服务高级顾问"荣誉证书，取得高级法务师执业认证证书，"中国人民大学行政诉讼高级研修班"结业，被云南省律师行业委员会评为优秀共产党员和优秀党务工作者，云南省保山市刑事辩护专业站首席律师。

» 案例基本信息

案例类型：免予刑事处罚案例

业务类型：刑事辩护

人民法院判决时间：2019年9月11日

机关名称：某省某市某区人民法院

辩护律师姓名：李建武

律师事务所名称：云南弘蕊律师事务所

检索主题词：国有资产事业人员；免予刑事处罚

» 案例正文

【案情简介】

2015年至2017年，被告人赵某某先后任某区殡仪馆馆长、党支部书记及某区天寿公墓开发有限公司董事、总经理期间，被告人姚某某先后任某区殡仪馆副馆长、馆长、某区天寿公墓开发有限公司董事长期间，违反国家规定，以单位名义将殡仪馆国有资产发放给单位在职在编的事业人员，金额共计人民币1 421 932.92元（以下币种同，含个人所得税155 147.94元），其中赵某某个人领取60 808元，姚某某个人领取173 582.34元。

案发后，某区殡仪馆在职在编人员（包括已退休人员1人、已死亡人员1人）退缴赃款共计1 266 784.98元，其中被告人赵某某退缴赃款60 808元，被告人姚某某退缴赃款173 582.34元。具体事实分述如下：

1. 2015年5月，被告人赵某某、姚某某在某区财政局、审计局责令停止以"以节油补助""洗理费"等名义发放津贴补贴的情况下，召集召开班子会议决定继续发放"节油补助""洗理费"。2015年6月至2016年6月期间向在职在编事业人员发放"节油补助""洗理费"共计462 483元。

2. 2015年至2016年期间，被告人赵某某、姚某某在某区人力资源和社会保障局批复某区殡仪馆2014年度、2015年度均分别为10%的在编员工（即1人）发放未休假报酬的基础上，超出人社部门批准分别发放2014年公休未休假报酬33 585元，2015年公休未休假报酬30 180元。两次共计超额发放63 765元。

3. 2016年2月23日，经某区人民政府批准某区天寿公墓开发有限公司成立，出资人为某区国有资产监督管理委员会，某区殡仪馆在职在编事业人员全部到某区天寿公墓开发有限公司兼职，但某区人民政府规定国家公职人员到公司兼职不得领取任何兼职报酬，被告人赵某某、姚某某在未上报某区人民政府和某区国有资产管理委员会批准的情况下，擅自召集某区天寿公墓开发有限公司董事会会议决定超出某区人力资源和社会保障局核定工资标准向在某区天寿公墓开发有限公司兼职的某区殡仪馆在职在编事业人员发放工资，自2016年7月至2017年12月，共计超额发放工资895 684.92元。

针对以上指控，公诉机关当庭提交了书证、证人证言、鉴定意见、被告人供述与辩解等证据予以证实。并认为，被告人赵某某、姚某某违反国家规定，以单位名义将国有资产1 421 932.92元私分给个人，数额较大。被告人赵某某、姚某某作为直接负责的主管人员及直接责任人员，该行为已触犯《中华人民共和国刑法》（2017年修正）第396条第1款，犯罪事实清楚，证据确实、充分，应当以私分国有资产罪追究二被告人的刑事责任。二被告人到案后如实供述犯罪事实，依照《中华人民共和国刑法》（2017年修正）第67条第3款，可以从轻处罚。建议本院对被告人赵某某、姚某某犯私分国有资产罪均在有期徒刑1年至2年之间量刑，并处罚金。

【辩护意见】

1. 被告人赵某某的行为不构成私分国有资产罪。理由是被告人赵某某的行为没有违反"国家规定"，其行为不构成私分国有资产罪。

2. 被告人赵某某的行为不符合私分国有资产罪的构成要件。其主观上不具有私分国有资产动机的故意，客观上没有造成国有资产的流失，其行为还给殡仪馆创造了效益，因殡葬行业属特殊行业，向职工发放津贴行为并不具有私分国有资产罪的故意。某区于2015年进行全面殡葬改革，火化工作量剧增，被告人的行为是鼓励员工多劳多得，以此推进殡葬改革顺利进行。

3. 行政违规行为不等同于刑事违法行为，某区殡仪馆违规超额发放63 765元的行为不具有刑事违法性、处罚必要性。

4. 某区天寿公墓开发有限公司成立后向员工发放895 684.92元的依据

是《中华人民共和国公司法》（2013年修正）、《中华人民共和国劳动法》（2018年修正）以及公司章程的相关规定，不存在私分国有资产的行为。一是本案自某区天寿公墓开发有限公司成立，原殡仪馆的员工就全部到某区天寿公墓开发有限公司工作，不存在兼职情况；二是某区天寿公墓开发有限公司有权制定人事管理制度；三是不能以某区政府的批复来评价某区天寿公墓开发有限公司及殡仪馆的行为。

5. 本案被告人赵某某已于2015年12月退休。

【判决结果】

某省某市某区人民法院于2019年3月6日在本院第十二审判法庭公开开庭审理了本案，2019年7月26日法院作出判决，判处被告人赵某某、姚某某犯私分国有资产罪，免予刑事处罚。

【裁判文书】

某省某市某区人民法院（［2019］云0502刑初59号）刑事判决书：

被告人赵某某、姚某某在担任某市某区殡仪馆、某市某区天寿公墓开发有限公司领导期间，违反国家规定，以单位名义将国有资产1 421 932.92元集体私分给个人，数额较大，被告人赵某某、姚某某行为均已触犯刑律，构成私分国有资产罪。公诉机关指控被告人赵某某、姚某某犯私分国有资产罪的事实清楚，证据确实、充分，指控罪名成立，本院予以支持。被告人姚某某、赵某某经侦办机关电话通知即到案接受调查，到案后如实供述犯罪事实，属自首，依法可从轻或者减轻处罚，其中犯罪较轻的，可以免除处罚。鉴于本案被告人所私分的国有资产已被相关人员全额退缴，其中被告人赵某某退缴赃款60 808元，被告人姚某某退缴赃款173 582.34元，依法可对两被告人酌情从轻处罚。综合评判，本案属犯罪情节轻微，可对被告人赵某某、姚某某免予刑事处罚。

【案例评析】

本案属于一起法院作出有罪判决但对被告人免予刑事处罚的案件，在刑事案件中并不多见。本案的焦点在于违反地方性法规、规章是否构成刑事犯罪。根据《中华人民共和国刑法》（2017年修正）第96条、第396条之规定对于违反地方性法规、部门规章的行为，不得认定为"违反国家规定"。对被告人的行为是否"违反国家规定"存在争议的，应当作为法律适用问题，逐级向最高人民法院请示。结合本案，某区殡仪馆是差额拨款的事业单位；某市某区公墓管理所是自收自支的事业单位；而某市某区天寿公墓开发有限公司是在某区殡葬改革的背景下，于2016年3月将某区殡仪馆和公墓管理所的全部资产合并组成的国有独资公司。三者对外虽是三块牌子，实际上是一套人马。而根据起诉书指控二被告的行为"违反国家规定"仅仅是指被告人的行为违反某区财政局、审计局、人力资源及社会保障局、国有资产管理委员会及区政府的规定，并非刑法中规定的"违反国家规定"的范畴，不能作为刑事犯罪评价。并且本案中赵某某主观上不具有私分国有资产动机的故意，客观上没有造成国有资产的流失。赵某某响应国家对殡仪馆改革的政策，为了公司效益发放特殊行业岗位津贴的行为符合《中华人民共和国公司法》（2013年修正）与《中华人民共和国劳动法》（2018年修正）的规定，即便认为赵某某的行为违反了政府文件的规定，但行政违规行为不等同于刑事违法行为，不具有刑事违法性及处罚必要性。

【结语与建议】

在案件办理过程中，辩护人应当准确把握和适用刑法的总则和分则，严格依照罪刑法定原则，结合案件事实全方位、多角度进行严密的法律论证。辩护人在案件办理过程中应当充分地与侦查人员、公诉人、审判人员进行交流，将工作重心前移，最大限度地减少当事人的诉累。

第五章

无罪判决案例

许某某涉嫌故意杀人罪案

◇ 曲铁军

律师简介

　　曲铁军，中共党员，黑龙江大学法学学士。1994年取得律师资格并执业，黑龙江国脉汇通律师事务所主任。现任全国律师协会刑事专业委员会特邀委员、黑龙江省律师协会刑事业务专业委员会委员、黑龙江省律师协会实习人员管理与考核委员会委员、黑龙江大学法律硕士研究生校外兼职导师。执业以来，办理各类诉讼及非诉讼案件千余起。现主要职业领域为刑事辩护、民商事法律事务纠纷代理、公司法律事务处理。

» 案例基本信息

案例类型：无罪判决案例

业务类型：刑事辩护

人民法院判决时间：2004年3月1日

机关名称：某省高级人民法院

辩护律师姓名：曲铁军

律师事务所名称：北京广盛律师事务所黑龙江分所

检索主题词：故意杀人；判决无罪

» 案例正文

【案情简介】

某省某市人民检察院指控，2002年10月31日，被告人许某某因骚扰本农场居民胡某某的妻子李某某，致使李某某受惊吓生病，而赔偿李某某人民币2500元，许某某因此对胡家产生不满情绪。同年11月9日20时许，许某某利用外出打工之机潜回通河县岔林河农场二分场，欲对胡某某进行报复，因胡某某外出未归，报复未果。许某某在回家的路上见胡某某的母亲即被害人贾某某单独一人往家的方向走，便尾随其进入贾家，并对贾某某发泄不满情绪。当遭到贾某某的斥责时，许某某又产生报复之念，掐住贾某某的颈部，将贾某某掐昏，后又用电话线缠住贾某某的颈部，将贾某某杀死。

某市人民检察院于2003年7月3日，以哈检刑诉［2003］263号起诉书指控被告人许某某构成故意杀人罪，向某市中级人民法院提起公诉。附带民事诉讼原告人胡某某提起附带民事诉讼，请求判令被告人赔偿死亡补偿金、丧葬费、交通费、精神抚慰金共计人民币60 744元。

2003年9月28日，某省某市中级人民法院作出［2003］哈刑初字第373号刑事附带民事判决书，判决：①被告人许某某无罪；②驳回附带民事诉讼原告人胡某某的诉讼请求。

2003年9月4日，某省某市人民检察院以一审判决认定事实有误、适用法律不当、确有错误为由而作出哈检刑抗［2003］10号刑事抗诉书，向某省高级人民法院提起抗诉。附带民事诉讼原告胡某某不服一审判决，提出上诉。

2004年3月1日，某省高级人民法院作出〔2004〕黑刑一终字第5号刑事裁定书，以该案审理中，某省人民检察院认为抗诉不当、申请撤回抗诉为由而裁定：①准许某省人民检察院撤回抗诉；②驳回上诉人胡某某的上诉，维持某市中级人民法院〔2003〕哈刑初字第373号刑事附带民事判决第二项的民事判决。

【辩护意见】

本案涉及《中华人民共和国刑法》（2002年修正）第232条故意杀人罪。根据该罪的犯罪构成，其客观方面必须实施了故意杀人的行为，而认定故意杀人行为存在必须要有确凿充分的证据予以支持。结合本案公诉机关的指控，支持被告人故意杀人主观故意方面的证据相对比较充分，而指控被告人实施杀人行为的客观证据相对比较薄弱。因此，辩护人将本案的辩护基点放在了犯罪构成的客观方面。

本案的总体辩护意见为，公诉机关指控被告人许某某犯故意杀人罪的证据不足，其指控的罪名不能成立。

具体的辩护意见如下：

一、公诉机关指控被告人有罪的证据相互之间存在矛盾，未能形成证据链条

根据起诉书的记载及公诉人当庭出示的证据，公诉机关指控被告人有罪的证据共有以下五个方面：

（一）物证：黑色电话线一根

公诉机关出具此证据试图证明杀人现场留有的物证为一根黑色电话线且此物证与被告有罪供述相吻合。关于此证据及其所证明的问题，辩护人认为：

1. 此物证是杀人现场留下的犯罪分子的作案工具，对其真实性的认定，辩护人无异议。

2. 对公诉机关证明此物证与被告人有罪供述相吻合有异议：

（1）被告人在庭审中供述其知道岔林河农场二分场所有的电话线均为黑色的，但其在供述中曾故意说是白色的，因迫于侦查人员的压力，最

后按侦查人员要求供述为黑色。

（2）被告人所有有罪供述中对电话线的存放位置均为案发现场被垛下，但这一供述与被害人的三个子女所证实的电话线在其母住宅北侧仓房的证实内容是明显不符的。

因此，公诉机关出示的此物证仅证明电话线是案发现场犯罪分子遗留的作案工具，但这一客观物证与被告的供述并不吻合，所以此物证仅能证明其真实性而无法证明与本案有关联性。

（二）证人韩某松、张某华、许某军、胡某某等人的证言

1. 韩某松的证言

根据卷宗材料记载，证人韩某松共出具了两份证言，公诉机关出具此证据试图证明被告人有作案时间。对于韩某松的证言，辩护人认为鉴于被告人当庭坚持予以否认且在辩护人当庭询问被告人时，被告人曾说在当晚与韩某松同住的室内闻到酒味，怀疑韩某松当晚饮酒，并且在无其他证据证明韩某松证言真实与否的情况下，有必要通知韩某松出庭作证，并就当晚的细节与被告人质证。另外即使韩某松的证言是真实的，此证言也仅证明被告人有作案时间，仅是公诉机关指控被告人有罪证据链条中的一个孤立的证据环节。

2. 张某华的证言

公诉机关出具张某华的证言试图证明被告人有作案时间，对此证据辩护人认为，一是张某华的两份证言中关于被告人11月9日晚是否在其处吃饭的内容前后矛盾；二是张某华所证实的11月9日晚被告人未在韩某松处睡觉是听韩某松说的，因此张某华的证言从证据形式上来看属传来证据，从证据效力上来说在韩某松的证言未得到证实前，其证据不能采信。

3. 许某军的证言

公诉机关出具许某军的证言试图证明被告人曾在杀人现场给其弟打过电话，从而证实被告人有罪的供述是真实的。对此证言辩护人认为：

（1）许某军在11月9日晚是否接过电话存在异议，根据卷宗与许某军同住的其爱人荆某某笔录证实，11月9日晚许某军除给被告人家打过一次电话外，未曾接过电话。被告人当庭供述其未给许某军打过电话，许某军接过电话一事是被告人听其三姐许某茹说的，且其怀疑有人冒充许某某并

将此情况在限制其人身自由后先行向侦查机关说明，后因侦查机关的诱使及胁迫而形成现在的卷宗内容。

（2）被告人有罪供述中给许某军打电话的时间及地点前后矛盾。被告人在第一次供述中说是在11月9日晚韩某松处打的电话，在其后的几次供述中说是在11月9日晚10点多钟在杀人现场用被害人家的电话拨打的，在后来的笔录中又交代是在杀完人后回到通河给许某军打的电话。

（3）被告人有罪供述中给许某军打电话的内容与许某军证实的内容不一致。许某军证实的内容为委托被告人为其卖水稻，而被告人供述的均为让许某军给其买水稻，其内容正好相反。

故辩护人认为许某军的证言因存在以上疑点和矛盾，以其证言证明被告人有杀人动机及杀人行为是错误的。

4. 胡某某的证言

公诉机关出示胡某某的证言试图证明被告人有报复杀人的动机，对此辩护人认为：胡某某的证言只能证明案发前被告人与胡某某之间存在矛盾，此证言恰恰证明胡某某与被告人有利害关系，据此不能推断出被告人具有报复杀害被害人的杀人动机。同时，即使被告人有这种杀人动机，也应与被告人应证实的杀人行为共同形成证据链条，不然，其仅是证据链条中的一个孤立的环节且因其与被告人有利害关系，其证实的内容不具备证据的关联性。

公诉机关除出具以上证据外，在庭审中还宣读了证人刘某美、许某茹、李某峰等人的笔录，试图以此说明被告人在案发后听到案发现场的相关情况的辩解是虚假的。对以上证人证言，辩护人认为，刘某美的证言虽未体现在11月10日被告人回到其母家中时，向被告人讲述案发现场的相关情况，但被告人已向法庭说明11月10日上午其与爱人刘某美通电话时，刘某美已向被告人简要地介绍了案发现场的情况，同时被告人供述11月10日下午并未回到自家，而是直接到其母家，并未见到刘某美，此供述与刘某美的证言并不矛盾。公诉机关当庭宣读的许某茹和李某峰的证言证实二人未向被告人说过案发现场情况，而许某茹和李某峰在其后的证言中对公诉机关宣读的证言予以了更正，证实11月10日晚在李某峰的家中向被告人讲过案发现场的相关情况，此证言笔录与被告人在2002年11月21日的讯问笔录中所供述的情节是一致的，但许某茹和李某峰的此份证言笔录，公诉机关却未当庭宣读。因此，公诉机关出具的上述证言笔录无法证明其所要证实的问题。

（三）公安机关出具的现场勘查笔录

辩护人认为此证据证明被害人被害现场的真实情况，对其真实性和合法性无异议，但对公诉机关试图以此证据证实犯罪现场与被告人的有罪供述相一致这一目的，却因其犯罪现场和被告人的供述存在多处疑点和矛盾而无法得到认证。

（1）被告人有罪供述的笔录中记载，被告人曾先后脱下被害人的棉衣、棉裤并拽下腰带，但现场勘查的笔录中显示案发现场并无上述衣物。

（2）公安机关出具的现场勘查笔录记载尸体下身盖有被褥，而被告人的所有有罪供述中均无这一情节。

（3）现场勘查笔录记载被害人上身的着装颜色与被告人的供述不符。

（四）刑事技术鉴定结论

公诉机关出具此鉴定结论试图证明被害人的死亡原因与被告人供述的犯罪情节相一致。对此鉴定结论，辩护人认为，此鉴定结论证实了被害人的被害事实及死亡原因，但与被告人对现场的描述存在矛盾且被告人供述的主要犯罪经过未能得到此刑事技术鉴定结论的认证。

（1）此结论中对被害人查体、着装颜色的记载与被告人的供述及现场勘查笔录记载均存在矛盾。

（2）此结论只证明被害人是被扼、索、窒息死亡，但未能证实其是被一只手还是被两只手所扼，亦未证实是从前面扼还是从后面扼，因此，此结论无法印证被告人所供述的犯罪过程。

（五）被告人许某某的供述

据卷宗记载，被告人在公安机关侦查阶段共有10次笔录，除2002年12月4日侦查机关询问其自然简况外，其余9次笔录中，被告人第一次接受审讯做无罪供述，其后有6次做有罪供述，另有2次对先前的有罪供述进行了翻供。庭审中公诉机关只宣读了被告人的有罪供述，而被告人在有罪的供述中亦出现供述内容不一、前后矛盾的情况：

（1）被告人的有罪供述中有关被害人上衣的颜色的描述，被告人先说是红色，后又说是紫红色，最后又说记不清了。

（2）被告人供述打电话的地点一次说是在韩某松的住处，一次说是在杀人现场返回通河后，其余供述则说是在杀人现场；打电话的时间则有晚上6点钟、9点钟、10点钟、10点多钟几种供述。

（3）被告人供述的去犯罪现场所花的出租车费有25元和30元两种供述。

（4）被告人的第一次有罪供述交代其犯罪过程是先将被害人的棉衣、棉裤扒下，将其裤腰带拽下，而在其后的有罪供述中却未有此情节。

辩护人在询问被告时得知，公诉机关曾先后3次提审被告人，被告人在公诉机关的供述与其在侦查阶段的无罪供述是一致的，而卷宗材料对此却未体现，庭审中公诉人亦未出示这3份证据。另外，据被告人叙述，在本案侦查阶段，侦查机关曾对被告人采用科学仪器进行测谎，但卷宗却未体现测谎结论。

综上，公诉机关出具的证据或无法证实其真实性，或证据本身存在矛盾，或证据之间存在矛盾，或无法证实与其指控具有关联性，且公诉机关未能全面、公证、客观地出具本案的全部证据。

二、公诉机关指控被告人涉嫌杀人犯罪的必要证据不足

公诉机关指控被告人涉嫌杀人犯罪，除以胡某某等人的证言证明被告人有杀人动机、以韩某松等人的证言证明被告人有作案时间外，主要以被告人的有罪供述为其指控的证据，对于被告人在侦查机关的有罪供述的原因及供述内容的由来，被告人已当庭叙述为侦查机关刑讯逼供所致。现姑且不去谈论被告人当庭供述的真伪，即使假设本案的被害人被杀是被告人所为，被告人在侦查机关的有罪供述是真实的，那么，公诉机关指控被告人涉嫌杀人犯罪还应具有以下必要证据：

（1）2002年11月9日晚上6点，被告人从韩某松处出门时须经过杨某才家的走廊和张某华的小吃部，此时杨某才的家人和张某华的家人应看到被告人，但公诉机关的指控证据对此未有体现。

（2）被告人于11月7日从家里出来时，其爱人刘某美只给其10元钱作为车费，且此钱当日已用完。被告人在杨某才处干活时，杨某才每日给其的10元钱也用作伙食费于当日用完，那么被告人向侦查机关供述的其去作案现场往返的80元车费是从何而来的呢？对此指控证据中未有体现。

（3）被告人有罪供述中涉及的其去作案现场往返乘坐的出租车均未被查实。

（4）被告人有罪供述中多次陈述的其去作案现场时路过三站东侧路南食杂店时曾下车买过烟，对被告人的此供述，指控证据中未有证据印证。

（5）被告人有罪供述中交代其进入作案现场是从被害人大门东侧的栅栏跳进去的，但现场勘察笔录中对此却无记载，无证据对被告人的供述进行认证。

（6）被告人在有罪的供述中曾叙述其在案发当晚与许某军通过电话，但公诉机关的指控证据中却无被告人供述中的通话记录；案发现场的电话亦无被告人指纹及掌纹的记录。

（7）被告人有罪供述的笔录中曾多次供述其在杀人现场拧过灯泡，但杀人现场却未留有被告人的指纹。

（8）被告人有罪的供述中，曾供述在杀害被害人前对被害人实施过强奸行为，即使被告人所供述的强奸过程未射精是真实的，那么被害人的阴道提取物中仍应有被告人的人体分泌物的残留物，而卷宗记载的鉴定结论对此却未予以认证。

另外，被告人的有罪供述中，其所供述的强奸、杀人是连续发生的过程，而公诉机关在起诉书中却只认定被告人的杀人行为，对于被告人在同一笔录中所供述的强奸行为却未予认定，不知公诉机关的此种选择性认定来源于何处？

综上所述，辩护人认为，本案被告人有罪供述与无罪供述相矛盾，被告人有罪供述的内容与现场勘查及尸检报告相矛盾，被告人有罪供述的内容与相关证人证言相矛盾，相关证人之间的证言笔录相矛盾，被告人有罪供述的主要犯罪情节无必要的证据予以证实；公诉机关指控被告人有罪的证据中，因被告人有罪供述与无罪供述相矛盾，以及有罪供述内容与证人证言和其他证据相矛盾而不应予以采信；相关证人证言因其内容有相互矛盾之处亦不应采信；其他客观证据只证明案发现场的客观事实，其无法与被告人形成关联性及证明与被告人有因果关系。

因此，公诉机关指控被告人有罪的证据，或不具备真实性，或不具备合法性，或不具备关联性，且没有与被告人有罪供述的主要犯罪情节相印证的必要证据做证明。所以，公诉机关指控被告人有罪的证据未能形成证据链条。故辩护人认为，公诉机关指控被告人涉嫌杀人犯罪的证据不足，其指控的罪名不能成立。

【判决结果】

2003年9月28日，某省某市中级人民法院作出［2003］哈刑初字第373号刑事附带民事判决书，判决：①被告人许某某无罪；②驳回附带民事诉讼原告人胡某某的诉讼请求。

2004年3月1日，某省高级人民法院作出［2004］黑刑一终字第5号刑事裁定书，裁定：①准许某省人民检察院撤回抗诉；②驳回上诉人胡某某的上诉，维持某市中级人民法院［2003］哈刑初字第373号刑事附带民事判决第二项的民事判决。

【裁判文书】

某省某市中级人民法院［2003］哈刑初373号刑事附带民事判决书：

本院认为，公诉机关指控被告许某某犯故意杀人罪，除被告人在公安机关所做的有罪供述之外，没有直接证据，且间接证据又存在多处矛盾，形成不了证明被告人许某某犯罪的证据链条。故对被告人许某某的辩解及其辩护人的意见予以采纳。因证据不足，检察机关指控被告人许某某犯故意杀人罪不能成立。附带民事诉讼原告人因被害人贾某某死亡造成的经济损失事实存在，但从目前证据看，不能确定是被告人许某某的行为造成的。附带民事诉讼原告人可在检察机关查清事实后再行起诉。依照《中华人民共和国刑事诉讼法》（1996年修正）第162条第（三）项之规定，判决如下：①被告人许某某无罪；②驳回附带民事诉讼原告人胡某某的诉讼请求。

某省高级人民法院［2004］黑刑一终字第5号刑事裁定书：

本院认为，某省人民检察院撤回抗诉的要求，符合法律规定。因现有证据不能证明被害人贾某某是被告人许某某所杀，故被告人许某某不能承担民事赔偿责任。依据《中华人民共和国刑事诉讼法》（1996年修正）第185条第2款、第189条第（二）项、《最高人民法院关于执行〈中华人民共和国刑事诉讼法〉若干问题的解释》（法释［1998］23号）第241条的规定，裁定如下：①准许某省人民检察院撤回抗诉；②驳回上诉人胡某某的上诉，维持某市中级人民法院［2003］哈刑初字第373号刑事附带民事判决第二项的民事判决。本裁定为终审裁定。

【案例评析】

本案历经某市中级人民法院一审判决判决被告人无罪，某市人民检察院提起抗诉、附带民事诉讼原告上诉，某省人民检察院撤回抗诉，二审某省人民法院裁定准许撤回抗诉、驳回附带民事诉讼原告上诉，维持一审判决等程序，可谓一波三折。辩护人在承办该案件过程中，紧紧抓住证据这一核心问题，从证据的"三性"入手，分别对控方的指控证据逐一地进行分析和质证，从击破证据关联性的角度，打断控方指控证据的链条。同时，为了增强辩护意见的可采纳性，辩方又站在控方的立场上，以控方为视角指出本案指控罪名若能成立尚需的若干必要证据及条件，从控、辩两个不同的方面，全面地阐释了本案指控证据缺失，无法形成证据体系的问题，并由此征得审判机关的认同，最终获得被告人无罪的辩护效果。

【结语与建议】

在刑事案件的办理过程中，要求辩护人工作认真、细致尤为重要。就本案而言，辩护人在接手案件后，除反复阅卷，核对卷内相关材料外，还要就卷内反映的一些相关事实亲自前往实地进行了解、核查。也正是基于辩护人对案件客观事实的亲身了解和体验，才更加坚定了辩护人为被告人做无罪辩护的信心和底气，并最终获得良好的辩护效果。因此，刑事辩护工作不但要有良好的理论基础、丰富的实践经验，更应注重培养并形成认真、务实、沉稳、细腻的办案风格。

唐某某等人涉恶案件重罪轻判案

◇ 李建武

律师简介

　　李建武，毕业于中国政法大学，现攻读中国政法大学民商法专业硕士研究生。云南弘蕊律师事务所高级合伙人、党支部书记，中国大学生反诈联盟副秘书长。获中国建筑业企业联合会授予"建筑行业法律服务高级顾问"荣誉证书，取得高级法务师执业认证证书，"中国人民大学行政诉讼高级研修班"结业，被云南省律师行业委员会评为优秀共产党员和优秀党务工作者，云南省保山市刑事辩护专业站首席律师。

» 案例基本信息

案例类型：无罪判决案例

业务类型：刑事辩护

人民法院判决时间：2018年1月17日

机关名称：某省某市某县人民法院

辩护律师姓名：李建武、靳广涛

律师事务所名称：云南弘蕊律师事务所

检索主题词：敲诈勒索；寻衅滋事；判决无罪

» 案例正文

【案情简介】

2009年以来，被告人陈某某、唐某某在索取高利贷债务过程中，经常纠集蒋某力、李某某、颜某、蒋某东等人，采用滋扰、纠缠、聚众造势等手段，强拿硬要、占用公私财物，从中非法获取利益，涉嫌寻衅滋事罪、敲诈勒索罪、非法侵入住宅罪、虚假诉讼罪。

2018年9月12日，唐某某因涉嫌敲诈勒索罪被某市某县公安局刑事拘留，经某市某县人民检察院批准，唐某某于2018年10月19日被某市某县公安局逮捕。2019年2月27日，某市某县公安局向某市某县人民检察院提交施公（刑）诉字〔2018〕163-1号起诉意见书，指控唐某某涉嫌构成敲诈勒索罪、寻衅滋事罪、非法侵入住宅罪、虚假诉讼罪，并属于黑恶势力。

2019年3月19日，辩护人接受唐某某妻子陈某的委托，为唐某某审查起诉阶段和一审审判阶段辩护。因公安机关告知该案属于涉黑涉恶案件，2019年3月21日，辩护人向某市司法局进行了涉黑涉恶案件报备。2019年3月26日，辩护人向某县人民检察院递交《审查起诉阶段辩护意见》，并从犯罪主客观角度以及根据《中华人民共和国刑事诉讼法》（2012年修正）第176条规定，提出辩护意见：唐某某不构成敲诈勒索罪、寻衅滋事罪、非法侵入住宅罪、虚假诉讼罪，本案属于民事纠纷，本案未达到《中华人民共和国刑事诉讼法》（2017年修正）规定的"犯罪事实已经查清，证据确实、充分"的审查起诉标准，建议人民检察院作出不起诉决定。

2019年6月13日，某县人民检察院向某县人民法院提起公诉，施检公诉刑诉〔2019〕69号起诉书，指控唐某某构成寻衅滋事罪、敲诈勒索罪、非法侵入住宅罪。在审查起诉阶段，辩护人成功推翻公安机关对唐某某指控的"虚假诉讼罪"罪名。

2019年8月21日，某县人民法院召开庭前会议，2019年9月3日正式开庭审判，某县人民检察院当庭提出对唐某某的量刑建议：寻衅滋事罪4年至5年；敲诈勒索罪2年至3年；非法侵入住宅罪1年至2年；合并判处7年至10年。

【辩护意见】

一、本案不应定性为"涉黑涉恶"案件

1. 根据《最高人民法院、最高人民检察院、公安部、司法部〈关于办理黑恶势力犯罪案件若干问题的指导意见〉的通知》（法发［2018］1号）第2条之规定，黑恶势力、黑恶势力犯罪集团的认定标准为：单纯为牟取不法经济利益而实施的"黄、赌、毒、盗、抢、骗"等违法犯罪活动，不具有为非作恶、欺压百姓特征的，或者因本人及近亲属的婚恋纠纷、家庭纠纷、邻里纠纷、劳动纠纷、合法债务纠纷而引发以及其他确属事出有因的违法犯罪活动，不应作为黑恶势力案件处理。

2. 唐某某未实施以聚众造势、暴力、威胁等手段，强拿硬要、占用公私财物的组织性行为。

3. 《最高人民法院、最高人民检察院、公安部、司法部〈关于办理黑恶势力犯罪案件若干问题的指导意见〉的通知》（法释［2018］1号）不属于司法解释，根据"罪刑法定"的定罪量刑原则，对唐某某是否定罪量刑，仍应当根据《中华人民共和国刑法》进行审判。

4. 根据法理学"法不溯及既往"的原理，以及根据《中华人民共和国刑法》（2017年修正）"从旧兼从轻"的原理，本案不适用《最高人民法院、最高人民检察院、公安部、司法部〈关于办理黑恶势力犯罪案件若干问题的指导意见〉的通知》（法发［2018］1号）。

二、公诉机关不能举证证明被告人唐某某客观上实施了寻衅滋事行为

根据《最高人民法院、最高人民检察院关于办理寻衅滋事刑事案件适

用法律若干问题的解释》（法释〔2013〕18号）第1条第2款之规定，结合本案，被告人陈某某与王某某之间以及唐某某与王某令、杨某、黄某某、杨某刚、苏某某、李某、胡某、蒋某玉之间均存在着合法的债务纠纷，根据上述法律规定，不应认定被告人唐某某为寻衅滋事。

三、公诉机关指控唐某某敲诈勒索罪依法不成立

首先，唐某某未实施虚增债务从中获取非法利益的行为。其次，唐某某的催收行为达不到敲诈勒索罪中"暴力或胁迫"的程度。最后，债务人并非基于恐惧心理而向唐某某交付财产。行为人与被害人之间存在争议，行为人为索要债务、解决争议，即便使用了威胁、恐吓等敲诈行为，但不是出于非法占有目的，故不构成犯罪。且公诉机关指控唐某某犯敲诈勒索罪的全案证据未能形成证据链，证据不具有唯一性，没有排除合理怀疑。

四、公诉机关指控唐某某犯非法侵入住宅罪的全案证据无法排除合理怀疑

结合本案，从被害人杨某的陈述以及被告人蒋某力的供述中相互印证，蒋某力在杨某家中逗留时间不到10分钟，双方未发生争吵打斗，而且杨某还给蒋某力倒了一杯水。从法理及生活常识可以推断，如果权利人十分抵触，那么其怎么可能还会给"侵入"的人倒水喝？而且蒋某力侵入住宅时间较短，尚达不到情节严重的程度，不应以非法侵入住宅罪对唐某某定罪处罚。在寻衅滋事罪中，蒋某力入户一事被作为认定构成寻衅滋事罪的犯罪事实，而后又在非法侵入住宅罪中被认定为犯罪事实，构成重复评价。

【判决结果】

某省某市某县人民法院于2019年9月3日公开开庭审理该案，2019年9月11日作出判决：判处唐某某犯寻衅滋事罪，判处有期徒刑5年，并处罚金人民币2万元。

【裁判文书】

某省某市某县人民法院（﹝2019﹞云0521刑初75号）刑事判决书：

本院认为，被告人陈某某为索取高利贷债务，指使被告人唐某某向高利贷债务人索债，强占公私财物，同时被告人唐某某为索取其放出的高利贷债务，指使、纠集被告人李某某、蒋某力、颜某、蒋某东等人对高利贷债务人实施蹲守、跟随、滋扰、侮辱等软暴力行为，甚至殴打债务人、强拿硬要、强占公私财物，不仅仅侵害了债务人的人身权和财产权，还影响到债务人正常的生活、生产、经营活动，破坏社会秩序，其行为构成寻衅滋事罪。故公诉机关指控6名被告人犯寻衅滋事罪罪名成立，但公诉机关指控的董某某、段某某被威逼、胁迫、滋扰、纠缠的事实，因证据不足以认定段某某和董某某受到威逼、胁迫，陈某某和唐某某在向董某某索取债务过程中的危害性不明显，该起事实不应以违法犯罪论处。指控的胡某某、蒋某玉被敲诈勒索事实，因被告人行为上具有强拿硬要、占用公私财物的情形，符合寻衅滋事的行为表现及犯罪构成，应当定性为寻衅滋事罪。另外，该起事实与其他几起事实在事件的起因、被告人行为表现及特征等方面均高度相似，应当统一评判，不应以另一罪名定性。指控的被告人唐某某、蒋某力非法侵入住宅的事实，因被告人蒋某力是按被告人唐某某、李某某的要求对杨某进行蹲守，在杨某下班后跟随被害人杨某进入其住宅，其行为是持续、未中断的，应在寻衅滋事罪与非法侵入住宅罪中择一重罪处罚，不应以寻衅滋事罪和非法侵入住宅罪重复评判。指控的苏某某被滋扰、纠缠、殴打的事实，在案证据可以证实该起事实存在，但缺少认定情节严重的证据，应以违法论处，不单独构成犯罪。

对于被告人陈某某、唐某某及其辩护人提出两被告人索取的债务是合法债务、其对债务人的威胁、胁迫行为不属于情节严重，也没有造成严重后果，两被告人不构成犯罪的辩护意见，本院认为，首先，本案中生效的民事判决书已经明确民间借贷月利率最高不超过3%，已经确定了合法的民间借贷债权范围是实借本金加上按照不超过3%的月利率计算的利息，超过3%的月利率的部分不受法律保护，属于非法债务。被告人在放贷时，最低月利率为5%，难以认定为合法债务。其次，债务合法与否，与索债行为是否构成违法犯罪没有直接因果关系，就算是债务合法，但催收合法债务使用了违法行为，也会构成犯罪并受到刑罚。最后，本案中证据证实，被告人对债务人催收债务，采用多次蹲守、滋扰等方式，强拿硬要，占用公私财产的价格远远超过1000元，属于情节恶劣及情节严重的情形，已经构成犯罪。故对被告人陈某某、唐某某及其辩护人的辩护意见，不予采纳；但对陈某某的辩护人关于陈某某不构成恶势力的辩护意见，予以采纳。

本案中被告人唐某某单独组织、实施犯罪行为3起，与被告人陈某某共同组织，实施犯罪行为2起，被告人唐某某应对全部犯罪负主要责任，是主犯，且具有纠集未成年人参与犯罪的情节，应从重处罚，依法判处5年以上10年以下有期徒刑，可以并处罚金。被告人陈某某、唐某某等人通过实施违法犯罪行为强拿硬要取得的非法所得依法应当追缴后返还被害人，占用的公私财物应当发还权利人。

【案例评析】

本案属于一起被定性为"涉黑涉恶"的案件，被告人涉嫌的罪名多达4个，关联的人员众多，案情十分复杂。本案最大的争议焦点一是本案是否涉黑涉恶，二是对索取债务的过激手段是否构成犯罪。

《最高人民法院、最高人民检察院、公安部、司法部〈关于办理黑恶势力犯罪案件若干问题的指导意见〉的通知》（法发〔2018〕1号，以下简称《指导意见》）于2018年1月26日公布，而陈某某、唐某某放贷并且追债的行为从2009年就开始了。公诉机关指控唐某某涉嫌寻衅滋事罪、敲诈勒索罪，时间均在《指导意见》出台之前。根据法理学"法不溯及既往"的原理，以及《中华人民共和国刑法》（2017年修正）"从旧兼从轻"的原则，本案不适用《指导意见》，不属于涉黑涉恶案件。

本案中，唐某某索取债务的行为并不是"以非法占有为主观目的"，情节上也并未体现出迫使被害人交出财物的情况，经过庭前会议及庭审，敲诈勒索罪最终因证据不足而不予认定，但这一情节与入户情节一起最终被认定为寻衅滋事罪的犯罪事实。《最高人民法院、最高人民检察院关于办理寻衅滋事刑事案件适用法律若干问题的解释》（法释［2013］18号）第1条第3款规定："行为人因婚恋、家庭、邻里、债务等纠纷，实施殴打、辱骂、恐吓他人或者损毁、占用他人财物等行为的，一般不认定为寻衅滋事……"辩护人仍然坚持唐某某无罪的观点。

【结语与建议】

律师对当事人的情况要充分了解，好好进行准备工作，充分运用证据和法律，找出强有力的依据，能够分析对方的证据，找出对方的漏洞，保证占据优势证据地位，并依靠自己娴熟的法律知识、敏捷的思维，捕捉每一个有利于被告人的情节并及时向法庭提出，帮助当事人争取合法权益，请求法院充分考虑自己的意见。作为被告人的辩护人，律师将永远、坚定、忠实地履行律师应尽的职责，最大限度地保护被告人的合法权益。

某小额贷款有限公司及熊某某等6人
涉嫌违法发放贷款罪案

◇ 姚志刚

律师简介

　　姚志刚，四川矩衡律师事务所高级合伙人，成都市律师协会刑事专业委员会副秘书长，星火律师平台第二届管委会主任。

　　办理的典型案例有：Y某制造毒品40余公斤二审改判为"死缓"；Z某制造毒品86公斤一案获死缓；杨某某故意杀人罪二审改判为"死缓"。理论研究有：《幽灵证据："情况说明"的是与非》《毒品称量不得不说的10个秘密》《"职业见证人"一个神奇的存在！》《侦查人员常用"魔鬼讯问法"》

» 案例基本信息

案例类型：无罪案例

业务类型：刑事辩护

人民法院判决时间：2018年1月17日

机关名称：某省某市某区人民法院

辩护律师姓名：马静华、姚志刚

律师事务所名称：四川矩衡律师事务所

检索主题词：小额贷款公司；金融机构；判决无罪

» 案例正文

【案情简介】

2013年8月27日，经某省人民政府金融办公室批准，被告单位某市某区某小额贷款有限公司成立（以下简称"小贷公司"），注册资本3亿元。自2014年3月6日起，被告人熊某某作为主管人员（公司的法定代表人、总经理），刘某、金某某、荣某、张某、杨某作为直接责任人员，未严格履行贷前调查、贷时审查、贷后检查业务流程和操作规范发放贷款1.3亿余元，其中部分贷款是通过某投资咨询有限公司发放的。同时，在贷款发放过程中向同一借款人发放的贷款余额超过小额贷款公司资本净额的5%（即1500万元），另被告人刘某多次违规为贷款人王某提供信用担保。

2016年2月5日，被告人熊某某经公安机关通知后到案接受调查。2016年3月30日，被告人金某某、刘某、荣某、张某、杨某经公安机关通知后到案接受调查，并供述了案件事实。2016年11月23日，某市某区人民检察院以泸江检公刑诉字〔2016〕563号起诉书指控被告单位小贷公司及被告人熊某某、刘某、金某某、荣某、张某、杨某犯违法发放贷款罪向某市某区人民法院提起公诉。2018年1月17日，某市某区人民法院作出判决，判处被告单位某小贷公司无罪，判处被告人熊某某、刘某、金某某、荣某、张某、杨某无罪。

【辩护意见】

本案涉及的罪名为《中华人民共和国刑法》（2017年修正）第186条规定的"违法发放贷款罪"，该罪名罪状描述为"银行或者其他金融机构的工作人员违反国家规定发放贷款，数额巨大或者造成重大损失"，因此，小贷公司是否属于金融机构则是本案被告人出入罪与否的关键。本案辩护人总的辩护意见是小贷公司不属于《中华人民共和国刑法》（2017年修正）规定范畴内的金融机构，被告单位小贷公司以及其实际管控人员被告人熊某某等6人不能成为违法发放贷款罪的犯罪主体，犯罪主体不适格因而无罪，具体辩护意见如下：

一、法律规定的金融机构有严格的认定标准，起诉书认定的小贷公司并没有满足这些标准

（一）小贷公司不符合金融机构的法律特征

刑法作为最严厉的国家制裁手段，司法实践涵摄刑法的法律概念应当遵循法定原则，有充分的法律依据。按照《中华人民共和国银行业监督管理办法》（2006年修正）、《金融许可证管理办法》（2007年修正）等现行法律法规，金融机构应具备三个基本特征：由银监会及其派出机构通过审批程序设立，获得银监会颁发的金融许可证，由银监会对金融机构进行监管。而小贷公司由地方政府金融服务工作办公室批准成立，实际从事贷款金融业务，没有获得银监会的金融许可证，中国人民银行在信息化管理方面依照金融机构对其进行监管，其不符合金融机构的法律特征。

（二）小贷公司不在金融机构的法定范围之内

现行法律对金融机构的范围采取了列举式规定，《中华人民共和国银行业监督管理办法》（2006年修正）第2条、《中国银监会非银行金融机构行政许可事项实施办法》（2015年修订）第2条、《金融违法行为处罚办法》（1999年）第2条中并没有列举小贷公司属于金融机构的范围，除此之外，虽然《金融许可证管理办法》（2007年修正）第3条金融机构的范围有列举到"贷款公司"，但是该法律规定的贷款公司由银监会批准设

立，受银监会监管（《中国银监会关于印发〈贷款公司管理规定〉的通知》）的"贷款公司"。综上，小贷公司不在金融机构的法定范围之内。

（三）小贷公司不是法律规定的金融机构

2009年11月，《中国人民银行关于印发〈金融机构编码规范〉的通知》（银发〔2009〕363号）将小贷公司纳入"Z-其他"的范围。《中国人民银行关于印发〈金融机构编码规范〉的通知》（银发〔2009〕363号）中，将小贷公司按金融机构编码，其实质是参照金融机构进行信息化宣传、管理，而并非经法律程序确认小贷公司属于"金融机构"的范围。按照《中国银行业监督管理委员会、中国人民银行关于小额贷款公司试点的指导意见》（银发〔2008〕23号，以下简称《指导意见》）的规定，"小额贷款公司依法合规经营，没有不良信用记录的，可在股东自愿的基础上，按照《村镇银行组建审批指引》和《村镇银行管理暂行规定》规范改造为村镇银行"。这表明，现行规定允许小贷公司只有在符合法律规定的条件时，方可转化为非银行业金融机构；同时也进一步表明，《指导意见》认定，试点阶段的小贷公司并不是法律规定的金融机构。

二、本案中小贷公司所实施的发放贷款的行为，并没有违反刑法范畴内的"国家规定"

目前，规范小贷公司经营行为的法律、规章主要有《中华人民共和国公司法》（2013年修正）、《中华人民共和国担保法》（已失效）、《中华人民共和国合同法》（已失效）、《中国银行业监督管理委员会、中国人民银行关于小额贷款公司试点的指导意见》（银发〔2008〕2号）、《中国人民银行、中国银行业监督管理委员会关于村镇银行、贷款公司、农村资金互助社、小额贷款公司有关政策的通知》（银发〔2008〕23号）、《中国银监会办公厅关于做好小额贷款公司试点工作有关事项的通知》（银监办发〔2009〕282号）。除了《中华人民共和国公司法》（2013年修正）、《中华人民共和国担保法》（已失效）、《中华人民共和国合同法》（已失效）属于"国家规定"，其他都属于规章层次，本案中小贷公司发放贷款的行为并没有违反《中华人民共和国刑法》（2017修正）总则第96条所确认的"违反国家规定"的范畴，因此本案中被告单位及6位被告人的行为不符合违法发放贷款罪的客观要件，不构成违法发放贷款罪。

【判决结果】

某市某区人民法院于2018年11月19日作出判决：判处被告单位某小贷公司无罪，判处被告人熊某某、刘某、金某某、荣某、张某、杨某无罪。

【裁判文书】

某市某区人民法院（［2016］川0502刑初614号）刑事判决书：

被告单位小贷公司主体上不属于《中华人民共和国刑法》（2017年修正）第186条规定的金融机构，不符合违法发放贷款罪的主体要件，客观上没有证据证实被告单位及各被告人实施了违反"国家规定"的行为。公诉机关指控被告单位、各被告人构成违法发放贷款罪的证据不足，本院不予支持；对被告单位及其辩护人提出某小贷公司属于金融机构的意见，本院不予采纳；对被告人熊某某、张某，杨某及熊某某、张某、金某某的辩护人提出被告单位不是金融机构，被告人熊某某的辩护人提出被告单位未违反"国家规定"，不构成犯罪等意见，本院予以采纳。被告人金某某、荣某提出没有参与贷款抵押物解押，被告人刘某没有参与公司决策、没有违规提供担保等意见，均与查明事实不符，本院不予采纳。

【案例评析】

本案属于一起人民法院径行作出无罪判决的案件，在刑事案件中实属罕见。本案的焦点在于对《中华人民共和国刑法》（2017年修正）第186条规定的违法发放贷款罪的犯罪主体以及客体的解读。本案所涉及的小贷公司不属于《中华人民共和国刑法》（2017年修正）范畴的金融机构，其不符合法律法规规定的金融机构的法律特征，亦不在现行的金融类法律法规所列举的金融机构的法定范围之内，不能成为违法发放贷款罪的犯罪主体。除此之外，因为规制小贷公司经营行为的国家规定［《中华人民共和国刑法》（2017年修正）第96条］主要依照《中华人民共和国公司法》（2013年修正）、《中华人民共和国担保法》（已失效）、《中华人民共和国合同法》（已失效），其他的均为规章，小贷公司发放贷款的行为并没有违反相关的国家规定，不具备构成违法发放贷款罪的客观要件。

【结语与建议】

在案件办理过程中，辩护人应当准确把握和适用刑法的总则和分则，严格地依照罪刑法定原则，结合案件事实全方位、多角度进行严密的法律论证。辩护人在案件办理过程中应当充分地与侦查人员、公诉人、审判人员进行交流，将工作重心前移，最大限度地减少当事人的诉累。

游某某涉嫌失火罪刑事附带民事诉讼案

◇ 洪树涌

律师简介

洪树涌，郑州大学法学学士，中国政法大学刑法专业在职研究生。广东广信君达律师事务所管理合伙人，执行委员会委员、刑事一部部长，广东泓法刑辩律师战队负责人，广东省第一批刑事辩护律师库律师，广东省律师协会经济犯罪辩护专业委员会委员，广州市律师协会经济犯罪刑事委员会委员，第十届广州市律师代表大会代表，星火律师平台发起人。

执业领域：重大复杂刑事案件辩护、企业刑事合规。

» 案例基本信息

案例类型：无罪判决案例

业务类型：刑事辩护

人民法院判决时间：2018年1月24日

机关名称：某省某自治县人民法院

辩护律师姓名：洪树涌、陈俊先

律师事务所名称：广东广信君达律师事务所

检索主题词：放火罪；森林火灾；扫墓；判决无罪

» 案例正文

【案情简介】

2017年4月4日，被告人游某某与家属前往某自治县某镇某村某山场为岳父扫墓。途中，家属停下休息，游某某一人携带香烛等器物前往墓地。扫墓过程中，游某某因用火不当引发森林火灾。经国家林业局公安司法鉴定中心鉴定，过火面积为23.3公顷，林地类别为有林地，树种为松木。

2017年6月27日，被告人游某某经公安机关通知后到案接受调查，并供述案件事实。2017年8月24日，某省某自治县人民检察院以江华林刑诉〔2017〕22号起诉书指控被告人游某某犯失火罪，并向某省某自治县人民法院提起公诉。2018年1月24日，某省某自治县人民法院作出判决，判处被告人游某某无罪，不承担民事赔偿责任。

【辩护意见】

接受委托后，辩护人组织团队迅速赶往案发现场，查看情况，经过多次讨论及反复策划，最终敲定辩护方案，为当事人争取合法权益。

本案涉及的罪名为《中华人民共和国刑法》（2017年修正）第115条第2款规定的"失火罪"，该罪名罪状描述为"放火、决水、爆炸、投毒或者以其他危险方法致人重伤、死亡或者使公私财产遭受重大损失的；过失犯前款罪的，处三年以上七年以下有期徒刑；情节较轻的，处三年以下有期徒刑或者拘役"，由此可以看出，该罪名是典型的结果犯，要求失火结果与失火行为之间有明确的刑法意义上的因果关系，因此，本案中被告人游某某实施失火行为的证据是否充足就是被告人出入罪的关键。本案辩护人的辩护意见是指控事实不清，尤其是失火原因与工具、失火过程和位置等并不明确；且本案无完整证据链证明本案被告人存在失火行为并引发失火结果，难以达到唯一性和排他性的证明要求，无法完全排除合理怀疑。从存疑有利于被告人的原则出发，应认定被告人无罪。具体辩护意见如下：

一、公诉机关的指控事实不清，特别是本案失火原因、点火工具、失火过程以及起火点位置等情节主要事实不清

（一）失火原因和点火工具不明

首先，无任何目击证人或其他客观证据证明被告人给树苗施肥时有点火行为；其次，辩护人经过现场走访发现，无主坟墓的左侧有两处用锄头等工具挖开的坑，不排除现场有其他人进行过如挖地鼠、挖药材等活动，这表明，该处地域是村民高频活动区，不排除有其他村民活动时乱扔烟头或因其他原因而引致火灾；再次，失火原因不明，当时除被告人，还有很多人在山上扫墓，无法断定起火原因是扫墓时点燃蜡烛还是村民燃放鞭炮所致；最后，作案工具未提取，究竟是打火机还是火柴、蜡烛，无法认定。

（二）失火过程及起火点位置不明

首先，失火过程中并无任何客观证据证明被告人存在失火行为，亦无证人直接目睹被告人扫墓当天携带火源火种；其次，本案中起火点位置认定也是错误的，该起火点应该在无主坟的左侧，并非在无主坟与王某某坟墓的中间，因为两座坟墓的中间的草木并没有完全被烧到，特别是中间的柏树，只是左边的树叶枯死了，朝王某某墓碑的这一边的枝干并没有枯死，可以看出，中间这棵树并未被烧，而是被无主坟那一边的烟火熏到。

二、公诉机关提交的证据不能形成完整的证据链

（一）本案证据不能排除是其他人造成火灾的可能

当时，在案发现场扫墓的人并非仅有被告人一人，除了被告人，还有其他人在点蜡烛、烧纸钱甚至放鞭炮，包括本案的被害人王某、张某等

人，极有可能是被告人以外的其他人造成的火灾。

（二）证人对起火地点为涉案墓地的证言不真实，均是推测性言论

纵览本案所有证人证言，均无一人直接看见失火过程，无法证明被告人游某某用火不当引发火灾；公诉机关之所以认为该火灾是被告人游某某引起的，是因有证人描述打火过程中发现涉案墓前有2支燃烧着的蜡烛，且起火位置位于涉案墓地左侧，离涉案坟墓更近，从而推测是被告人造成的失火，该推论本就缺乏客观性，加之全案并无直接证明被告人失火行为的客观证据、鉴定意见，故本案指控被告人游某某犯失火罪的认定均是建立在推论之上的。另外，本案证人证言与被害人陈述错漏百出，同错一处，可以说是互相矛盾的。

（三）公诉机关出具的现场勘验、辨认笔录以及两份鉴定意见书无法证明火灾是由被告引起的

本案证据显示，两份现场勘验笔录均不是在案发时制作，而是在案发后的不同两天制作，而且蜡烛作为本案关键证据却并未被侦查机关提取，无法确定被告人生物信息。另外，两份鉴定意见更是在案发后一个月才制作的，其鉴定结果不排除会有差异。值得注意的是，在第一份鉴定意见中，本案公安局不具有独立鉴定森林火灾的资质，相关的事故调查报告应当由当地林业部门会同有关部门联合出具，该鉴定意见并不能作为相关证据证明本案过火面积；第二份鉴定意见并未准确确定起火点，且鉴定时间离案发时间较长，同样不能作为本案定性的根据。

（四）无被告人的现场辨认，违反法律规定

在失火原因、地点不明，且无直接证据证明被告人存在失火行为的情况下，无法排除合理怀疑，被告人游某某不构成失火罪。

【判决结果】

某省某自治县人民法院公开开庭审理该案，并于2018年1月28日作出判决：判处被告人游某某无罪，不承担民事赔偿责任。

【裁判文书】

某省某自治县人民法院（〔2017〕湘1129刑初311号）刑事判决书：被告人游某某犯失火罪证据不足，被指控罪名不成立，"疑罪从无"并非放纵犯罪，而是对司法公权力的合理规范，是对任何有可能身陷囹圄的公民基本人身权利的保障。据此，依照《中华人民共和国刑事诉讼法》（2012年修正）第195条第（三）项，《最高人民法院关于适用〈中华人民共和国刑事诉讼法〉的解释》（法释〔2012〕21号，已失效）第160条第1款之规定，经本院审判委员会讨论决定，判决如下：被告人游某某无罪，不承担民事赔偿责任。

【案例评析】

本案属于一起法院径行作出无罪判决的案件，在刑事案件中实属罕见。本案的焦点在于失火行为与失火结果是否具有刑法上的因果关系，换言之，是否有充足证据证明被告人实施失火行为是本案定罪的关键。因此，辩护人从细节处着手，深入实地考察，从而发现不合理之处，方能保护当事人，避免其陷入囹圄。

【结语与建议】

在案件办理过程中，辩护人应当不放过一丝一节，要有敢于提出质疑的精神，不畏险阻，实地考察，着眼于细节，结合案件事实全方位、多角度进行严密的法律论证。同时，辩护人在案件办理过程中也应当留心证据各环节是否存在程序违法的行为，必要时应及时申请非法证据排除，最大限度地保障当事人的合法权益。

贠某阁被控组织、领导、参加黑社会性质组织罪、敲诈勒索罪案

◇ 赵国斌

律师简介

　　赵国斌，1966年出生于河北省迁西县，2002年从事专职律师工作，擅长刑事辩护，成功办理了多起无罪辩护案件。现为河北省律师协会刑事业务专业委员会委员，唐山市律师协会刑事业务委员会委员。

» 案例基本信息

案例类型：无罪判决案例

业务类型：刑事辩护

人民法院判决时间：2018年1月26日

机关名称：某省某市某区人民法院（一审）、某省某市中级人民法院（二审）

辩护律师姓名：赵国斌

律师事务所名称：河北唐正律师事务所

检索主题词：组织、领导、参加黑社会性质组织罪；敲诈勒索罪；判决无罪

» 案例正文

【案情简介】

某市某区人民检察院唐丰检刑诉［2014］074号起诉书指控：被告人负某阁、负某童是父子关系，被告人负某阁先后担任某省某县某村砟子厂负责人、某商贸有限公司法定代表人。自2006年2月以来，为达到称霸一方的目的，被告人负某阁、负某童以砟子厂、某商贸有限公司为依托，以招收工人和发包工程项目支付工程款项的方式组织被告人孙某光、赵某宇、张某溟、马某涛、张某坤、白某轩等人从事不正当活动。被告人孙某光等人依靠被告人负某阁、负某童的资金支持，不断网罗社会闲散人员，逐步形成了以被告人负某阁、负某童为组织、领导者，以被告人孙某光、赵某宇、张某溟、马某涛、张某坤、白某轩为骨干成员，以被告人赵某龙、赵某超、赵某、赵某明、赵某飞、赵某博、赵某丰、赵某东、张某利、毕某军、张某彬、某岩为参加者的组织结构较为稳定的犯罪组织。被告人负某阁、负某童除依靠砟子厂、某商贸有限公司获得收益外，还通过敲诈勒索等非法手段获取非法经济利益，为该犯罪组织的形成、发展和运行提供了必要的经济支持。该犯罪组织在被告人负某阁、负某童的组织、领导、指使和授意下，采取暴力、威胁、滋扰等手段，多次有组织地实施寻衅滋事、故意伤害、非法侵入住宅、故意毁坏财物、敲诈勒索等违法犯罪活动，在某县范围内为非作恶，欺压、残害群众，并在当地群众中形成了重大恶劣的社会影响，严重破坏了当地经济、社会生活秩序。

该黑社会性质组织具体犯罪事实如下：

一、寻衅滋事罪

1. 2011年4月26日至2011年6月12日期间，被告人贠某阁以制止某县某选铁厂非法采矿为借口，为达到非法目的，多次到某县某镇某村发放传单并发表演说，宣称某选铁厂属非法采矿。为了制造声势，威胁、恐吓某选铁厂工作人员，被告人贠某阁、贠某童指使被告人孙某光、赵某宇、马某涛、张某溟、张某坤、白某轩等人纠集、组织被告人赵某丰、赵某飞、赵某博、赵某、张某利、张某克（在逃）等社会闲散青年100余人，分乘多辆汽车手持预先准备好的带尖钢管、铁锹等物，到某村聚集，为被告人贠某阁演说助威，围堵冲击某选铁厂所在地某村村委会，威胁、恐吓某选铁厂工作人员，破坏某选铁厂两辆施工中的挖掘机，其中一辆经鉴定损失价值114 006元，殴打挖掘机司机，严重扰乱了社会治安秩序。

2. 2013年8月2日15时许，被告人贠某阁、赵某宇、张某溟、马某涛、赵某龙、赵某超、赵某、赵某明、赵某丰、赵某东等20余人在迁西春彤物流园区一号公路西端桥庄子附近，以春彤物流公司影响贠某阁砟子厂运输车辆通行为由，将春彤物流公司的员工徐某和等3人打伤。经司法医学鉴定，徐某和的伤情为轻伤二级。

3. 2007年2月9日上午，被告人贠某阁、贠某童行至某县某镇某村贠某坡家北门口时，贠某阁无故辱骂贠某坡，后贠某阁、贠某童又对贠某坡进行殴打，致使贠某坡锁骨骨折，经司法医学鉴定，贠某坡的伤情为轻伤。

二、故意伤害罪

1. 2007年2月10日，被告人贠某阁因承包经营某村砟子厂对村主任贠某红产生不满，当日18时许，被告人贠某阁纠集被告人孙某光、毕某军、张某彬、某岩、魏某东（在逃）在砟子厂内对贠某红及同去人员贠某国进行殴打，致使贠某国左颞顶部硬膜外血肿及左额颞叶脑挫裂伤伴蛛网膜下腔出血伴神经症状和体征，贠某红左第一腰椎骨折。经司法医学鉴定，贠某国的伤情为重伤二级、贠某红的伤情为轻伤二级。

2. 2008年7月24日15时许，某县某镇李某文因怀疑自己的婚外女友付某与沈某林有染，手持镐柄到某县城关美食街"津威"台球厅门外欲殴打沈某林，遇被告人负某童过来阻止，李某文遂与负某童发生争执。被告人负某童扇李某文一耳光，并抢过其手中镐柄递给被告人张某坤，示意张某坤对李某文进行殴打，被告人张某坤持镐柄击打李某文的头部，致使李某文右额叶、左颞叶脑挫裂伤，右额颞顶部硬膜外血肿，蛛网膜下腔出血，进行开颅血肿清除术后，经司法医学鉴定，李某文的伤情为重伤二级。

三、故意毁坏财物罪

某县火车站某饭店老板赵某华因噪音问题拦截迁西津西铁厂大货车，引起负责津西铁厂装卸货物的负某阁不满。被告人负某阁先指使被告人赵某宇带领被告人张某溟提前踩点，后在2012年12月11日凌晨2时，又指使被告人张某溟纠集被告人赵某、赵某东、赵某丰等人将饭店玻璃门窗及停在该饭店门前的银灰色别克轿车挡风玻璃、部分车身砸坏，经鉴定损失价值8134元。事后负某阁给张某溟四五千元，由张某溟分发赵某丰、赵某东、赵某等人。

四、非法侵入住宅罪

2006年8月2日凌晨2时15分左右，被告人孙某光、赵某航（在逃）等人受被告人负某阁指使，手持镐柄窜至某村负某红家中，踹开房门后进入堂屋殴打正欲出屋的负某红，负某红极力反抗，被告人孙某光等人逃跑。

2006年8月27日13时许，被告人孙某光、张某溟等人驾驶一辆白色桑塔纳轿车到负某红家后门外，手持棒球棍冲进其家堂屋中，殴打其家人，后被负某红及其兄弟负某彬打跑，其中负某红头、胳膊、背部等多处受伤，负某彬胳膊、头部受伤。

五、敲诈勒索罪

2011年3月，被告人负某童为达到非法占有他人铁矿的目的，纠集多人采取非法拘禁、检举揭发等方式多次对某县某村铁矿承包人赵某辉进行恐吓威胁，强行将赵某辉的铁矿井承包权非法占为己有，该铁矿矿井承包权价值17万元。

2011年4月至6月，被告人贠某阁、贠某童为了获取非法利益，多次纠集社会闲散人员到迁西某选铁厂进行围堵、破坏生产设备、对工作人员进行威胁恐吓等，选铁厂为避免经济遭受进一步损失及人身安全受到更大威胁，无奈于2011年10月被迫支付给贠某阁1500万元。

六、伪造公司印章罪

被告人贠某阁在借用某市某建筑安装工程有限公司资质，承包大秦线迁西站货物线某改造工程的过程中，未经大同铁路某工程有限责任公司和某市某建筑安装工程有限公司许可，伪造大同铁路某工程有限责任公司印章、某市某建筑安装工程有限公司印章、某市某建筑安装工程有限公司财务专用章共3枚，并交由被告人白某轩在大同铁路某工程有限责任公司和某市某建筑安装工程有限公司签订的合同中使用。经鉴定，该合同中所使用的"大同铁路某工程有限责任公司"和"某市某建筑安装工程有限公司"印章均是伪造的。

【辩护意见】

起诉书指控本案第一被告人贠某阁犯组织、领导、参加黑社会性质组织罪、寻衅滋事罪、故意伤害罪、故意毁坏财物罪、非法侵入住宅罪、敲诈勒索罪、伪造公司印章罪，与这些罪名相对的法律规定分别是《中华人民共和国刑法》（2017年修正）第294条第1款（组织、领导、参加黑社会性质组织罪）、第293条（寻衅滋事罪）、第234条（故意伤害罪）、第275条（故意毁坏财物罪）、第245条（非法侵入住宅罪）、第274条（敲诈勒索罪）、第280条第2款（伪造公司、企业、事业单位、人民团体印章罪）。辩护人在认真研究、十几次阅卷、百余多次会见的基础上，通过5天的法庭调查，为第一被告人贠某阁进行无罪辩护（殴打徐某和寻衅滋事案除外），主要辩护意见如下：

一、本案诉讼程序严重违法

（一）侦查阶段程序违法

1. 侦查机关办案人员对本案犯罪嫌疑人进行讯问时，没有依法进行同步录音录像，严重违反《中华人民共和国刑事诉讼法》（2012年修正）第121条第1款、《公安机关办理刑事案件程序规定》（2012年修订）第203条的规定。

2. 侦查机关办案人员对本案犯罪嫌疑人进行讯问和对证人进行询问过程中，存在（14次）同一时间对不同人员进行讯问或询问的情况，严重违反《中华人民共和国刑事诉讼法》（2012年修正）第116条第1款、《公安机关办理刑事案件程序规定》（2012年修订）第197条的规定。

3. 在本案的侦查阶段，办案人员对犯罪嫌疑人进行讯问、对证人进行询问时采用引诱、提示性讯问（或询问），未如实地记录被讯问（或询问）人的原话，严重违反《中华人民共和国刑事诉讼法》（2012年修正）第50条、《公安机关办理刑事案件程序规定》（2012年修订）第200条的规定。

4. 在本案的侦查阶段，办案人员没有认真听取犯罪嫌疑人的无罪辩解，严重违反《公安机关办理刑事案件程序规定》（2012年修订）第198条的规定。

（二）审查起诉阶段程序违法

1. 依据《中华人民共和国刑事诉讼法》（2012年修正）第168条、第170条和《人民检察院刑事诉讼规则（试行）》（高检发释字〔2012〕2号，已失效）第363条、第364条、第373条、第374条规定，刑事案件在审查起诉阶段，应当由两名以上的办案人员讯问犯罪嫌疑人，认真听取犯罪嫌疑人的有罪供述和无罪辩解；应当查明证据是否确实、充分，是否依法收集；应当审查侦查机关制作的同步录音录像，应当对侦查活动的合法性进行审查。在本案中，如果公诉机关在审查起诉阶段按上述规定履行职责，就不会将办案人员在同一时间、同一地点对不同人员进行调查取证的结果，作为指控犯罪的证据。

2. 在法庭调查阶段，辩护人提出鉴于侦查机关对犯罪嫌疑人进行讯问时，没有依法进行同步录音录像，要求启动非法证据排除程序。

（三）审判阶段程序违法

1. 法院对辩护人庭前及当庭启动非法证据排除申请均予以驳回，违反法律规定。

2. 法院对辩护人提出的要求104名证人出庭的申请予以驳回，对鉴定人出庭的申请予以驳回，违反法律规定。

3. 法院对涉黑案件没有召集公诉人、当事人和辩护人、诉讼代理人对与审判相关的问题组织庭前会议，违反法律规定。

4. 在法庭调查阶段，合议庭阻止本辩护人对被告人赵某宇就办案程序是否合法进行发问，违反法律规定。

二、公诉机关提供的被告人供述、证人证言、被害人陈述等言辞证据，均属非法证据，不能作为定案依据

（一）公诉人出示的负某阁等20名被告人的供述，均属于非法证据

这些证据均不得作为认定被告人负某阁犯有组织、领导、参加黑社会性质组织罪，寻衅滋事罪，故意伤害罪，非法侵入住宅罪，敲诈勒索罪，故意毁坏财物罪，伪造公司、企业、事业单位、人民团体印章罪的合法证据。

1. 在法庭调查阶段，负某阁等20名被告人均供述，在侦查阶段受到刑讯逼供、威胁、恐吓、诱供，办案人员获取被告人供述的方法违反法律规定。

2. 在侦查阶段，办案人员对负某阁等20名被告人讯问时没有依法进行同步录音录像，办案人员获取被告人供述的程序违反法律规定。

3. 侦查机关的办案人员在对负某阁等20名被告人进行讯问时，没有出示警察证，办案人员获取被告人供述的程序违反法律规定。

4. 在侦查阶段，办案人员对被告人讯问时，存在同一时间、同一地点对两名被告人同时进行讯问和只有一名办案人员进行讯问的现象，严重违反法律规定。

5. 侦查机关的办案人员在对负某阁等20名被告人进行讯问时，存在不按被告人供述如实记录，不让被告人核对笔录的现象，违反法律规定。

（二）公诉人出示的证人证言、被害人陈述，均不能作为认定被告人贠某阁，犯有组织、领导、参加黑社会性质组织罪，寻衅滋事罪，故意伤害罪，非法侵入住宅罪，敲诈勒索罪，故意毁坏财物罪，伪造公司、企业、事业单位、人民团体印章罪的合法证据

1. 辩护人向人民法院递交书面证人出庭申请书，申请104位证人出庭作证，被人民法院驳回。因为证人没有出庭作证，导致辩护人、公诉人、审判人员无法对证人进行发问，无法核实办案人员获取证人证言的程序和方法是否合法、内容是否客观。

2. 侦查机关办案人员对证人进行询问时，存在同一时间、同一地点对两名证人同时进行询问的现象，严重违反法律规定。

3. 本案被害人与贠某阁均有矛盾，尤其是贠某国、贠某红、贠某坡、徐某河、赵某华等，他们是本案的被害人，刑事附带民事诉讼原告人，被害人陈述有明显的倾向性。被害人所述不具有客观真实性，不能排除有意陷害贠某阁的合理怀疑。

三、本案不具备组织、领导、参加黑社会性质组织罪的4个特征

根据《中华人民共和国刑法》（2017年修正）第294条第1款的规定，案件必须同时具备"组织特征""经济特征""行为特征"和"社会危害性"四个特征，而本案不具备组织、领导、参加黑社会性质组织罪的四个特征。

（一）本案不具备组织、领导、参加黑社会性质组织罪的组织特征

组织、领导、参加黑社会性质组织罪的"组织特征"是指"形成较稳定的犯罪组织，结构紧密，人数较多，有明确的组织者、领导者，骨干成员基本固定，有较为严格的组织纪律"。公诉机关指控的组织、领导、参加黑社会性质组织罪，不具有上述特征：

1. 本案各被告人之间不存在组织关系和组织形式。从《中华人民共和国刑法》（2017年修正）第294条的规定来看，构成组织、领导、参加黑社会性质组织罪的基础是存在一个组织，表现形式为有组织的犯罪。《辞海》对"组织"的定义为："按照一定的目的、任务和形式加以编制，也指所编制的集体。"百度百科对"组织"一词的定义为："从广义上说，组织

是指由诸多要素按照一定方式相互联系起来的系统。从狭义上说，组织就是指人们为实现一定的目标，互相协作结合而成的集体或团体，如党团组织、工会组织、企业、军事组织等。狭义的组织专门指人群而言，运用于社会管理之中。在现代社会生活中，组织是人们按照一定的目的、任务和形式编制起来的社会集团。"本案中，贠某阁等人之间，不存在任何的共同的目的、任务，更不存在以任何形式加以编制的集体。故本案的各被告人之间，不存在任何的组织关系和组织形式。

2. 本案不具备组织结构性。所谓结构性，是指在该组织中，既有组织者、领导者，又有积极参加者和一般参加者。组织者、领导者和积极参加者之间有一个比较明确的分界线，组织人员之间的关系形成一定的结构。

本案中，贠某阁和孙某光等人之间仅是雇佣关系或朋友关系，贠某阁并不认识赵某龙、赵某超、赵某、赵某明、赵某飞、赵某博、赵某丰、赵某东、张某利、张某彬等10名所谓组织成员。被告人赵某明、赵某飞、赵某、赵某超、赵某博、张某利、张某彬从来没有听说过贠某阁和贠某童这两个人。这些所谓的黑社会性质组织成员相互之间也互不认识，比如赵某博只认识赵某飞一人。被告人贠某阁与其他被告人并无所谓组织和被组织、领导与被领导、指挥和被指挥、控制和被控制的关系。各被告人之间没有层次之分。辩护人认为，贠某阁等被告人如果能算团伙的话，因不具有"涉黑"案件的组织结构性特征，最多只能算是一群乌合之众。

3. 本案不存在"黑社会性质组织"应具备的组织纪律。任何单位、团体乃至政府机关，都需工作人员具有一定的组织纪律性，俗话说"没有规矩，不成方圆"。作为犯罪团伙或涉黑团伙，同样需要严密的组织纪律来约束成员，保障组织的不断壮大和发展，没有纪律的犯罪团伙肯定不是"黑社会性质组织"。"黑社会性质组织"的组织纪律是指进行违法活动时应当遵循的规则，如作案时随叫随到、到达作案现场的时间、赃物赃款的统一发放、违法活动经费的使用、订立攻守同盟对付公安机关、下级成员对上级骨干的礼仪等。黑社会性质组织内部一般都有成文或者不成文的纪律、"家规"，明确了对违反者的处罚。

从本案证据所体现的事实来看，没有任何证据显示这个所谓的"黑社会性质组织"存在任何一种组织纪律、活动规约，包括"宣誓、训诫、警告、处罚及组织成员公知公认的惯例、准则"，都不存在，究其原因，在于根本不存在这样一个黑社会性质组织。

《最高人民法院关于审理黑社会性质组织犯罪的案件具体应用法律若干问题的解释》（法释［2000］42号，以下简称《司法解释》）第1条明确规定"'黑社会性质组织'必须有较严格的组织纪律"，可见，具有严格的组织纪律性是"涉黑"案件的重要认定标准之一。《最高人民法院、最高人民检察院、公安部办理黑社会性质组织犯罪案件座谈会纪要》（法［2009］382号，以下简称《纪要》）强调，是否具有一定的组织纪律、活动规约，也是认定黑社会性质组织特征的重要参考依据。最高人民法院刑三庭庭长高憬宏、法官周川代表最高人民法院撰写的对《纪要》的理解和适用的审判指导文章中进一步指出："《司法解释》规定黑社会性质组织应有较为严格的组织纪律，全国人大常委会《关于〈中华人民共和国刑法〉第二百九十四条第一款的解释》虽然没有再做类似规定，但立法机关仍然认为黑社会性质组织应具有严密性，只是'不需要必须具有明确的组织名称、纲领、章程、活动规约等'。实践证明，如果没有通过一定的组织纪律、活动规约来加强内部管理，黑社会性质组织将难以保持其自身的稳定性、严密性，从而难以发挥组织应有的能效。因此，《纪要》将'具有一定的组织纪律、活动规约'作为认定黑社会性质组织时的重要参考依据。当然，纪律、规约的表现形式多种多样，如宣誓、训诫、警告、处罚及组织成员公知公认的惯例、准则等，但如果确实不存在一定的纪律、规约，认定黑社会性质组织时一定要慎之又慎。"

辩护人认为，在黑社会性质组织中应有被犯罪组织及成员认可的帮规、纪律、戒律。同时，该组织的成员对该组织具有依赖性，依靠该组织生存。因此，黑社会性质组织比一般犯罪团伙，组织程度更高，内部结构自成体系，等级森严，控制成员能力强。本案指控的黑社会性质组织的各被告人之间，分散独立，既没有成文或不成文的组织纪律，也没有约定俗成的规章制度，根本不具备组织、领导、参加黑社会性质组织罪的组织特征。

（二）本案不具备组织、领导、参加黑社会性质组织罪的经济特征

黑社会性质组织的"经济特征"是指"有组织地通过违法犯罪活动或者其他手段获取经济利益，有一定的经济实力，以支持该组织的犯罪活

动"。黑社会性质组织的"经济特征"包括三个方面的内容：

1. 财产的所得，必须是黑社会性质组织通过违法犯罪活动或者其他手段获取的，而某个个人（包括黑老大）或单位所得的经济利益不能算在黑社会性质组织的头上。

违法犯罪是指暴力犯罪，其他手段是指软暴力。最高人民检察院检察长张军在解读《中华人民共和国刑法修正案（八）》关于黑社会性质组织的经济特征的其他手段时，明确指出，其他手段是指软暴力。什么是软暴力？张军检察长指出：根据司法实践经验，"其他手段"主要包括以下情形：其一，以暴力威胁为基础，在利用组织势力和影响以对他人形成心理强制或威慑的情况下，进行所谓的"谈判""协商""调解"。其二，滋扰、哄闹、聚众造势等其他干扰、破坏正常经济、社会生活秩序的非暴力手段。所谓暴力敛财，就是靠硬暴力和软暴力非法聚敛财富。

2. 财产的所有，必须是归黑社会性质组织所有。同样，归某个个人或单位所有的财产不能算在黑社会性质组织的头上。

3. 财产的所用，必须是用于黑社会性质组织，是用于支持该组织的活动，而不能是用于某个个人或单位。

本案所涉及的"砟子厂"及"某商贸有限公司"，均是通过法定程序注册成立的经济组织，与所谓的黑社会性质组织不可相提并论。

（1）在本案中，"砟子厂"和"某商贸有限公司"由负某阁个人投资设立，某垃圾处理厂等工程也是由负某阁个人承包，其他被告人没有任何投资，不享有任何股份。经济实体的经营运作和工程承包也是负某阁个人经营，其他被告人均没有参与经营，有些被告人给负某阁开车或在石渣厂上班，两者之间是雇佣关系，而非合伙关系。"砟子厂"和"某商贸有限公司"的所有经营收入全部归负某阁个人所有，本案其他被告人不享有"砟子厂"和"某商贸有限公司"的利益分配权。这与"有组织地获取经济利益"不相符，与"经济利益归黑社会性质组织所有"不相符。

（2）负某阁作为"砟子厂"和"某商贸有限公司"的老板，其以合法收入给雇员支付劳动报酬，是理所当然、天经地义的事，不具有任何违法性。负某阁在他人结婚、生孩子、住院时给予他人钱款是礼尚往来，人之常情，符合民间习俗。负某阁在别人遇到困难时，出手相助，是扶困济贫，此行为是社会美德，不应作为追究组织、领导、参加黑社会性质组织罪刑事责任的依据。

（3）侦查机关于2014年12月5日出具的《情况说明》证实：除本案涉及的选铁厂1500万元敲诈勒索案外，负某阁没有违法所得。也就是说，侦查机关和公诉机关认可负某阁在2011年10月29日前没有违法所得。如果起诉书指控负某阁组织、领导、参加黑社会性质组织罪成立，那么这个黑社会性质组织从2006年2月至2011年10月底的5年零8个月期间，没有通过违法犯罪行为获取任何经济利益，这种情况前所未有，与"黑社会性质组织通过违法犯罪活动或者其他手段获取经济利益"不相符。

（三）本案不具备组织、领导、参加黑社会性质组织罪的行为特征

黑社会性质组织的"行为特征"是指"以暴力、胁迫或者其他手段，有组织地多次进行违法犯罪活动，为非作恶，欺压、残害群众"。黑社会性质组织的行为特征表现在三个方面：一是暴力威胁性，二是有组织性，三是多次危害性。

辩护人认为，负某阁等人的行为不符合法律规定的黑社会性质组织应具备的这一行为特征，理由如下：

1. 各被告人实施的行为带有突发性，不是"有组织地"预谋进行的违法犯罪活动。所谓有组织地进行违法犯罪，是指行为人在组织者、领导者的策划、指挥、授意、纵容、安排下有预谋地实施的犯罪。而纵观本案，按起诉书认定的多起具体犯罪，多起属于被告人为了实现个人的目的而纠集本案的被告人或案外人实施的犯罪。但无论是一人单独实施的行为还是两三人参与实施的行为，都有一个共同的特点，即行为事前没有任何预谋，行为中没有任何指挥，带有很大的突发性。被告人一人单独实施的行为自不必说，即便在两名以上被告人参与的行为中，也多是一人有事，其他人临时赶往现场，并无事先通谋，更无组织领导。

2. 涉嫌共同犯罪的参与人员带有偶然性，不是"有组织地"安排的。在犯罪集团等有组织的犯罪中，除确定犯罪目标外，另一个重要步骤就是事先组织人员，策划实施方案，实施犯罪行为，体现了犯罪的控制性、组织性特点。而在本案中，即使是两人以上共同参与的行为，参与人员也带有很大的偶然性，有时是两人以上同时恰好在事发现场，有时是一

人遇事，其他人闻讯后就近赶到，自主行动，无人安排、无人指使，没有任何组织性及组织者，活动盲目，行为处于无序状态，不具备有组织犯罪的相对稳定性及可控性。

3. 负某阁等人实施具体违法犯罪行为均是因个人原因引起而带有随意性，不带有"有组织地"目的性。所谓有组织的犯罪，一般具有明确的目的，所追求的犯罪结果是为了犯罪组织的整体利益。而本案公诉机关起诉书所认定的多起具体犯罪，都是由行为人个人原因引起：或因琐事纠纷处理不当而事态扩大，或为追求个人经济利益而实施行为。公诉机关指控负某阁等被告人实施的违法犯罪行为，都是为了实现个人利益而实施的，并非为了某个组织的整体利益。其行为的随意性也说明本案的具体犯罪不是有组织地进行的。比如：公诉机关指控的第二起故意伤害案，张某坤、负某童在"津威"台球厅打台球，恰遇李某文持镐柄欲殴打沈某林。张某坤、负某童在去"津威"之前，不可能知道李某文要去台球厅殴打沈某林。

（四）本案不具备组织、领导、参加黑社会性质组织罪的社会危害性特征

黑社会性质组织的"危害性特征"也被称为"非法控制特征"，是指"通过实施违法犯罪活动，或者利用国家工作人员的包庇或者纵容，称霸一方，在一定区域或者行业内，形成非法控制或者重大影响，严重破坏经济、社会生活秩序"。危害性特征是黑社会性质组织最本质、最核心的特征，也是区别一般犯罪集团的关键所在。

全国人大常委会法制工作委员会刑法室主任朗胜，对组织、领导、参加黑社会性质组织罪这一非法控制性特征有过一段精辟的分析："实际上黑社会性质组织与其他团伙犯罪的不同，就在于它要在政治上、经济上、社会生活方面有影响力，怎么取得这种影响力：一个是在政治界有自己的代表人物，就是保护伞；一个是自己进入政界，进入社会上层建筑；再有就是通过金钱等非法手段，对上层建筑施加影响，以达到其目的。如果没有这种影响力，它就形成不成对某一领域的控制，也就不是黑社会性质组织，更谈不上称霸一方。"可见，组织、领导、参加黑社会性质组织罪所涵摄的影响力是多方面的，必须是政治、经济、生活等多方面的影响，而非仅

仅某个方面的影响。

辩护人认为，本案中，贠某阁等被告人在政治、经济、生活上均没有形成这种绝对的控制力、垄断地位和重大影响力。辩护人也未看到贠某阁等人对某个行业造成的重大影响的相应证据。另外，贠某阁等被告人也没有在政治上有所发展或图谋，贠某阁参与解决其他纠纷，大都出于帮朋友忙的所谓"兄弟义气"，这些活动均不能代表贠某阁等人在这些领域、行业形成了重大的影响和控制力。

1. 本案不存在贠某阁等被告人对在一定区域内生活或者在一定行业内从事生产、经营的群众形成心理强制、威慑，致使合法利益受损的群众不敢举报、控告的情形。

2. 本案不存在贠某阁等被告人对一定行业的生产、经营形成垄断，或者对涉及一定行业的准入、经营、竞争等经济活动形成重要影响的情形。

3. 本案不存在贠某阁等被告人插手民间纠纷、经济纠纷，在相关区域或行业内造成严重影响的情形。

4. 本案不存在贠某阁等被告人干扰、破坏他人正常生产、经营、生活，并在相关区域或者行业内造成严重影响的情形。

5. 本案不存在贠某阁等被告人干扰、破坏公司、企业、事业单位及其他社会团体的正常生产经营工作秩序，在相关区域、行业内造成严重影响，或者致使其不能正常生产、经营工作的情形。

6. 本案不存在贠某阁等被告人多次干扰、破坏国家机关、行业管理部门以及村委会、居委会等基层群众自治组织的工作秩序，或者致使上述单位、组织的职能不能正常行使的情形。

7. 本案不存在贠某阁或其他被告人利用组织的势力、影响，使组织成员获取政治地位，或者在党政机关中担任一定职务的情形。

8. 被告人贠某阁、贠某童既没有对某县的某个区域或某一个行业形成控制，也没有在某县的某个区域或某一个行业内称霸一方。

9. 不符合公诉机关指控"本案组织、领导、参加黑社会性质组织罪的社会危害性特征"的具体表现形式为：该黑社会性质组织罪已经在某县范围内称霸一方。

某县位于某省某市北部，燕山南麓，长城脚下，全县总面积1439平方公里，人口39万人。辖17个乡镇和街道办事处，有417个行政村，8个居委会。

起诉书指控贠某阁等被告人所有的违法犯罪行为仅涉及某县某镇新立庄村、某县洒河镇安家峪村、某县白庙子乡贠庄村，某县白庙子乡翻鞍寨村，所涉范围不及某县的百分之一。

10. 从起诉书指控的第二起寻衅滋事案和两起伤害案来看，春彤物流公司员工徐某和等人在公司老板杜某明确告知不能堵截贠某阁砟子厂运输车辆通行的情况下，仍故意堵截且不听劝阻。贠某红拿着十几元一挂的鞭炮，向贠某阁索要5000元。李某文持镐柄殴打他人，对贠某童三番五次地好言相劝，李某文均以恶言相向。这些事实说明，贠某阁、贠某童在徐某和、贠某红、李某文等人心目中无任何影响力而言，更不能称霸，否则绝不会明知故犯。这些事实说明被告人贠某阁根本就不是所谓的"黑老大"，如果其真是"黑老大"，这些人怎敢在"太岁头上动土"！

（五）本案不具备组织、领导、参加黑社会性质组织罪中所规定之"黑社会组织长期生存所需要的保护体系与措施"的保护性特征

虽然，根据《中华人民共和国刑法》（2017年修正）第294条的规定，"保护伞"不是构成组织、领导、参加黑社会性质组织罪的必备要件，但在司法实践中，所有黑社会性质组织均离不开"保护伞"对其违法犯罪活动的庇护，使其逃避法律追究。

黑社会性质是相对于正常社会而言，对抗正常社会的。要形成对一定区域或者一定行业的控制，必然要求该黑社会性质组织有逃避主流社会控制与法律制裁的防护体系与措施。至于如何建立防护体系、采取何种措施，由黑社会性质组织自己确定。这里面最基本最重要的还是利用"国家工作人员的包庇或纵容"，最高人民检察院检察长张军谈到组织、领导、参加黑社会性质组织犯罪特征时，曾经这么表述："有了国家工作人员的包庇、纵容，司法实践当中80%、90%都认定是黑社会性质组织，但如果没有这个特征，认定起来就要格外谨慎。"一般来说，如果没有国家工作人员作为"保护伞"，就要判断该组织有没有以下保护措施：

1. 有没有外表合法的经济实体作为掩护。

2. 有没有采取极为隐蔽的方式实施违法犯罪行为。

3. 对其成员规定极为严格的、防止组织被发现的纪律，如不准退出组织、被司法机关发现后必须保持沉默、不供出其他成员。

4. 有没有向政权机关渗透，以取得某种社会地位和政治身份等。

在本案中，辩护人没有看到国家工作人员这种保护伞的存在，也没有看到贠某阁为了隐蔽、保护该组织而采取一定的保护措施。

综上所述，辩护人认为，贠某阁等人不构成组织、领导、参加黑社会性质组织罪。认定黑社会性质组织必须以法律规定的4个特征为标准，同时审查是否有"保护伞"或"防护体系与措施"。"打黑除恶"必须严格依法进行，任何超越法律在涉黑案件的认定及诉讼程序上搞"突破"、求"创新"的做法，都是缺乏现代法制意识和人权观念的表现。本辩护人以至诚之心恳人民法院能够依法办案，实事求是，认真查明本案的事实，准确适用法律，对贠某阁等被告人是否构成组织、领导、参加黑社会性质组织罪，作出客观、公正、合法的认定。辩护人认为，依法追究贠某阁等人寻衅滋事、故意伤害等罪已经足以惩罚该些人，足以维护本地区的治安和社会稳定和谐。

四、公诉机关指控的寻衅滋事罪，依法不能成立

（一）公诉机关指控的第一起寻衅滋事罪（贠某阁等人去安家峪事件），依法不能成立

贠某阁等人多次去安家峪的目的，是为了举报和制止沈某臣及某矿业公司非法采矿，以及接受安家峪村民委托入户签字，为提起安家峪村委会与沈某臣签订的承包协议无效的确认之诉做准备工作。其行为不具备寻求刺激、发泄情绪、逞强耍横等寻衅滋事罪的犯罪构成要件。

1. 村委会与沈某臣签订的协议书，违反国家强制性规定，破坏了正常的经济秩序，损害了国家和村民的合法权益，不具有法律效力。

2. 沈某臣及矿业公司非法采矿事实清楚，依法应当被叫停。

（1）某县国土资源局认定沈某臣及矿业公司的生产经营行为属于非法采矿。

（2）某县政府矿业综合执法大队二中队队长郭某征证实：2011年4月26日，接到贠某阁举报矿业公司在大队后院荞麦茬用挖掘机采矿，经现场

核实，确实用挖掘机采矿，当即执法二中队扣压了采矿工具——5台挖掘机，并封存在镇政府指定的地点，当时挖掘机完好无损。

（3）赵某江等17人证实，矿业公司非法采矿。

（4）某县公安局洒河桥派出所于2011年7月20日出具的《关于贠某阁带人阻止矿业公司生产的情况说明》证实：国土资源局派人将矿业公司的3辆挖掘机和被矿业公司扣押的贠某阁的挖掘机予以扣押。如果矿业公司没有非法采矿行为，那么国土资源局不可能扣压矿业公司的3辆挖掘机。

（5）公司总经理王某国证实："我们公司可以平整道路，进行基建等地表施工和采空矿区处理，为采矿做前期准备。因为2011年1月我厂的'三同时'手续到期，不具备井巷施工的资格。""三同时"是指同时设计、同时施工、同时验收，经安监部门验收达标后再核发安全生产许可证。

（6）选铁厂于2011年8月31日向侦查机关出具的书面材料证实：沈某臣等人每天开采矿石4500吨，每天可获利135万元，每月获利3375万元，三个半月获利高达1.2亿元。贠某阁等人举报和制止沈某臣及矿业公司非法采矿，为国家挽回至少上亿元经济损失，却被指控犯有组织、领导、参加黑社会性质组织罪接受公开审判。

3. 非法采矿是违法犯罪行为，任何公民都有权利举报和制止。贠某阁带领多人去非法采矿的安家峪现场的行为，实属无奈。

（1）某县有关部门在接到贠某阁举报后，对沈某臣及矿业公司非法采矿行为采取过措施，但并没有从根本上解决问题。据郭某征证实：2011年4月26日，贠某阁向某县矿业综合执法大队举报公司非法采矿，经现场查看，举报属实，执法队扣押了5台挖掘机，但非法采矿行为并未停止。

（2）贠某阁组织多人到非法采矿现场，是为预防遭到暴力殴打。据赵某江等17人证实，2011年4月24日左右的一天上午，沈某臣从外地找来150多人，分乘2辆大车和8辆小车，欲对贠某阁等人进行围攻。2011年5月26日下午，贠某阁等人去安家峪入户签字，有人用枪将贠某阁等人乘坐的班车玻璃打碎。

（3）《中华人民共和国宪法》（2004年修正）第35条规定："中华人民共和国公民有言论、出版、集会、结社、游行、示威的自由。"贠某阁带领一些人在安家峪进行讲演，揭露村委会非法招标及沈某臣和矿业公司非法采矿的违法行为，不违反法律规定。

4. 贠某阁等人摘掉挖掘机的电路板的行为没有造成挖掘机的任何损失。唐科司法鉴定中心［2011］技鉴字第7号《司法鉴定意见书》、迁价认鉴字［2011］第109号《价格鉴证报告书》，不具有证据效力。

（二）公诉机关指控的第二起寻衅滋事罪（徐某和等人被打）依法不能成立。（略）

（三）公诉机关指控的第三起寻衅滋事罪（贠某坡被打），事实不清、证据不足，依法不能成立。（略）

五、公诉机关指控的敲诈勒索罪，依法不能成立

（一）公诉机关指控的第一起敲诈勒索罪（贠某童敲诈勒索赵某辉），没有事实根据

1. 被害人赵某辉表示，其与贠某童之间的矿点"转让协议是在某县拘留所签的"，没有事实根据。

（1）公诉机关没有提供赵某辉已经将矿点承包权无偿转给被告人贠某童的协议书。

（2）公诉机关向法庭提交的《会见登记表》证实，在赵某辉被行政拘留期间，贠某童及证人张某春、赵某叶均未进入过某县行政拘留所。

2. 贠某童没有举报过赵某辉，更不可能盯着他们家，继续举报。

3. 贠某童没有让赵某辉"从拘留所出来"的能力，赵某辉被释放的原因是行政拘留期限届满。

4. 赵某辉是否转让矿点，他人无权干涉，贠某童没有让赵某辉"吃官司、判刑"的权力。赵某辉不可能不清楚，公安机关和人民法院不受贠某童控制和指挥。

（二）公诉机关指控的第二起敲诈勒索罪（贠某阁、贠某童诈勒索某县某选铁厂），没有事实和法律依据，该起案件的事实是，沈某臣及某公司敲诈勒索贠某阁，而不是贠某阁敲诈勒索某公司。

1. 该起案件来源不明。

根据《公安机关办理刑事案件程序规定》（2012年修订）第166条、第168条的规定，公安机关办理的所有刑事案件都应当有案件来源线索，

都应当制作《接警记录》《受案登记表》等法律文书。到目前为止，公诉机关没有向法庭提交《接警记录》《受案登记表》等案件来源证据材料。

2. 负某阁对其与沈某臣及某公司进行交易的矿点享有财产权，沈某臣及某公司取得该矿点应当支付相应的对价。

3. 沈某臣及某公司向负某阁支付1500万元，是基于沈某臣与负某阁在2011年10月28日签订的协议书。根据证人证言，双方在签订协议过程中，气氛友好，还有某县相关领导参加，协议签订后合影留念（有照片为证），应当认定为是一次正常交易。

4. 双方签订的协议书是负某阁顾及亲情、友情的产物，是违反负某阁意志的城下之盟，但不违反沈某臣代表的企业的意志。所以如果说本案构成敲诈勒索罪，被追究刑事责任的应当是沈某臣等人，而不应当是负某阁。理由一：协议书是在所谓的被害人非法采矿被制止后，向公安部打黑办写信诬告，公安机关将负某童等5人刑事拘留的背景下签订的。理由二：所谓的被害人在被"敲诈"后至今没有向公安机关报案。理由三：所谓的被害人得到的利益大于其实际支出。当侦查机关向当事人沈某臣进行调查时，其明确表示："我也不说值1500万元，也不说（不）值1500万元，还得你们公安机关去查证此事。"理由四：协议签订后，负某阁曾多次找到马某军和沈某臣要求解除协议，并返还1500万元，但所谓的被害人（沈某臣）坚决不同意。

5. 《某省打黑除恶工作领导小组办公室群众举报线索督办通知》所附的控告书是沈某臣之外的人别有用心炮制的，因为，如果沈某臣在2011年5月30日就认为两个矿点不值1000万元，其绝对不会在2013年12月12日，说出"我也不说值1500万元，也不说（不）值1500万元"的自相矛盾的话语。

6. 侦查机关及公诉机关未对涉案矿点进行司法评估，违反以"事实为依据"的刑事诉讼原则。只有明确涉案矿点的价值究竟是大于、小于还是等于1500万元，才能确定究竟谁是本案被害人。

7. 不存在公诉机关指控的"选铁厂为避免经济遭受进一步损失及人身安全受到更大威胁，无奈于2011年10月被迫支付给负某阁人民币1500万元"的客观事实。

（1）沈某臣、吕某青、丛某健、马某军、负某解、孟某成等人均证实，矿业公司收购了贠某阁的矿点，支付给贠某阁1500万元转让款，该款与选铁厂没有任何关系。

（2）选铁厂是村民委员会出资设立的集体企业，沈某臣、吕某青、丛某健不是选铁厂的股东，选铁厂与矿业公司是两个分别独立的企业法人，不能将两者混为一谈。

综上所述，沈某臣等人采用威胁、要挟、恫吓等手段，迫使贠某阁交出矿点，违反贠某阁本人意志，损害了贠某阁的经济利益，贠某阁是沈某臣及矿业公司实施敲诈勒索的被害人。所以既不应当追究贠某阁敲诈勒索的刑事责任，也不应当以将该起案件认定为黑社会性质组织实施的犯罪。

第二轮辩论意见：辩护人认为，公诉人对贠某阁等人多次前往安家峪以及贠某阁与沈某臣签订协议书一事，存在着一种错误认识。公诉人可能认为，贠某阁以举报某公司非法采矿为名多次去安家峪，其目的就是为了将矿点卖给沈某臣等人，沈某臣等人被迫收购了贠某阁的两个矿点，不情愿地给了贠某阁1500万元。事实上并非如此，贠某阁多次去安家峪与沈某臣收购贠某阁的矿点没有必然因果关系。

第一，从时间上看，贠某阁等人去安家峪发生在2011年4月至6月，自2011年6月12日以后贠某阁等人没有去过安家峪。沈某臣与贠某阁签订的协议时间是在2011年10月28日。两者之间相隔4个半月，在此期间沈某臣等人并没有受到贠某阁的"威胁、恐吓"。

第二，协议的签订由沈某臣主动提出，贠某阁是被动接受，且极不情愿。

第三，如果没有某县某镇镇长马某军、某县某镇新立庄村党支部书记贠某解和贠某阁大哥孟某成等人多次给贠某阁做工作，那么贠某阁不可能将两个矿点转让给沈某臣。

第四，如果没有公安机关对贠某阁、贠某童、孙某光、张某坤、石某新、张某克等人立案侦查的背景，如果没有公安机关对贠某童、孙某光、张某坤、石某新、张某克等人刑事拘留的背景，那么无论马某军、贠某解、孟某成给贠某阁做多少工作，贠某阁也不可能将两个矿点转让给沈某臣。

第五，按选铁厂提供给侦查机关的材料计算，沈某臣等人已经从收购贠某阁的两处矿点获取了数倍于转让价款（1500万元）的收益。

上述五点可以充分证实，贠某阁等人多次去安家峪的目的是举报、制止沈某臣及矿业公司非法采矿，而不是为了将矿点卖给沈某臣，更不是敲诈勒索沈某臣。

　…………

　综上所述，本辩护人认为，对公诉人出示的第一组至第二十八组证据综合分析，达不到最高人民检察院《公诉案件证据参考标准》的规定，公诉机关指控被告人负某阁犯组织、领导、参加黑社会性质组织罪，寻衅滋事罪，非法侵入住宅罪，敲诈勒索罪，故意毁坏财物罪，伪造公司印章罪，没有完整的证据体系。除2013年8月2日，殴打徐某和致其轻伤一案以外，其他指控均不能成立。

【判决结果】

　一审人民法院判决："一、被告人负某阁犯寻衅滋事罪，判处有期徒刑二年零四个月；犯故意伤害罪，判处有期徒刑三年；犯故意毁坏财物罪，判处有期徒刑八个月；犯非法侵入住宅罪，判处有期徒刑一年；犯敲诈勒索罪，判处有期徒刑十五年，并处罚金人民币50万元；犯伪造公司印章罪，判处有期徒刑八个月，合并后决定执行有期徒刑十八年，并处罚金人民币五十万元……二十一、被告人负某阁犯罪所得1500万元予以追缴并退赔被害人。"

　二审人民法院判决："撤销一审判决第一项、第二十一项；判决上诉人（原审被告人）负某阁犯寻衅滋事罪，判处有期徒刑五年；犯故意伤害罪，判处有期徒刑三年；犯故意毁坏财物罪，判处有期徒刑八个月；犯非法侵入住宅罪，判处有期徒刑一年；犯伪造公司印章罪，判处有期徒刑八个月，数罪并罚决定执行有期徒刑八年。"

【裁判文书】

　某省某市某区人民法院（〔2014〕丰刑初277号）刑事附带民事判决书：

　一审人民法院认为：本案公诉机关指控被告人犯组织、领导、参加黑社会性质组织罪提交的证据不能证实被告人已形成较稳定的犯罪组织，有明确的层级和职责分工，有较为严格的组织纪律和约定俗成的活动规约，特别是被告人负某童是组织者、领导者的证据明显不足。被告人赵某龙、赵某超、赵某明、张某利、赵某博、赵某飞、毕某军、张某彬、某岩在公诉机关指控的犯罪事实中只是参与一起犯罪活动，被告人之间依赖性不强、联系不紧密、人员不稳定，同时根据公诉机关提交的证据及被告人违法犯罪性质和严重程度，不足以证实本案被告人在一定区域或者行业内形成非法控制或者重大影响，因此，公诉机关指控的该犯罪组织没有同时具备黑社会性质组织的4个特征，被告人负某阁等人犯组织、领导、参加黑社会性质组织罪证据不足，公诉机关的指控不能成立。各被告人及辩护人所提被告人不构成组织、领导、参加黑社会性质组织罪的辩解、辩护意见予以采纳。

某省某市中级人民法院（〔2015〕唐刑终字第501号）刑事附带民事判决书：

二审人民法院认为：综合全案证据，不能证明上诉人负某阁纠集多人围堵选铁厂的行为是达成其与沈某臣矿山转让协议的手段和目的行为；且本案证据中缺少对上诉人负某阁转让矿山价值的鉴定意见，原判认定上诉人负某阁犯敲诈勒索罪证据不足，故其所提上诉理由及辩护人的辩护意见有理有据，本院予以支持。

【案例评析】

本案是涉黑涉恶案件，具有人员多、罪名多、案卷多、案情复杂等特点，因起诉书指控被告人负某阁是组织、领导者，故其有对全案担责的风险。"组织、领导、参加黑社会性质组织罪"成立与否是本案重中之重，同时具备"组织特征、经济特征、行为特征、危害性特征"是认定"组织、领导、参加黑社会性质组织罪"的法定标准。在本案中，因公诉机关指控的"黑社会性质组织"不具有"组织特征"和"危害性特征"，故一审判决认定，公诉机关的指控不能成立。

敲诈勒索罪是指行为人以非法占有为目的，对被害人使用威胁、要挟、恐吓等手段，强行索要公私财物的行为。公诉机关和一审人民法院均认为，被告人贠某阁组织人员多次围堵矿业公司，矿业公司被迫支付给贠某阁1500万元，贠某阁构成敲诈勒索罪。公诉机关和一审法院忽略了矿业公司受让贠某阁矿山的价值。二审法院认为，综合全案证据，不能证明上诉人贠某阁纠集多人围堵选铁厂的行为是为了达成其与沈某臣的矿山转让协议；且本案证据中缺少对上诉人贠某阁转让矿山价值的鉴定意见，原判决认定上诉人贠某阁犯敲诈勒索罪证据不足。

【结语与建议】

律师办理涉黑涉恶案件，要敢于担当，通过多次阅卷、会见做到对起诉书指控的每一起犯罪都了如指掌、如数家珍。做好庭审前的各项准备，在庭审中的各个阶段都能应对自如，不卡壳、不断片，气势上要底气十足。"击破四个特征中的薄弱环节"是为涉黑案件进行无罪辩护的最佳方案，人民法院判决全案被告人均不构成"黑社会"的判例实在少见。敲诈勒索罪，行为人占有他人财物，无须支付对价。本案中，缺少贠某阁转让矿山价值的鉴定意见，成为二审人民法院改判的不构成敲诈勒索罪的理由之一。律师的辩护为被告人摘下"黑社会"的帽子，免去被告人因犯敲诈勒索罪而面临的15年有期徒刑，并为被告人挽回1500万元经济损失。

关某甲等11人涉嫌破坏生产经营罪案

◇ 赵国斌

律师简介

　　赵国斌，1966年出生于河北省迁西县，2002年从事专职律师工作，擅长刑事辩护，成功办理了多起无罪辩护案件。现为河北省律师协会刑事业务专业委员会委员，唐山市律师协会刑事业务委员会委员。

» 案例基本信息

案例类型：无罪判决案例

业务类型：刑事辩护

人民法院判决时间：2018年1月26日

机关名称：某省某市某县人民法院

辩护律师姓名：赵国斌

律师事务所名称：河北唐正律师事务所（原河北悦宾律师事务所）

» 案例正文

【案情简介】

2014年1月1日，王某某承包了某县某村铁矿并与村委会签订了承包协议。协议到期后，王某某在既没有续签承包协议，也没有交承包费的情况下，仍对铁矿进行开采。村委会向王某某催收承包费无果。2015年7月17日在村民代表的要求下，该村党支部书记关某甲和村主任关某乙组织召开村两委会，村监事会成员及村民代表列席会议，经会议讨论作出决定：关停王某某承包经营的矿山。

2015年7月17日至29日，关某丙和关某丁及李某某，采取使用面包车、摩托车堵路的方式，对王某某在打风井作业的运输道路进行堵截，使得打风井作业的运输车辆无法出入，造成打风井作业停滞。

2015年7月18日至28日，关某戊和关某己及刘某某采取使用面包车、摩托车堵路的方式，对王某某铁矿运输道路进行堵截，使得运输车辆无法出入，造成生产作业停滞。

2015年7月18日至19日，关某庚和关某辛及关某壬采取使用汽车堵竖井出料口的方式，对王某某的铁矿生产作业进行阻止，使得铁矿不能正常生产。

2017年7月21日，某县人民检察院向某县人民法院提起公诉，指控关某甲、关某乙、关某丙、关某丁、关某戊、关某己、关某庚、关某辛、关某壬、李某某、刘某某等11名被告人犯破坏生产经营罪。王某某向法院递交刑事附带民事诉状，要求11名被告人赔偿其经济损失。

【辩护意见】

本案涉及的罪名为《中华人民共和国刑法》（2017年修正）第276条规定的"破坏生产经营罪"，该罪名罪状描述为"由于泄愤报复或者其他个人目的，毁坏机器设备、残害耕畜或者以其他方法破坏生产经营的"行为，因此，行为人主观上是否具有泄愤报复或者其他个人非法目的，客观上是否实施了破坏合法生产经营的行为，是构成破坏生产经营罪出入罪的关键。辩护人作为第一被告人关某甲的辩护人，提出起诉书指控被告人关某甲破坏生产经营罪依法不能成立，具体辩护意见如下：

一、被告人关某甲不具备破坏生产经营罪的主观要件

根据《中华人民共和国刑法》（2017年修正）第276条的规定，破坏生产经营罪是指以泄愤报复或者其他个人目的，破坏机械设备、残害耕畜或者以其他方法破坏生产经营的行为。在本案中，被告人关某甲是基于该村党支部书记的身份参加了该村两委会会议，其行为属于履行职务，与其本人利益没有任何关系。既没有"泄愤报复"的目的，更没有其他个人目的。

二、被告人关某甲不具备破坏生产经营罪的客观要件

1. 涉案铁矿是村民委员会出资设立的村集体企业，2015年7月17日，村两委会就"王某某到期拒不支付矿山承包款一事"召开专门会议，不具有刑事违法性。

2. 参会人员在"王某某到期拒不支付矿山承包款"的情况下，决定"暂时停止村内铁矿一切生产行为，待各矿主与村委会签订延包协议且交齐承包款及该村集体采矿权得到合理解决后恢复矿山正常生产"，不具有刑事违法性。

3. 本案各被告人执行两委会会议决议，不具有刑事违法性。该村铁矿所有权归该村所有，各承包人必须按协议约定交纳矿山承包款，逾期不交承包款者依照协议约定视为丧失矿山承包权，村委会有权无偿收回，另

行发包。因此，该村村民委员会有权对村集体企业即该村铁矿进行经营管理，对侵害集体企业的行为有权作出相应的决定，有权采取相关措施。

4. 被告人关某甲除了参加两委会会议，并在会议记录上签字外，没有实施其他行为。

结合上述四点，辩护人认为，在客观方面被告人关某甲没有实施《中华人民共和国刑法》（2017年修正）规定的破坏生产经营行为，起诉书指控被告人关某甲破坏生产经营罪客观要件不足。

三、从犯罪侵犯的客体来看，王某某不属于合法生产经营，被告人关某甲等人不构成破坏生产经营罪

1. 本案中，铁矿一采区不是独立的经济实体，王某某对该村铁矿并不享有所有权，在其逾期不交付承包款的情况下，其同样没有承包经营权，所以，王某某没有合法经营的基础。

2. 本案中，外村村民委员会无权对该村铁矿采矿许可证范围内的矿产资源对外发包，公诉机关未向法庭出示王某某对某道沟矿和某岩矿享有承包经营权的有效证据。

3. 王某某将本村与外村铁矿采矿区地下巷道贯通，利用地下贯通的巷道，盗采大量矿产资源，该行为不仅不是合法的生产经营，而且涉嫌非法采矿罪。

四、本案是因采矿承包经营权引发的民事纠纷，公安机关不应立案侦查，公诉机关不应提起公诉

综上所述，辩护人认为，关某甲既没有破坏生产经营的主观故意，客观上又没有实行破坏生产经营的行为，因此，关某甲不构成破坏生产经营罪。

【判决结果】

2017年10月27日，某县人民法院公开开庭审理了本案，于2018年1月26日作出（［2017］冀0227刑初178号）刑事附带民事判决书：判决被告人关某甲、关某乙、关某丙、关某丁、关某戊、关某己、关某庚、关某

辛、关某壬、李某某、刘某某无罪；驳回刑事附带民事诉讼原告人王某某的诉讼请求。

【裁判文书】

某省某县人民法院（〔2017〕冀0227刑初178号）刑事附带民事判决书：

本案中，被告人并没有对生产资料、生产工具等实施毁坏行为，只是为了索要承包费，单纯阻止施工，不能认定为破坏生产经营罪的实行行为，因此，不符合破坏生产经营罪的客观要件。从主观方面看，被告人不是出于报复泄愤或者其他个人目的，不符合破坏生产经营罪中"由于泄愤报复或者其他个人目的"的主观方面。因为王某某承包某某村的铁矿，在合同期满之后，既不续签合同，又不停止生产，致使某村不能实现通过签订承包合同经营的方式进行铁矿生产以获取集体收益的目的，根据合同约定及某村"两委"讨论决定，停止王某某铁矿生产的行为，属于采取自救行为进行民事权利的自我保护。公诉机关指控被告人犯破坏生产经营罪不能成立，本院不予支持。被告人及辩护人的无罪辩护意见成立，本院予以支持。

【案例评析】

本案属于一起人民法院径行作出无罪判决的案件，在刑事案件中较为少见。本案的焦点在于对《中华人民共和国刑法》（2017年修正）第276条规定的破坏生产经营罪的主、客观方面进行解读。本案某村经召开两委会议，决定对既不续签合同，也不交纳费用的承包人，采取关停措施。行为人主观上不是出于报复泄愤或者其他个人目的，客观上没有实施毁坏机械设备、残害耕畜的行为。因此，行为人不构成破坏生产经营罪。

【结语与建议】

在办案过程中，辩护人要熟悉案情，精通法律。坚持以事实为根据，以法律为准绳。不畏艰难，敢于做无罪辩护，切实维护当事人合法权益。本案11名被告人，有的被告人被取保候审，有的被告人认罪悔罪。在此情况下，被告人关某甲内心动摇。辩护人通过会见被告人，与其分析案情、讲解法律，坚定了被告人的信念，同时辩护人在法庭上据理力争，最终使被告人被判无罪。

林某某等6人涉嫌侵犯商业秘密罪案

◇ 李双盈

律师简介

　　李双盈，律师、专利代理人，河北世纪鸿业律师事务所副主任。2001年开始执业，现为河北省律师协会知识产权业务委员会主任、河北省法学会诉讼法学研究会副会长、河北政法职业学院兼职教授、河北省政府债券项目评审专家库成员、最高人民检察院民行案件咨询专家。擅长领域：知识产权、刑事辩护。

》 案例基本信息

案例类型：无罪判决案例

业务类型：刑事辩护

人民法院判决时间：2017年7月11日、2018年2月21日

机关名称：某省某高新技术产业开发区人民法院、某市中级人民法院

辩护律师姓名：李双盈

律师事务所名称：河北世纪鸿业律师事务所

检索主题词：商业秘密；产品配方；判决无罪

» 案例正文

【案情简介】

2012年4月10日，河北A公司（以下简称"A公司"）入股石家庄B公司（以下简称"B公司"），A公司的股东林某某、高某某、王某某、曹某某、毛某某进入B公司工作，参与研发草铵膦原药生产技术，并形成批量生产。其间，林某某等人与A公司签订了保密协议。2013年12月31日，A公司转让了其持有的B公司的股份，不再是B公司股东，除王某某外，林某某、高某某等人退出B公司，不再到该公司工作。

2014年年初，由于草铵膦产品市场价格不断攀升，利润诱人，为获取高额收益，林某某、高某某、王某某、曹某某、毛某某等人经预谋，由留在B公司的王某某利用自身便利条件，窃取了B公司的草铵膦原药生产工艺、技术参数及相关核心图纸等资料，以电子邮件的形式发送给A公司的曹某某、毛某某。

2014年6月，A公司与河北C公司（以下简称"C公司"）在未征得B公司许可的情况下，私自签订合作协议。协议约定A公司以从B公司窃取的草铵膦原药生产技术作价600万元作为合作投资条件与C公司进行草铵膦加工生产的合作，从中分取15%的利润。C公司投资进行厂房、设备的建设等，分取85%的利润。合作协议签订后，双方积极开展建厂工作，毛某某负责利用窃取的草铵膦原药生产技术在石家庄某地实验室内继续研发。案发时，该合作项目尚未正式投产。C公司法定代表人李某明知A公司作为投资条件的草铵膦原药生产技术属于侵犯商业秘密技术，仍与之进行合作并使用该技术。

2014年5月28日，B公司向某市公安局报案，称自己的草铵膦原药生产技术被窃取，5月30日，某市公安局决定立案侦查，并于2014年9月至10月期间将涉嫌侵犯商业秘密罪的林某某、李某、高某某、王某某、曹某某、毛某某刑事拘留，后被批准逮捕，又分别于2015年2月、3月被某高新技术产业开发区人民检察院取保候审。该案件经两次退回补充侦查后，2016年4月6日某高新技术产业开发区人民检察院以石高检公刑诉〔2016〕55号起诉书指控被告人林某某、李某、高某某、王某某、曹某某、毛某某犯有侵犯商业秘密罪向某高新技术产业开发区人民法院提起公诉，并单独指控王某某将窃取的草铵膦原药生产技术通过网络进行销售，非法获利30万元。2017年7月11日，某高新技术产业开发区人民法院作出〔2016〕冀0191刑初71号刑事判决书，判决林某某等6人无罪。

一审判决送达后，除王某某之外的林某某等5人均不服一审判决，向某市中级人民法院提起上诉；某高新技术产业开发区人民检察院认为一审判决确有错误，向某市中级人民法院提出抗诉。某市中级人民法院经开庭审理后，作出〔2017〕冀01刑终956号刑事裁定书，裁定驳回抗诉，维持原判。

【辩护意见】

本案涉及的罪名为《中华人民共和国刑法》（2015年修正）第219条规定的"侵犯商业秘密罪"，该罪名罪状描述为以盗窃、利诱、胁迫、违反约定、权利人要求等不正当手段获取商业秘密，披露、使用或允许他人使用以前述不正当手段获取的商业秘密，及明知或者应知前款所列行为，获取、使用或者披露他人的商业秘密等行为，均属于侵犯商业秘密，给商业秘密的权利人造成重大损失的，构成侵犯商业秘密罪。因此，权利人的技术信息是否属于商业秘密，被告人是否存在上述不正当手段获取权利人的技术信息是本案被告人出入罪与否的关键。本案辩护人总的辩护意见是B公司的所谓"草铵膦原药生产技术"不属于商业秘密，被告人王某某并不存在以非法手段获取商业秘密的行为，其行为并未给B公司造成经济损失，因而无罪。具体辩护意见如下：

一、现有证据无法证实B公司拥有的草铵膦原药生产技术属于商业秘密

根据《中华人民共和国反不正当竞争法》（1993年）第10条的规定，受法律保护的商业秘密应当同时具备以下四个构成要件：非公知性、价值型、实用性、权利人采取保密措施。本案中，B公司用于鉴定的《关于草铵膦的技术说明》中所载明的草铵膦原药生产技术并不符合上述四个构成要件的要求，不应认定属于商业秘密。

首先，工业和信息化部软件与电路促进中心知识产权司法鉴定所出具的《工信促司鉴中心〔2014〕知鉴字第171号司法鉴定意见书》（以下简称《171号鉴定意见》）不能证实B公司草铵膦原药生产技术的非公知性。在该鉴定意见中，B公司除在本案进行司法鉴定时提供1份《关于草铵膦的技术说明》外，并未提供其他有效证据证实该公司是运用斯特雷克尔反应法生产草铵膦的所有人或合法使用人，无法证实其《关于草铵膦的技术说明》来源的真实性及合法性。实际上，《关于草铵膦的技术说明》中载明的内容来源于毛某某编写的《草铵膦工艺简述》。《171号鉴定意见》所列3个"秘点"中，歧化反应的配方已经有现有技术（鉴定意见中的对比文件1-4）予以公开，催化剂虽有不同，但对于本领域技术人员来讲，把对比文件1、2和3相结合，用六甲基磷酰三胺代替己内酰胺，已属于公知技术；歧化反应的工艺和加成反应工艺中的所谓"秘点"，实际是毛某某等出于技术保护的目的而对相关技术数据的刻意修改，只能算作"不同点"而不能认定为法律意义上的"秘点"，虽与现有技术不同，但不能认定其为商业秘密所具备的非公知性。

其次，无证据证实B公司的草铵膦原药生产技术的价值性和实用性。庭审中，B公司认可目前生产中并未使用用于鉴定的草铵膦原药生产技术，也未提供该技术为其创造价值的证据，且工业和信息化部软件与电路促进中心知识产权司法鉴定所出具的《工信促司鉴中心〔2015〕知鉴字第200号司法鉴定意见书》（以下简称《200号鉴定意见》）证实B公司用于鉴定的草铵膦原药生产技术与毛某某和王某某等人相互交流的《草铵膦工艺简述》完全相同，而出于技术保护的目的，几被告传输的所谓"草铵膦

工艺"刻意修改了关键数据，依照该"工艺"，根本无法生产出草铵膦。上述事实足以证实B公司的草铵膦原药生产技术不具备价值性和实用性。

最后，无证据证实B公司对其草铵膦原药生产技术采取了保密措施。B公司无证据证实其草铵膦原药生产技术来源的合法性，不能证实其为合法权利人；B公司未制定商业秘密保护制度，未将有关技术信息及资料进行有效保密管理；B公司与员工签订的《保密协议及竞业禁止协议》第6条对技术秘密采用的是"包括但不限于"这种敞开式的定义，这表明该公司对技术秘密没有明确的界定，足以证实其没有采取保密措施。

综合以上几点，B公司《关于草铵膦的技术说明》中的草铵膦原药生产技术不符合《中华人民共和国反不正当竞争法》第10条规定的商业秘密的构成要件，不应认定为商业秘密。

二、现有证据无法证实被告人王某某存在侵犯商业秘密的行为

首先，庭审中可知，毛某某、王某某等人交流的《草铵膦工艺简述》中的技术内容属于毛某某自行编写后，通过电子邮箱传输给王某某，王某某在此基础上稍加修改后，又通过电子邮件传给高某某，他们之间的交流在2014年3月就已开始。前已论述，《草铵膦工艺简述》中的草铵膦原药生产技术不属于商业秘密，所以不能认定王某某存在侵犯商业秘密的行为。

其次，起诉书指控王某某通过网络泄露草铵膦原药生产技术获利30万元的证据不足。现有证据中，除被告人王某某的供述外，无其他证据证实该事实的存在。《中华人民共和国刑事诉讼法》（2012年修正）第55条规定，只有被告人供述，没有其他证据的，不能认定被告人有罪和处以刑罚。值得注意的是，本案在审查起诉期间，某市人民检察院于2014年10月31日所做《不批准逮捕理由说明书》（石检侦监不批捕说理〔2014〕2号）中曾明确认为王某某涉嫌通过网络销售草铵膦原药生产技术的证据不足，要求侦查机关调取王某某向张某某出售草铵膦原药生产技术的相关证据；本案第二次退回补充侦查期间，公诉机关在《补充侦查提纲中》又明确要求侦查机关依法追查张某某，这足以证实，公诉机关自己都认可仅凭目前证据认定王某某涉嫌犯罪的证据不足。

最后，即便王某某非法获利30万元属实，也未达到侵犯商业秘密罪的

追诉标准。《最高人民检察院、公安部关于公安机关管辖刑事案件立案、追诉标准的规定（二）》（公通字〔2010〕23号）第73条、《最高人民检察院、公安部关于经济犯罪案件追诉标准的规定》（公发〔2001〕11号，已失效）第65条、《最高人民法院、最高人民检察院关于办理侵犯知识产权刑事案件具体应用法律若干问题的解释》（法释〔2004〕19号）第7条均规定，侵犯商业秘密的追诉标准为50万元。

三、被告人王某某的行为并未给草铵膦原药生产技术的权利人造成重大损失

整个庭审过程中，公诉机关及B公司并未提供任何有效证据证实被告人王某某的行为给其造成了损失、损失的数额是多少，所以无法认定是否给权利人造成了重大损失。

本案二审期间，辩护人仍坚持上述辩护意见。同时提出，根据《最高人民法院关于刑事附带民事诉讼范围问题的规定》（法释〔2000〕47号，已失效）第2条的解释，被害人因犯罪行为遭受的物质损失是指被害人因犯罪行为已经遭受的实际损失和必然遭受的损失，应当是可以量化的损失。关于损失的计算，包括直接损失计算法、侵权人获利法、许可使用费法。本案一审及二审开庭过程中，被害人均参加了庭审，但并未提供任何证据证实自己的损失或许可使用费的数额，整个案件除一纸协议外，没有任何证据证实所谓"侵权人"的获利数额，因此无法认定给被害人造成了重大损失。

【判决结果】

某高新技术产业开发区人民法院于2017年5月6日至9日不公开开庭审理此案，2017年7月11日作出（〔2016〕冀0191刑初71号）刑事判决书，判决林某某等6人无罪。

一审判决送达后，除王某某之外的林某某等5人均不服一审判决，向某市中级人民法院提起上诉；某高新技术产业开发区人民检察院认为一审判决确有错误，向某市中级人民法院提出抗诉。某市中级人民法院经开庭审理后于2018年2月11日作出（〔2017〕冀01刑终956号）刑事裁定书，裁定驳回抗诉，维持原判。

【裁判文书】

某省某高新技术产业开发区人民法院（〔2016〕冀0191刑初71号）刑事判决书：

根据《中华人民共和国刑法》（2015年修正）第219条关于侵犯商业秘密罪的规定，判断某项技术或经营信息是否属于商业秘密，应从其是否具有非公知性、经济性、实用性、权利人是否采取了保密措施等四个方面进行判断。本案中，经公安机关委托鉴定机关鉴定，B公司制备草铵膦的生产工艺中歧化反应的配方、歧化反应的整体反应工艺、加成反应的整体反应工艺具备非公知性。B公司已经根据其掌握的草铵膦生产工艺实现了草铵膦的批量生产，并且通过草铵膦的生产、销售可以获得经济利益，因此草铵膦生产工艺具有实用性和经济性。另外，B公司亦与接触、掌握该草铵膦生产工艺的相关人员签订了保密协议，根据《最高人民法院关于审理不正当竞争民事案件应用法律若干问题的解释》第11条的规定，应当认为B公司采取了保密措施。因此，B公司所掌握的草铵膦生产工艺中歧化反应的配方歧化反应的整体反应工艺、加成反应的整体反应工艺属于商业秘密。被告人及其辩护人提出的上述技术信息不属于商业秘密的辩护意见，理据不足，本院不予采纳。辩护人提出侦查过程中鉴定程序不合法，案卷材料中没有公安机关提取鉴定检材的相关笔录、说明。经查，因鉴定是公安机关进行委托，鉴定检材是由公安机关从B公司提取后移交鉴定机关，或是由B公司向鉴定机关提供，并不会对鉴定结果产生影响，辩护人所提鉴定程序不合法的辩护意见，本院不予采纳。

被告人林某某、高某某、王某某、曹某某、毛某某等5人在A公司入股B公司后，在B公司原先掌握的草铵膦原药生产技术的基础上，进一步从事草铵膦原药的量产化工作，从而掌握了草铵膦原药的生产技术信息。该5人在B公司工作期间，均签订了技术保密协议，因此对合作期间掌握的草铵膦原药生产技术信息负有保密义务。林某某、高某某、王某某、曹某某、毛某某在保密协议期限届满前，利用上述技术信息与他人开展草铵膦生产项目的合作，向他人披露上述信息，违反了应负的保密义务。被告人李某明知草铵膦生产工艺是B公司商业秘密，仍与A公司开展合作，获取并企图利用B公司掌握的草铵膦原药生产技术从事草铵膦生产。故6名被告人均实施了《中华人民共和国刑法》（2015年修正）第219条所禁止的侵权行为。

虽然A公司与C公司就草铵膦项目的合作签订了合作协议，但双方的合作至案发时仍处于厂房、设备的工程设计阶段，并未实际投产，案发后双方终止了草铵膦项目的合作，因此不会对B公司草铵膦原药的销售产生实际影响，从而使其在市场竞争中处于不利地位。在上述合作过程中，虽然B公司的草铵膦原药生产技术信息被披露，但披露的范围仅限于特定人员，公诉机关并未提供充分证据证实上述技术信息因被告人的披露行为给B公司造成了重大损失或上述信息已被公众所知悉。因此不能认定被告人的上述行为给B公司造成了重大损失。公诉机关认为在A公司与C公司的合作中，A公司以草铵膦原药生产技术作价600万元进行投资，故应认定B公司的经济损失为600万元的理由，理据不足，本院不予支持，被告人及其辩护人所的"提未给B公司造成重大损失"的辩护意见，本院予以采纳。

综上所述，被告人虽然实施了侵犯商业秘密的行为，但无充分证据证实给B公司造成重大损失，因此公诉机关指控林某某、李某、高某某、王某某、曹某某、毛某某侵犯商业秘密罪的证据不足，其指控的犯罪不能成立。依照《中华人民共和国刑法》（2015年修正）第219条、《最高人民法院、最高人民检察院关于办理侵犯知识产权刑事案件具体应用法律若干问题的解释》（法释〔2004〕19号）第7条第1款、《中华人民共和国刑事诉讼法》（2012年修正）第195条第3款之规定，判决林某某等6人无罪。

某省某市中级人民法院（〔2017〕冀01刑终956号）刑事裁定书：

原审被告人林某某等5人违反有关保守商业秘密的要求，披露、使用或者允许他人使用以不正当手段获取的B公司的商业秘密。原审被告人李某明知草铵膦生产工艺是B公司的商业秘密，仍与A公司开展合作，获取并企图利用B公司掌握的草铵膦原药生产技术从事草铵膦生产。故6名被告人均实施了侵犯商业秘密的违法行为。但原公诉机关以及本院庭审时出庭履行职务的检察员并未提供原审6名被告人所实施的侵犯商业秘密的违法行为给B公司造成重大损失的证据，故原审6名被告人之行为不构成侵犯商业秘密罪。抗诉机关的抗诉理由不成立，本院不予采纳。依照《中华人民共和国刑事诉讼法》（2012年修正）第225条第1款第（一）项、第233条之规定，裁定驳回抗诉，维持原判。

【案例评析】

本案属于一起人民法院径行作出无罪判决经人民检察院抗诉后又维持原判的案件，在刑事案件中实属罕见。本案的焦点在于对《中华人民共和国刑法》（2015年修正）第219条规定的侵犯商业秘密罪的解读。本案所涉及的B公司的生产技术信息是否属于商业秘密、林某某等人的行为是否给B公司造成了重大损失，都属于认定该6人行为是否入罪、应否量刑的关键。一审、二审法院虽然均认定了林某某等人的行为属于侵犯商业秘密行为，但是认为因为公诉机关、抗诉机关均未提供充分证据证实重大损失的存在，从而以林某某等6人行为的危害后果尚未达到追究刑责标准为由，判决该6人无罪。

【结语与建议】

虽然该案经两级人民法院审理，各被告人及辩护人的无罪观点也获得支持，相关法律文书业已生效。但是本辩护人认为两级人民法院的裁判文书将B公司的草铵膦原药生产技术认定为商业秘密、林某某等6人的行为认定为侵犯商业秘密的侵权行为是极其错误的，辩护人坚持认为B公司的草铵膦原药生产技术不具备商业秘密的4个构成要件，即便根据2019年4月23日修订的《中华人民共和国反不正当竞争法》（2019年修正）第9条第4款的规定，B公司的草铵膦原药生产技术因并未采取相应保密措施（保密措施并不局限于与有关人员签订保密协议），亦不能认定为商业秘密。再者，关于商业秘密权利人损失的认定，司法实践中有直接损失计算法、侵权人获利计算法、许可使用费计算法等几种认定模式。既然认定为林某某等人存在侵犯商业秘密行为，就应据实使用上述几种方法确定权利人B公司的损失，不能简单地以公诉机关未出示充足证据为由不予认定。

洪某涉嫌重大运输毒品罪案

◇ 余安平　胡永升

律师简介

余安平，广东卓凡律师事务所合伙人暨刑事部顾问、广东省律师协会刑事法律专业委员会委员暨市律师协会刑事法律专业委员会副主任、省律师学院讲师，出版有《三十而律》等著作。

胡永升，侦查学专业法学学士、法律硕士。广东卓凡（仲恺）律师事务所执业律师，卓凡刑事法律事务部副部长。业务领域：专注刑事法律服务，包括刑事辩护、刑民行交叉案件代理、企业刑事合规等。

» 案例基本信息

案例类型：无罪判决案例

业务类型：刑事辩护

人民法院判决时间：2018年5月31日

机关名称：某省某市中级人民法院

辩护律师姓名：余安平、胡永升

律师事务所名称：广东卓凡（仲恺）律师事务所

检索主题词：毒品犯罪；无罪判决

» 案例正文

【案情简介】

当此案由湖南省知名刑辩律师罗秋林律师介绍给本辩护人时，一审法院已经作出了一审有罪判决。法院认定黄某、洪某运输毒品氯胺酮，数量大，构成运输毒品罪，并分别判处黄某、洪某有期徒刑15年、9年。两名被告人不服一审判决，均已自行提起上诉，律师此时介入，辩护难度极大。

依据公诉机关起诉书指控的本案基本案情为：2015年某日（第一天），被告人黄某、洪某一同乘车来到某省某市A区，次日（第二天）中午又一同从A区乘车前往该市B区，并入住某酒店。到了第三天14时许，黄某、洪某在酒店附近出租屋找到"阿威"（另案处理），从"阿威"处拿到一个装有毒品的白色格子手提包。后黄某提着该手提包与洪某一起乘坐摩托车到达该市B区Ⅰ街道，准备从Ⅰ街道附近的车站乘车到该市A区，将该毒品交给罗某（另案处理）。当天15时许，二人途径B区Ⅰ街道S路口时，遇到B区公安分局巡逻队队员，二人见状马上逃跑，黄某还将随身携带的白色格子手提包丢掉，巡逻队队员追上并将二人抓获。后民警在黄某丢掉的白色格子手提包内查获三包透明塑料袋，内为白色粉末状毒品氯胺酮（净重为2932克），在洪某随身携带的咖啡色手提包内查获一小包毒品（净重为3.63克）。公诉机关认为，黄某、洪某明知手提包内的物品是毒品而运输，且毒品数量大，应当以运输毒品罪追究刑事责任，且洪某曾因毒品犯罪被判处有期徒刑以上刑罚，是累犯和再犯。

【辩护意见】

一、二审辩护：

（一）第一次会见，初步明确辩护方向

辩护人接受委托后，立即前往看守所会见洪某，以初步明确辩护方向，主要从以下四个方面着手：第一，初步了解案情，以及洪某对案情的看法；第二，了解二审法官是否讯问了洪某，以及问了什么问题、洪某如何回答，以此了解二审法官的关注点；第三，细致询问洪某对一审判决书的意见，包括对一审判决证据的采信、事实的认定以及法院对一审辩护律师及被告人辩护意见的回应等方面的意见；第四，洪某自己写的上诉状内容与观点是什么。

初步分析：经过会见与分析讨论，辩护人初步判断本案存在如下无罪辩护空间：第一，洪某对黄某包内有毒品是否明知？二人之间有无意思联络？第二，洪某自称来到该市B区是来追债的，有无相应证据证明？如现有证据不能表明洪某对黄某包内有毒品是明知的，也无证据表明二人存在意思联络，且有证据表明洪某来此的目的是追债，则本案应争取洪某无罪。余律师的上述判断基本上也是后来本案二审、重审一审中律师的主要辩护观点。

胡律师则认为一审判决说理部分的逻辑存在有罪推定情形，并应通过精细阅卷来判断一审认定的事实是否事实清楚，证据确实、充分，而且必须关注重视洪某对一审判决书的意见看法。同时，二审法官讯问洪某的关注点也反映出二审法官对洪某是否对毒品明知存有疑虑。

（二）精细阅卷，形成初步辩护意见

第一次会见后，两位律师即前往省高级人民法院阅卷，复制了本案的侦查卷、检查卷、一审诉讼卷宗、洪某上诉状等全部案件材料。阅卷是辩护律师最为重要的辩护工作之一。在审查起诉阶段与审判阶段，律师的辩护观点必须建立在对卷宗的全面把握之上，因此复制卷宗应当完整，阅卷工作应当精细，不能放过任何细节。

辩护人经过反复细致阅卷与讨论后，发现如下问题与辩点：

1. 白色格子手提包、咖啡色手提包的归属存疑，现有证据无法表明这两个手提包是洪某的，黄某承认咖啡色手提包是其所有，洪某称两个手提包均是黄某的。两个手提包的扣押程序存在重大瑕疵，仅扣押了毒品，以及钱包内的银行卡等，未扣押两手提包本身及手提包内衣物、钱包等，这也就更无法查清楚这两个手提包的归属。

2. 洪某供述称看到包内有白色粉末，但并未说看到几包，也没有说是看到哪个包，洪某一直辩称该供述是称看到的是咖啡色手提包内的小包毒品，该辩解具有合理性。而一审法院仅以此供述认定洪某看到的是白色格子手提包内的三包共计2932克毒品，明显证据不足、事实认定不清。

3. 有充分证据表明洪某是来收债的，在补充侦查卷中，在其随身携带的钱包内发现借条，并有借款人笔录佐证。

4．现有证据不能证明洪某与黄某存在意思联络，而两个手提包均不是洪某的，不能证明其明知。

5. 案发现场，遇到联防队员逃跑，洪某对其逃跑行为能作出合理解释，不能以此推断对毒品明知。

6. 相关涉案人员包括毒品上家、运送下家等均未到案，相关案件事实无法查清，无法证明存在运输毒品的事实。

7. 证据重大瑕疵，包括"职业见证人"问题、查封扣押、毒品提取等程序重大瑕疵无法补正等。

（三）再次会见，核实卷宗，确定最终辩护意见

通过阅卷讨论形成初步辩护意见后，辩护人再次会见，就阅卷发现的一些问题、辩护思路与策略等，与洪某进行核实、沟通，确定最终辩护意见。

（四）撰写、提交二审无罪辩护词与开庭申请，争取无罪

随后，针对一审人民法院判决，经过数次讨论、修改后，形成二审无罪辩护词，连同开庭申请书一起，提交到省高级人民法院，以争取洪某无罪。主要辩护观点如下：

1. 一审人民法院认定洪某对黄某包里装有毒品是明知的，事实不清、证据不足，属于有罪推定。

2. 洪某来某市的目的是为了追债，既无任何证据表明其搭车目的是为了运输毒品，也无任何证据表明其与黄某存在共同犯意，因此，一审人民

法院认定洪某与黄某构成运输毒品的共犯，事实不清、证据不足。

3. 本案关键犯罪嫌疑人"阿威""罗某"未到案，关键案件事实无法查明，认定洪某涉嫌运输毒品罪，事实不清、证据不足。

4. 洪某在审查起诉阶段与一审庭审中均表示侦查机关存在诱供或讯问笔录内容未经核对的情形，讯问笔录的真实性存疑，法院应依法调取讯问过程同步录音录像，查明讯问笔录真实性，否则对讯问笔录应不予采信。

5. 侦查机关对本案关键物证的查封扣押程序存在重大瑕疵，无法证明毒品来源等，无法查清本案关键案件事实。

最终，某省高级人民法院认为原审判决认定部分事实不清、证据不足，裁定此案发回重审。

二、重审一审辩护

（一）庭前充分准备

案件发回重审，只是辩护工作初步取得成效，并不意味着本案一定会改判无罪，因此，两位辩护人仍一直时刻关注本案进度，了解案件动向，并着手为重审一审庭审做准备，包括准备庭审询问提纲、质证提纲、完善补充辩护意见等。在检察院起诉后，辩护人第一时间进行了阅卷，了解有无新的案件材料，有无补充、变更起诉等，并在庭审前再次会见洪某，做好庭前准备工作。

（二）庭上针锋相对，履行职责

法庭上，辩护律师紧紧围绕着本案焦点争议进行询问、质证与辩论，控辩双方围绕着本案手提包的归属、洪某是否对毒品明知、二人是否存在共同犯意与意思联络等焦点问题，展开了数轮交锋。庭后，辩护律师针对庭审情况，对一审辩护词进行了修改、补充与完善，并提交给法庭参考，最终人民法院采纳了辩护人的无罪辩护意见，判决洪某无罪。

【判决结果】

本案律师二审介入做无罪辩护，某省高级人民法院于2017年11月17日作出裁定，撤销原判、发回重审；重审一审律师继续坚持无罪辩护，某市中级人民法院于2018年5月31日作出判决，宣告洪某无罪。

【裁判文书】

对于被告人洪某及其辩护人提出的意见，经查，虽然洪某没有明确承认其知道黄某包里装有毒品，但黄某供述洪某知道包里的3包白色粉末是毒品，洪某亦交代他看见过黄某包里的3包白色粉末，黄某借其手机发了银行账号的信息给他人，其也交代怀疑过黄某过来是购买毒品的。同时考虑到洪某曾因犯贩卖毒品罪被判处刑罚，有吸食毒品的行为，其对毒品有认知能力，因此认定洪某对黄某包里装有毒品是明知的。根据查明的事实，洪某坐摩托车送黄某到某市B区乘车的行为，虽然认定洪某对黄某携带的毒品是明知的，但毒品在黄某身上，现有证据不足以认定洪某与黄某共同控制这些毒品，以及二人有运输毒品的合意，或洪某为黄某运输毒品提供帮助，因此洪某对黄某运输毒品的行为不应承担责任。洪某所提的包内缴获的氯胺酮只有3.63克，其有吸食氯胺酮的行为，其对该包内缴获的毒品不构成运输毒品罪。因此对洪某的辩护人提出洪某不构成运输毒品罪的意见给予采纳。

【案例评析】

刑事辩护是"技术活儿"，更是"良心活儿"。刑事辩护，以丰富的实战经验与深厚的专业功底为基础和核心，而辩护律师的责任心与勇气也尤为重要。作为律师，必然要以维护当事人最大的合法权益为己任，因而，对于任何一个刑事案件，律师必须坚持无罪推定原则，首先考虑案件能否做无罪辩护，并随着案件进展结合案情，采取对当事人最有利的辩护策略，争取当事人无罪或使其早日恢复人身自由。本案中，律师正是秉承着这样的理念，在当事人一直坚称自己是无辜的情况下，以及在经过充分阅卷、分析论证确认此案现有证据不能证明当事人有罪的基础上，决定采取无罪辩护策略，最终成功无罪辩护，取得良好的辩护效果。

【结语与建议】

在刑事诉讼中，控、辩、审三方均是不可或缺的，只有各方充分履行职责、行使权利（职权）、各司其职，才能确保法律的正确实施，才能保证审判的结果彰显公平与正义，防止冤假错案的发生。本案能最终成功无罪辩护，是辩护律师尽职尽责专业辩护的结果，是律师价值的体现，也是我国刑事诉讼制度不断进步完善的一个注脚。

崔某被控提供虚假证明文件罪案

◇ 宋 俊

律师简介

宋俊，中共党员，安徽大学刑法学硕士研究生。2014年从事律师工作，执业以来主做刑事案件，现为安徽景旺律师事务所（安徽省五十强律所）刑事法律专业委员会主任，至今获得7件无罪案例。2019年获铜陵市首届"十大优秀青年律师"称号。

» 案例基本信息

案例类型：无罪判决案例

业务类型：刑事辩护

人民法院判决时间：2018年7月9日

机关名称：某省高级人民法院

辩护律师姓名：叶齐、宋俊

律师事务所名称：安徽景旺律师事务所

» 案例正文

【案情简介】

某市人民检察院指控崔某提供虚假证明文件的事实：

某房地产土地资产价格评估有限公司于2003年在某市成立分公司，负责人是被告人崔某。2011年至2014年，另一被告人程某为了在银行抵押贷款，委托崔某对其名下的酒店及公司房产进行评估。崔某作为评估师对选取的可比实例未经核实就出具评估报告。具体如下：

1. 程某以酒店三层至六层房产作为抵押物，分别在2010年、2012年和2013年向银行贷款。第一次抵押贷款评估报告是案外公司所做，评估价值为3524万元，第二次和第三次抵押贷款的评估报告均是被告人崔某所做，价格分别为3530万元和3531万元，银行实际放贷2000万元。案发后，公安机关委托另一评估公司按照评估时点对该房产进行市场价值评估，评估价值为2417.51万元。崔某出具的估价报告与公安机关委托评估的估价报告相比差额为1113.49万元。

2. 另一被告人程某以酒店七层房产作为抵押物，分别于2010年、2011年和2013年向银行贷款。该房产第一次抵押贷款评估报告是案外公司所做，评估价值为1002.2万元；最后一次抵押贷款评估报告是被告人崔某所做，评估价值为916万元。案发后，公安机关委托另一评估公司按照2013年10月12日时间点对该房产进行市场价值评估，价值为539.62万元。崔某出具的估价报告与公安机关委托评估的估价报告相比差额为376.38万元。

3. 2014年，另一被告人程某以公司房产作为抵押物向银行申请贷款，并委托崔某对该房产作出抵押贷款价值评估，评估价值为5414.89万元。案发后，公安机关委托另一评估公司按照2014年1月8日的时间点对该房产进行市场价值评估，评估价值为3344.05万元。崔某出具的估价报告与公安机关委托评估的估价报告相比差额为2070.84万元。

某市人民检察院认为崔某身为承担资产评估服务职责的中介组织的人员，故意提供虚假的证明文件，3份虚假的证明文件虚构数额均在100万元且占实际数额30%以上，其行为构成了《中华人民共和国刑法》（2017年修正）第229条第1款规定的提供虚假证明文件罪。

某市中级人民法院于2017年11月2日作出一审判决，宣告崔某无罪。某市人民检察院不服提出抗诉，某省高级人民法院经过二审开庭审理后于2018年7月9日作出二审判决，驳回抗诉，维持一审无罪判决。

【辩护意见】

本案涉及的罪名为"提供虚假证明文件罪"，指控的核心证据为公安机关委托第三方评估机构出具的评估报告。因此，该评估报告能否具有证据的证明效力是本案的关键。本案辩护人总的辩护意见是评估报告不具有证据的证明效力，一审法院判决无罪法律适用正确，具体辩护意见如下：

第一部分：关于公安机关委托的房地产评估公司出具的评估报告能否作为本案定罪证据的辩护意见

抗诉机关认为公安机关委托的房地产评估公司（以下简称"永正公司"）具有法定的评估资质，评估报告是依法作出的，内容客观、真实，可以作为认定原审报告人崔某构成提供虚假证明文件罪的依据。对此，辩护人持有不同的看法，辩护人认为，永正公司对涉案标的物的评估行为违反了评估行业管理规定，方法失当、内容失实、结果错误，不能作为认定原审被告人构成犯罪的定罪依据，具体分析如下：

一、委托永正公司作为本案的评估机构违反了法定程序

首先，刑事案件不仅要求实体正义，对程序也要求必须符合法律规定。所谓程序正义，是指指控的证据来源合法、程序正当，但本案委托永正公司作为评估机构违反了《关于在查处经济犯罪案件工作中加强协作的通知》（公通字［2005］20号，以下简称《通知》）第3条规定的对刑事案件中有关评估等专业技术鉴定，需要从专家库中抽选人员组成专业技术鉴定小组，提供鉴定意见。故永正公司不属于上述《通知》规定的专家库成员。

其次，刑事诉讼的程序不存在区分是否为强制性程序。《通知》的行文单位为公安部与财政部，从法律体系上来说属于规范性文件，对于公安系统来说在办理刑事案件中是必须遵守的一个文件规定。

最后，庭审时出庭的检察院工作人员出示了《情况说明》予以证明某省地区尚未建立评估技术机制，因此永正公司出具的评估报告符合法律规定。对此《情况说明》，辩护人持有不同的意见，辩护人认为该《情况说明》不能证明委托永正公司鉴定的程序合法：第一，《情况说明》的内容是一审公诉机关即某市人民检察院公诉处人员的走访说明，该说明无论从形式上还是内容上均不属于《中华人民共和国刑事诉讼法》（2017年修正）规定的证据种类，不属于法定证据范畴；第二，走访的单位为某省评估协会，但根据《通知》第3条"鉴于会计、审计、评估等业务专业性较强，为有利于公安机关对案件事实准确定性，公安部与财政部协商建立相应的专业技术鉴定机制，具体工作由中国注册会计师协会和中国资产评估协会承办，设立专家库，根据公安机关或当事人的委托，从专家库中抽选人员组成专业技术鉴定小组，对有关经济案件中的相关专业问题提供鉴定意见"之规定可以发现，承办单位为中国注册会计师协会与中国资产评估协会，地方性协会可以建立，某省是否建立评估技术机制不影响该《通知》的效力规定；第三，根据2010年发布的《中国资产评估协会专家库管理办法》第1条"中国资产评估协会拟建立专家库，为规范专家库的管理工作，制定本办法"之规定，可以发现专家库成员是存在的。

因此，某省评估协会属于社会团体组织，在民事经济活动中可以参与当事人之间的纠纷，但本案属于刑事案件，该社会团体组织能否参与必须严格依照法律规定，在《通知》明确要求的情况下，若仅仅依据"某省尚未建立"这一句答复就予以肯定委托永正公司的程序符合规定，既否定了程序正义，也严重损害了案件当事人的合法权益。

二、评估报告的鉴定人员不是永正公司的专职房地产估价师，违反了《注册房地产估价师管理办法》（2016年修正）的规定，其出具的报告不能作为案件的定案依据

《注册房地产估价师管理办法》（2016年修正）第10条规定，注册房地产估价师应当与聘用单位签订劳动合同，聘用单位委托人才服务中心托管人事档案的证明和社会保险缴纳凭证。通过以上规定，可以发现注册房地产估价师必须在估价机构全职工作，不允许在外兼职。本案中永正公司的评估报告鉴定人为唐某某、陈某某，据原审调查可以查明的事实反映，唐某某在其他公司任职，其人事关系属于其他公司，仅仅是在永正公司挂靠自己的注册估价师资格证书，并未在永正公司专职执业。可见，唐某某与永正公司之间属于"挂靠关系"，而非"雇佣关系"。因此，作为非专职房地产估价师的唐某某出具的评估报告不能当作案件证据使用。

三、永正公司的诚信存在问题，且存在出具评估报告严重失实的先例

在原审中，上诉人程某的辩护人提交了一份刑事判决书，根据该判决书认定的事实发现，永正公司牵涉某市国土人员受贿。在该起事实中，永正公司为了获取相关评估业务，采用了不正当的手段，已严重违反了法律规定和行业准则，公司诚信存在问题。

本辩护人在原审中提交了某市建设投资控股有限公司文件当作证据，予以证明永正公司存在评估内容严重失实的先例。根据该文件内容显示：永正公司在之前的评估过程不按照规定的评估程序进行实地调查了解，违反规范和标准错误评估，评估结果严重偏离实际价值；永正公司执业水平不高，机构负责人把关不严格，服务质量低下。正是因为永正公司出具的评估报告严重失实，给某建设投资控股有限公司造成巨大的经济损失。且永正公司在2015年10月14日被某市建设投资控股有限公司提请某省土地估价师协会、某市住建委对其警示并通报至全市估价机构。根据文件的成文时间可以发现，此次通报的时间与本案报告出具的时间相近。所以不排除本案的评估报告内容严重失实的可能性。

四、永正公司的评估人员未按照行业规定进入涉案标的物实地考察，未选取相似标的物比较，未按照评估法的基本原则出具评估结果，评估报告的内容严重失实，不能作为本案的定案依据使用

《中华人民共和国国家标准房地产估价规范程序》第4.0.5条规定："估价人员必须到估价对象现场，亲身感受估价对象的位置、周围环境、景观的优劣，查勘估价对象的外观、建筑结构、装修、设备等状况，并对事先收集的有关估价对象的坐落、四至、面积、产权等资料进行核实，同时搜集补充估价所需的其他资料，以及对估价对象及其周围环境或临路状况进行拍照等。"但本案中，永正公司的评估人员并未实地考察，在缺失评估标的物相关资料的基础上，主观猜测评估标的物的价值，其得出的评估结果的客观性和真实性存在问题。

以铜永评［2016］（房估）字第××号估价报告为例（酒店商业用房），报告第12页描述，估价对象因查封原因未进入现场查勘。可见，由于评估师无法进入涉案房产，无法实际勘查涉案的装修价值，仅依据自己的主观测算价值不具有公正性、客观性，且也不符合上述规定。另外，由于酒店的豪华装修已经拆除（报告第12页反映委托人提供的照片显示房屋为毛坯房），无法进行价格评估，但从原审被告人出具的评估报告以及上诉人程某的供述中可以发现酒店的装修、内饰价值巨大，曾花费数千万元进行装修。永正公司评估人员在无法测算价值的前提下，主观上以一般的市场装修价值来推断酒店的豪华内饰，与客观实际严重不相符，也违反了评估师应当遵守的客观、公正、合理的基本原则。

《中华人民共和国国家标准房地产估价规范》第5.1.2条规定："对同一估价对象宜选用两种以上的估价方法进行估价。"第5.2.2条规定："运用市场比较法估价，应准确搜集大量交易实例，掌握正常市场价格行情。搜集交易实例应包括下列内容：①交易双方情况及交易目的；②交易实例房地产状况；③成交价格；④成交日期；⑤付款方式。"第5.2.3条规定："根据估价对象状况和估价目的，应从搜集的交易实例中选取三个以上的可比实例。选取的可比实例应符合下列要求：①估价对象的类似房地产；②成交日期与估价时点相近，不超过一年；③成交价格为正

常价格或可修正为正常价格。"本案中,永正公司未按照上述规定选取可比实例,选取的可比实例要么远离市中心,处于城市边缘地域;要么竣工时间距今长达5年以上;要么建筑物的性质截然不同;更甚者选取了司法拍卖成交的房屋作为可比实例,已严重违背了市场价格规律,在可比实例选取不正确的前提下,得出的评估价格肯定不真实,无法反映涉案标的物的真实价值。

以铜永评〔2016〕(房估)字第××号估价报告为例(财富广场部分):财富广场酒店位于某市中心商业圈,但永正公司选取位于城市边缘的嘉华国际广场、大市场、金山路嘉禾广场等三处房产,当时属于城市边缘,二者地理区位不具有可比性,违反了应当选取估价对象类似房产的规定(报告第28页);财富广场酒店的估价时点为2014年1月8日,按照上述规定应当选取成交日在2013年1月8日之后的房产,但永正公司选取的大市场与嘉禾广场的房产均成交于2012年,明显超过了一年时间的禁止性规定(报告第28页);选取比例后,应当对可比实例成交价格进行换算处理,但永正公司并未对大市场、嘉禾广场、嘉华国际广场进行交通便捷度、商业繁华度、经营业态、公共配套设施完备度、实物状况、建筑年代、临街状况等方面的修正,从而造成财富广场与选取比例不在同一水平线上的房产进行比较,从而无法得出正确的评估价格。更加违反法律规定的是,永正公司竟然将司法拍卖房屋作为成交案例作为报告的可选比例。辩护人认为,司法拍卖房屋经过了法律评估拍卖程序,为了保证债权人的债权能顺利清偿,房产价值会在每次拍卖的起拍价格基础上降10%~20%不等,经过三次拍卖以折抵债权,最终的成交价格未按照市场经济规律操作,无法反映客观真实的房产价值。作为一名"专业"的房产评估师,肯定不会将司法拍卖的房屋作为成交案例来对比,因为二者不具有任何对比性,但恰恰相反,本案就出现了这种情形{详见〔2016〕(房估)字第Q018号估价报告为例(酒店七层),报告第25页,汇丰大厦8楼}。

委托目的不同,导致评估的结果不同。根据《中华人民共和国国家标准房地产估价规范》第6.0.1条的规定,按照估价目的的分类,房地产分为抵押价值评估和其他目的房地产估价等共计12种估价目的。按照《中华人民共和国国家标准房地产估价规范》的要求,在确定估计目的后,选取估价手段和方法来获得估价价格，也就是估价的目的不同必然导致估价价格存在不同之处。本案中，中信公司的估价目的为房地产抵押价值，但是永正公司的估价目的为司法评估，属于"其他类的估价目的"，两种评估目的，在评估方法和选取比例无法相比的情况下，如何得出可比的评估结果。

综上所述，永正公司是侦查机关在未按照《通知》的要求下委托的，程序违法；报告的鉴定人员不是专职房地产评估师，且评估人员未按照行业规定进入实地勘察，未按照行业规定要求选取相似案例，是在评估方法和评估程序错误的情况下得出错误的评估结果报告。因此，永正公司的报告不能作为本案的定案依据。

第二部分：关于原审被告人出具的报告是否属于虚假文件的辩护意见

本罪规定的虚假文件是指内容全部虚假或者内容大部分虚假，原审被告人的评估报告是按照行业规定，基于客观、公正、真实的基础上出具的，不属于虚假文件。具体分析如下：

1. 根据一审人民法院查明的事实反映，涉案的标的物除了财富广场为第一次贷款需要评估外，其他两个涉案标的物的贷款评估均为续贷使用。酒店三层至六层以及金都酒店七层的房产评估第一次在银行贷款的评估公司为案外评估公司，该公司出具的评估价格与原审被告人出具的评估价格相近。另外，一审人民法院查明，财富广场房产地处豪华商业区，房产购买价格为2 4187 681元，上诉人程某为该房产投入4000多万元的装修费，极大地提升了房产本身的价值。因此，原审被告人的评估价格是合理的，不存在虚假之处。两家评估公司均按照银行抵押价值的评估目的对涉案房产进行评估，案外评估公司与涉案评估公司的评估结果相近，属于正常的市场价格，出庭检察员却依据一份评估目的不同、选取比例无法可比的永正公司评估报告来否定两家评估公司的评估报告，在逻辑上和事实上均无法成立。

2. 涉案房产为商业地产，原审被告人的评估时点正处于全国的房地产市场持续走高的前提下。根据辩护人在原审提交的某市房产局备案登记的实际成交房产案例显示，与涉案标的物相似的参考房产在为毛坯房的前提下备案登记的价格为1.3万元～2万元/平方米，与原审被告人的评估价格相近。

3. 根据卷宗材料中原审被告人出具的评估报告中记载的现场勘验表反映，原审被告人按照行业规定进行了实地考察，履行了相应的工作程序和职责；并且采用了咨询房产中介等市场比较法，该报告结果是客观、公正、合理的。

4. 指控原审被告人评估报告中的成交物业和区域租金可比实例是虚构的，没有证据予以支持。首先，原审的证据材料中只有相关证人的证言，在证言中反映了房产的租金情况，但该租金时间点为2016年至2017年度，不属于评估时点，且没有任何《房产租赁合同》等书证予以证明证言内容的真实性；其次，根据上诉人程某与房产公司签订的《租赁合同》来看，原审被告人评估报告的租金比例是客观存在的；最后，永正公司出具了一份《租金情况调查说明》，在永正公司资质存在问题的前提下，该《租金情况调查说明》的真实性、合法性均存在问题，且该《租金情况调查说明》也陈述了仅仅是口头调查，没有任何书证予以佐证。因此，没有任何证据能够证明原审被告人的成交物业和区域租金可比实例是虚假的。退一步说，即使该部分是虚假的，但是否影响到最后的评估价格以及是否直接决定评估报告属于虚假文件的这部分事实没有查清，也没有相关证据予以支持。

5. 根据一审人民法院查明的事实，涉案评估公司属于银行机构认可的评估公司，也正是基于此，上诉人程某要找到原审被告人出具抵押贷款的评估报告。另外，涉案评估公司资质为一级，根据《房地产估价机构管理办法》（2015年修正）第二章第10条的规定，一级资质的房地产估价机构必须符合下列条件：从事房地产估价活动连续6年以上，且取得二级房地产估价机构资质3年以上；在申请核定资质等级之日前3年平均每年完成估价标的物建筑面积50万平方米以上或者土地面积25万平方米以上；在申请核定资质等级之日前3年内无违反房地产估价规范和标准、出具有虚假记载、误导性陈述或者重大遗漏的估价报告等行为。中信评估的一级资质从侧面也反映了原审被告人在工作中认真负责，履行相应的评估程序，出具的报告也是客观、公正、合理的。

综上，原审被告人是依照行业规定对涉案房产进行实地考察，采取了市场比较法，科学规范地出具了评估报告，该报告是客观、合理的，不属于虚假文件。

第三部分：关于原审被告人是否具有提供虚假文件的主观故意的辩护意见

本罪的主观方面要求行为人必须出于主观的故意，即明知自己提供的有关证明文件有虚假内容仍决意提供。本案中，原审被告人对涉案房产的评估是慎之又慎的，履行了必要的程序和职责，案卷宗材料无法证明原审被告人是主观上执意提供虚假文件，具体分析如下：

1. 如上所述，原审被告人按照行业规定履行了相应的程序和职责，客观行为表明原审被告人主观上不想提供虚假文件。

2. 根据一审人民法院查明的事实反映，涉案评估公司第一次为上诉人程某提供房产抵押贷款评估时，为了慎重起见，特地邀请合肥的总评估师到现场查看，参加房产评估工作，在其指导下作出第一份评估报告。另外，相关言词证据也予以反映，原审被告人曾告知该公司的工作人员不要单方面按照委托人的价格去评估，要现场核实，履行好自己的工作职责。

3. 江某某的证言和上诉人程某的笔记本这两份证据不能认定原审被告人是按照上诉人程某的要求出具的评估报告。首先，汪某某的证言可以反映，她只负责与程某联系，不负责具体的评估工作，该报告是如何出具的并不清楚；其次，上诉人程某的笔记本虽然记载了"中信评估、王某面谈评估价"字样，但该内容是在何时何地何种背景下记录的并不清楚。另外，面谈评估价并不意味着是委托人要求评估人员按照其要求出具评估价格，从一审查明的事实可以反映出，原审被告人曾要求上诉人程某提供涉案房产价值等材料，因此该字样也可能反映上诉人程某在提供涉案房产的价值材料时告知了房产的价格，这属于正常的评估履行程序，并不违反相关规定；最后，原审被告人的言词证据中明确告知汪某某不能相信程某的价格，要自己去调查核实而评估。

综上所述，原审被告人没有按照上诉人程某的要求而去评估涉案房地产，而是按照行业规定履行评估程序，为了保险起见特地从合肥邀请总评估师参与评估工作，这一系列客观行为反映出原审被告人主观上是要客观、公正地出具评估报告，而不是执意提供虚假报告，出庭检察员指控原审被告人主观上具有犯罪故意的证据不足。

【判决结果】

某省高级人民法院于2018年7月9日作出驳回抗诉，维持一审无罪的判决。

【裁判文书】

某省高级人民法院（［2018］皖刑终12号）刑事判决书。

【案例评析】

本案历时4年，历经4次庭审，崔某指控的罪名更换一次，从过失性犯罪变为故意性犯罪，虽然指控的罪名变更，指控的证据也予以补充，但本案的关键证据在于公安机关委托评估公司的评估报告，该报告属于《中华人民共和国刑事诉讼法》（2012年修正）中所规定的八种证据种类中的"鉴定意见"。鉴定意见本质上是鉴定人就某专门性问题所作出的一种主观判断，是鉴定人以自己的知识经验以及相关技术运用而得出的分析结果，具有典型的言词证据属性。其作为刑事诉讼法中的重要证据种类，一方面法官裁判采信率居高不下，另一方面却因多头鉴定、重复鉴定、虚假鉴定、公信力不足等问题备受质疑，有些案件还成为社会焦点。在庭审实质化改革的推动下，法官也应当加强对鉴定意见的审查质证，以避免审判"以鉴定意见为中心"的问题。作为证据类型的一种，鉴定意见在具有证据资格的前提下，经审查质证认定后，才能作为定案证据，而鉴定意见的审查质证，应从形式审查和实质审查入手。本案的无罪判决，为同类型案件中如何有效审查鉴定意见提供了一个很好的思路。

李某某涉嫌诈骗罪案

◇ 张金武

律师简介

张金武，毕业于山东大学。山东忆兴律师事务所合伙人、副主任，刑事部主任。2011年1月合伙创办山东忆兴律师事务所，并担任多家政府和企事业单位法律顾问。新浪微博2017年十大新星法律大V；德州市新阶联网络人士分会暨新媒体联盟理事。专注刑事辩护与代理20余年，拥有丰富的刑事辩护经验和扎实的法律功底，秉承和坚持当事人利益至上的原则，恪尽职责，精研法律，最大限度地维护了当事人的合法权益，代理了多起成功案例，赢得了当事人的一致好评，在刑辩界有一定影响力。辩护成功案例分别收录于《扬子鳄刑辩联盟精选刑事案例集：进攻型辩护》《扬子鳄刑辩联盟精选刑事案例集：精彩辩护人》。

» 案例基本

案例类型：无罪判决案例

业务类型：刑事辩护

人民法院判决时间：2018年10月10日

机关名称：某省某市中级人民法院

辩护律师姓名：张金武

律师事务所名称：山东忆兴律师事务所

检索主题词：诈骗罪；联合建房；判决无罪

» 案例正文

【案情简介】

李某某作为一名曾经的人民警察，家境殷实，生活富足。可他万万没想到，自己本来平静而又幸福的生活却因为两张收条而被人构陷，含冤入狱。

这一切都要从位于某省长宁县的几间门市说起。2005年，胡某某从星宇公司处购买了16间门市的土地使用权，这16间门市中有3间门市属于李某。为了建房，李某于2006年3月和李某某达成口头协议，将这3间门市的土地使用权转让给李某某，李某某向李某支付了5万元，并随后以李某的名字向星宇公司补交了剩余的8.32万元款项。后李某某又找到胡某某，还要从她处再购买3间门市，二人达成口头协议，按照老规矩由李某某直接去星宇公司缴纳土地款。李某某虽然去过星宇公司并明确表示自己还要再购买3间门市，但是一直没有缴纳现金。

解决了地基问题，建房的启动资金又成为拦路虎挡在李某某面前。合伙人罗某某的妻子疑患癌症急需用钱，本来罗某某已经支付给李某某4

万元购地款，但因妻子患病，罗某某将钱收回。联合建房因为罗某某的突然退出而资金短缺，陷入困境。此时罗某某同李某某商议，由罗某某介绍他过去在信用社工作时的同事黄某某代替自己参与联建。李某某准备将2间店铺卖给黄某某，好让黄某某出资10.4万元充当建房启动资金，约定此款由罗某某代为垫付。2006年8月、9月，罗某某在与黄某某沟通买卖门市时，黄某某一再反复，其虽多次表示购买，但由于其丈夫的坚决反对迟迟未能实际付款。为了能尽快把门市建起来，催促黄某某交款启动工程，罗某某和李某某商量先打一张10.4万元的收条给罗某某，意思即罗某某已经代黄某某垫付款项，以此来诱导黄某某拿出费用。但是这第一张收条制成后，罗某某觉得日期不能写当天，也不能表达他垫付款的意思，于是李某某又制成了一张10.4万元的收条。问题就祸起于这两张同一天出具、金额相同并且李某某根本就没有收到钱的收条。

后来罗某某一直没有催促黄某某完成交款，加之门市地方狭小，这几间门市一直没能破土动工。直到2007年3月、4月，李某某与罗某某交恶，李某某已经没有再与罗某某合作的意愿，于是将这3间门市退回给胡某某，但是他出给罗某某的收条却一直没有回收。尽管打收条时在场的梁某还劝李某某收回收条以防不测，但是出于对罗某某和在场证人的信任，李某某没有这么做，也正是这种信任为其身陷囹圄埋下了祸根。

李某某以为此次合作因为资金不足就此结束，却没想到一年之后会被昔日合伙人罗某某构陷诬告，冠之以诈骗的罪名送入高墙。李某某怎么也想不明白，自己简单的搭伙建房怎么就因为换了个合伙人而成了世人惊诧的"诈骗"？

2008年5月16日，某县公安局立案侦查；2008年某县公安局对李某某进行刑事拘留；同年8月21日，某县人民检察院批准逮捕；2009年8月17日，某县人民法院认定李某某犯诈骗罪，判处有期徒刑7年并处罚金2万元；李某某上诉至某市中级人民法院，某市中级人民法院于2009年10月12日作出裁定撤销一审判决，发回重审；2010年3月22日，某县人民法院作出判决，认定李某某犯诈骗罪，判处有期徒刑7年，并处罚金2万元，追缴李某某犯罪所得15.6万元返还被害人罗某某；宣判后李某某仍然提起上诉，2010年某市中级人民法院作出裁定，驳回上诉，维持原判。李某某向某市中级人民法院提出申诉，某市中级人民法院于2017年7月2日予以驳回。李某某继续向某省高级人民法院提出申诉，某省高级人民法院经审查后于2017年6月22日作出再审决定，指令某市中级人民法院另行组成合议庭进行再审。

【辩护意见】

一、原判认定事实错误，李某某在主观上没有犯罪故意，在客观上也没有非法占有他人财物的事实和目的，其行为仅是普通民事行为，不具有刑事违法性，不构成诈骗罪

1. 李某某没有非法占有罗某某钱款的主观意图，更没有非法占有罗某某钱款的事实，李某某和罗某某是一种合伙建房的关系，即使存在欠款问题，也仅是普通的民事合同纠纷，根本不涉及刑事诈骗犯罪问题。

2. 李某某从未隐瞒事实真相收取罗某某20.8万元，更没有以非法占有为目的。经黄某某证实，罗某某来转贷款时说自己在长宁天河旁边有土地，问他是否要搭伙，黄某某表示同意。在黄某某未付款和签《联建房协议》的情况下，罗某某却主动为黄某某"垫付"了10.4万元，不合情理。从罗某某的收入水平和原审庭审调查分析以及证人黄某某对联建修房的陈诉，罗某某并没有说出其向李某某支付20.8万元的意愿，而且罗某某也没有支付20.8万元的能力。

二、现有证据可证明原判认定的事实确有错误

辩护人调查的熊某某、鑫海建司经理雷某某、某县农村商业银行孙某、某县一建司梁某某等人的证言，分别证明了李某某与罗某某是合伙开发土地关系，罗某某的经济情况以及罗某某并没有向李某某支付收条款项10.4万元，李某某退还了罗某某4万元，但收条并没有收回等事实，这些证据足以证明原判认定的事实确有错误。

综上，原审被告人李某某的行为不构成诈骗罪，原审判决认定事实不清，不应追究李某某的刑事责任，请求人民法院撤销原判决，对本案再审，改判李某某无罪。

【判决结果】

某市中级人民法院分别于2017年9月14日、2017年11月21日、2018年9月27日公开开庭审理该案。2018年10月10日，某市中级人民法院作出判决：撤销一审判决和二审裁定，宣告李某某无罪。

【裁判文书】

某省某市中级人民法院（［2017］川15刑再1号）刑事判决书：

本院再审认为：

（1）李某某收到罗某某20.8万元的土地款的事实不清、证据不足。首先，根据黄某某的证言，2006年11月19日李某某与其签订《联建房协议》之后，罗某某曾多次催其交钱，并称如果黄某某不交钱，就帮其垫付。故罗某某在黄某某签订《联建房协议》之前就帮其垫付10.4万元的事实存疑。其次，罗某某分别于2006年10月28日、2006年11月4日，在一周之内向李某某合计交付20.8万元现金，依据为李某某出具的收条。虽然在一审中有罗某某的陈述及证人罗某乙证言证实借款8万元给罗某某，但罗某乙与罗某某是兄弟关系。且罗某某在本院再审询问时，称向李某某支付的20.8万元均在李某某家里支付，李某某予以否认，是孤证。本案罗某某在一审、再审中陈述存在矛盾，缺乏罗某某经济能力、钱款来源、实际交付依据等其他证据佐证，故认定罗某某向李某某交付20.8万元的证据并不充分。

（2）李某某有3间房屋土地使用权，并有意向购买胡某某的3间房屋土地使用权，具有与他人联合建房的基础。罗某某在一审庭审中认可与李某某修房是联建关系。李某某为了与罗某某等人共同联建房屋，在罗某某的参与和见证下，与黄某某签订《联建房协议》，并委托罗某某、雷某某与回迁农民协商调换相邻房屋，以期通过联建房屋获利，主观上无非法占有他人财物的故意。诈骗罪在客观上的表现为，行为人实施了虚构事实、隐瞒真相的行为，使被害人产生错误认识，并基于错误认识处分财产而遭受财产损失。本案李某某与罗某某等人共同联建房屋的行为，罗某某是明知的，且积极参与，李某某对罗某某没有虚构事实、隐瞒真相。李某某与罗某某等人共同联建房屋的行为属民事行为，产生的争议应由民事法律、法规调整，且罗某某、周某某均向某省某县人民法院提起了民事诉讼，之后罗某某撤诉，某省某县人民法院对周某某案作出了民事判决。

综上所述，原审上诉人李某某主观上不具有非法占有的目的，客观上没有实施虚构事实、隐瞒真相，骗取他人财物的行为。原审被告人李某某及其辩护人提出，本案现有证据不能认定李某某构成诈骗罪的意见成立，本院予以采纳。某市人民检察院出庭检察员所提李某某作为国家公务员，应当知道打收条的法律后果，即收到钱后才能打收条的意见，因该收条不能形成完整的、相互印证的已支付证据链条，不能达到刑事案件定罪证据应当确实、充分的证明标准，本院不予支持。因此，原一审判决、二审裁定认定李某某犯诈骗罪事实不清、证据不足，原公诉机关指控李某某犯诈骗罪不能成立。罗某某与李某某之间的债权债务关系，可另循民事法律途径解决。

【案例评析】

某市中级人民法院在再审过程中，充分保障了申诉人和辩护人的权利，听取了辩护人的意见，制止了公诉人对证人的诱导式发问，庭审过程流畅、程序规范，令控辩双方进行了充分的辩论，显示了高超的驾驭庭审的能力，以事实为依据、以法律为准绳，最后对案件作出了公正客观的处理结果，坚守了法律人的职业道德和内心操守，还李某某以清白，维护了公平和正义，其对李某某的无罪判决结果一定是经得住历史的考验的。

【结语与建议】

在办理案件的过程中，辩护人应当首先分析对辩护有利和不利的因素。在本案证据方面处于极大劣势的情况下，辩护人需要跳出思维定式这个桎梏，转变思路，换一个角度来审视案件。本案归根结底只是因为两张收条而产生的纠纷，这种纠纷实质上是一种民事纠纷，根本上升不到刑事犯罪的高度。如果在辩护的过程中试图把这种纠纷定性为民事纠纷，自然也就不存在刑事犯罪，这样不论罗某某是否交付了钱款，都与诈骗罪无关。本案中李某某、罗某某和黄某某是一种联合建房的法律关系，这是非常明显的民事关系，因此产生纠纷应当按照民事纠纷来处理。另外，根据刑法的谦抑性，本案也根本不需要上升到刑事犯罪的高度进行处理。这样无罪辩护的目的也就达到了，问题也随之迎刃而解。难点就在于如何去看待这个问题，转变思路才是本案的关键。

张某某涉嫌玩忽职守罪案

◇ 张 巍

律师简介

张巍，中共党员，河北君德风律师事务所副主任、高级合伙人，河北省律师协会刑事业务专业委员会委员，秦皇岛市律师协会刑事业务专业委员会副主任，秦皇岛市律师协会实习考核委员会、宣传交流和文化建设委员会委员，星火律师平台秦皇岛市负责人。专注于刑事辩护，曾获司法部授予的"全国法律援助工作先进个人"称号。

» 案例基本信息

案例类型：无罪判决案例

业务类型：刑事辩护

人民法院判决时间：2018年11月19日

机关名称：某省某市中级人民法院

辩护律师姓名：张巍、杨景明

律师事务所名称：河北君德风律师事务所

检索主题词：玩忽职守；驳回抗诉；维持无罪

》 案例正文

【案情简介】

2013年7月22日，根据办纪〔2013〕16号某区区长办公室会议纪要，某市某新型建材建材有限公司（以下简称"某建材公司"）作为某市某区南窑河生活垃圾填埋场陈腐垃圾处理工程的项目实施主体，区城管局作为项目主管部门，对该项目总体负责，区财政局负责中央专项资金使用监管工作，被告人张某某为时任区城管局局长。2014年2月21日，该某建材公司与辽宁某新能源股份有限公司（以下简称"辽宁新能源公司"）签订垃圾制气设备购销合同。某建材公司依据该合同先后向张某某申请批准支付给辽宁新能源公司376.512万元，但两公司法定代表人私自决定将皮膜干式储气柜交由某建材公司自行制作，辽宁新能源公司由此将获得的专项资金中的130万元转付给某建材公司法定代表人史某某实际控制的另一公司。史某某将这笔资金用于偿还贷款或个人消费，至今未返还。

某县人民检察院认为，某区财政局将专项资金划转到某建材公司银行专户中，由某区城管局作为监管单位，在专项资金使用中切实履行好监管职责，某区城管局成立了项目监督管理小组，时任局长的被告人张某某任组长，主要负责按照工程进度付款、验收。被告人先行批准某建材公司给辽宁新能源公司订货款200万元后，在未对辽宁新能源公司设备生产情况认真履行监管职责的情况下，又批准某建材公司给付辽宁新能源公司余款176.512万元，使辽宁新能源公司虽未完全履行合同仍得到了合同约定的货款。在某建材公司法定代表人的要求下，辽宁新能源公司给某建材公司法定代表人返款130万元，某建材公司法定代表人将该款项用于偿还贷款及个人消费，给国家造成重大经济损失。

经过审理，一审人民法院认为，被告虽然具有监管国家专项资金的职责，但是对于是否必须到现场核实存疑，国家及有关规范性文件规定的是由财政部门监管专项资金，并在资金拨付前必须到现场核实，而没有任何规定要求城管局局长必须到现场核实。而且被告是根据合同约定和项目进展批准给付合同款的，故认定被告严重不负责任、不履行或不认真履行职责证据不足。某建材公司并未破产或者注销，项目建设单位还未更换，且两家公司私下约定由某建材公司自己制作皮膜干式储气柜，并不是不做，故本案是否实际造成经济损失待定。因此，某县人民法院认为被告不构成玩忽职守罪，并作出［2017］冀0324刑初184号刑事判决书，判决被告无罪。某市人民检察院提起抗诉，认为某县人民法院作出的判决认定事实错误。二审人民法院经过审理认为原审人民法院认定事实和适用法律正确，审判程序合法，依法予以维持。

【辩护意见】

辩护人认为张某某不具备玩忽职守罪的构成要件，没有检察机关指控的"严重不负责任，不认真履行职责，致使公共财产、国家和人民利益遭受重大损失"的行为，张某某不构成玩忽职守罪，检察机关的抗诉不能成立：

一、张某某不具备玩忽职守罪的客观要件

（一）张某某没有监管专项资金的法定职责

张某某于2013年11月至2017年4月担任某区城管局局长，按照《某区城市管理综合执法局主要职责内设机构和人员编制规定》，不论是某区城管局还是作为局长的张某某，均没有监管中央财政补贴专项资金的法定职责。

（二）中央资金的使用和监管由财政部门负责

所有相关文件规定中都明确中央资金的使用和监管应由具有监管能力的各级财政部门负责，无任何规范性文件规定城管局具有监管专项资金的职责。

二、张某某不具备玩忽职守罪的主观要件

（一）城管局没有财政监管责任，已尽职尽责

城管局没有资金监管法定职责，也没有监管的任何经验和专业知识及能力，无法像财政部门一样进行专业的监管。但区政府〔2013〕25号会议纪要把资金监管责任违规派给了无专业能力的城管局，时任局长邓某某由于不了解国家的相关政策规定，就把工作接了过来。一个月后，张某某接任局长。在退还资金无望并且不知如何进行项目监管的情况下，城管局创造性地成立项目监督管理小组，这本身就是在竭尽所能尽职尽责地工作。因为没有专业人员，城管局委托环卫处聘请3名从事过财务和项目审核工作的工作人员，并让他们驻场贴身监管，随时发现问题，及时解决问题，解决不了的上报局里。城管局对《销售合同》十分重视，在付款节点和付款比例等重点问题上与某建材公司多次磋商并坚持降低付款比例，最终才形成《购销合同》成稿。在合同履行过程中，城管局也在2014年3月5日及时地委托星日阳会计师事务所对项目进行跟踪审计，会计师事务所出具审计报告后又及时向区政府报告，并建议相关部门依法审计。应该说，城管局已在自己的能力范围内尽职尽责。

（二）张某某没有能力也没有必要核实具体生产情况

《购销合同》中关于购、供双方的权利义务均有明确的约定，包括违约责任亦有明确约定，城管局和张某某不可能也没有必要对合同履行的具体操作进行现场核实。城管局和张某某既不是专业人员，也没有专业知识，没有相应的机械建材特别是具有专利技术的垃圾处理机器设备的辨别能力，不具备到辽宁新能源公司现场检查核实制气系统设备生产情况的能力，任何法律都不能强人所难。

三、本案不存在玩忽职守罪所必备的损失的客观要件

本案涉及《购销合同》的履行问题，到现在工程仍没有结束，结算审计也未进行，即便存在供方没有全面供货的情况，也只是民事责任承担的问题。按照《最高人民法院、最高人民检察院关于办理渎职刑事案件适用法律若干问题的解释（一）》（法释〔2012〕18号）的规定，构成玩忽职

守罪所必备的"经济损失"是指渎职犯罪或者与渎职犯罪相关联的犯罪立案时已经实际造成的财产损失，且"债务人经法定程序被宣告破产，债务人潜逃、去向不明，或者因行为人的责任超过诉讼时效等，致使债权已经无法实现的，无法实现的债权部分应当认定为渎职犯罪的经济损失"。而纵观本案，根本就不存在上述规定的构成玩忽职守罪所必备的经济损失。

四、本案没有玩忽职守罪所必备的法律上的因果关系

不是付款行为导致的"损失"。张某某是严格按照工程进度进行的批准付款，完全没有超进度付款。史某某的行为导致付款和"损失"之间不可能具备刑法上的因果关系。刑法上的因果关系讨论的是实行行为与法益侵害结果之间的因果关系，本案张某某批准支付176.512万元与130万元没有用于购买设备之间不存在刑法上的因果关系。本案中130万元没有用于购买设备的原因是某建材公司法定代表人史某某从辽宁新能源公司要回了130万元，是史某某的这一积极的作为行为对130万元没有用于购买设备这一结果的发生起到了决定性作用。

综上所述，张某某的职责最多是资金监管，不能随意扩大为对项目所需设备生产情况的核实核查，更不能要求张某某到设备生产现场对设备生产进展进行实物核查。还有很重要的一点，我们不能采取"事后诸葛亮"的方式，在发生了一定结果后，采取倒推的方式，将事情全部反过来看，哪些行为可能造成结果，就认定哪些行为是渎职。

【判决结果】

2018年11月19日，某市中级人民法院作出判决：驳回抗诉，维持原判。

【裁判文书】

某市某县人民法院（［2018］冀03刑终245号）刑事判决书：

本案界定原审被告人张某某履行该监管职责依据的是某市某区政府［2013］25号会议纪要及某区城管局山城管纪字［2013］1号局务会议纪

要的规定，而该两份纪要均未规定具体应如何履行监管职责，即监管单位是否必须到现场核实验收的职责，且现场究竟是哪个现场规定的也不明确。原审被告人张某某按照项目建设进度和合同约定同意批准拨付176.512万元的设备款也打给了专项资金使用范围的供货方，故认定被告人张某某严重不负责任，不履行或者不正确履行职责证据不足。由于某建材公司法定代表人史某某的暗箱操作，造成130万元的专项资金已经被某建材公司擅自进行了处分。另外，涉案工程到现在还没有结束，史某某的某建材公司并未破产或被注销，项目工程施工单位目前并未更换，且史某某与辽宁新能源公司私下约定皮膜干式储气柜由某建材公司依据辽宁新能源公司的技术制作，并不是不做，其私下约定并不影响书面合同的法律效力。故本案是否实际造成经济损失130万元的结果不能确定，认定原审被告人张某某的行为是否实际造成130万元的经济损失的证据尚不充分。综上所述，目前追究原审被告人张某某玩忽职守的刑事责任证据不足。故其辩护人关于原审被告人张某某不构成玩忽职守罪的意见予以采纳；抗诉机关的抗诉意见，理据不足，不予支持。原审判决维持。抗诉机关的抗诉意见，理据不足，应予以驳回。

【案例评析】

玩忽职守罪是国家机关工作人员对工作严重不负责任，致使公共财产、国家和人民的利益遭受重大损失的行为。本案的焦点就在于"被告有没有到现场查看的职责""是否达到严重不负责任的程度""国家和人民的利益是否确已受到损害""损害的结果于被告的行为有无刑法要求的因果联系"。通过办理发现，司法实践中对这个罪名的把握存在扩大理解的现象，作为辩护律师要时刻警惕办案机关不合理"倒查"的现象。

辩护人在办理涉及监管类的玩忽职守刑事案件过程中，要着重注意以下几点：①被告人是否有明确的监管职责；②如果有监管职责，那么对被告人如何履行监管职责是否有明确规定；③如果没有明确规定，那么不能以被告人为了完成好工作自己对自己提出的工作要求作为其"职责"；④实践中被告人是否有能力完成控方认为被告人应该去完成的工作，如无能为力，则控方的要求实属强人所难；⑤玩忽职守罪的损失，必须是明确、具体且已经实际发生的，否则不属于构成玩忽职守罪所必备的损失。

【结语与建议】

实践中，容易出现因发生了一定的损害后果，通过"倒查"的方式寻找是否存在某一环节出现漏洞，并追究所谓的漏洞责任人玩忽职守罪，这一点在办案中要予以注意，并尽力指出其荒谬之处。在案件办理过程中，在各个环节都可能出现问题，作为辩护人要有坚实的法律基础和严谨的法律思维，要能从纷繁复杂的证据材料中抽离出法律关系。同时，虽然律师专业化是大趋势，但是刑事案件往往涉及民事规定、行政规范，刑辩律师要具备处理跨专业问题的基本素养。

黄某某涉嫌合同诈骗罪案

◇ 赵国斌

律师简介

赵国斌，1966年出生于河北省迁西县，2002年从事专职律师工作，擅长刑事辩护，成功办理了多起无罪辩护案件。现为河北省律师协会刑事业务专业委员会委员，唐山市律师协会刑事业务委员会委员。

» 案例基本信息

案例类型：无罪判决案例

业务类型：刑事辩护

人民法院判决时间：2019年03月05日

机关名称：某省某市中级人民法院

辩护律师姓名：赵国斌

律师事务所名称：河北悦宾律师事务所

» 案例正文

【案情简介】

原审被告人黄某某与滦南某饲料有限公司（以下简称"饲料公司"）在2014年有过赊购虾饲料的情况，至2015年黄某某、张某某与饲料公司签订《销售合同》前仍欠饲料公司7万余元的虾料款。2015年5月，饲料公司委托王某、代某到黄某某承包的虾池考察后，与黄某某、张某某签订了《销售合同》，约定饲料公司给予黄某某欠款支持、黄某某出虾后即付虾料款以及还款期限（2015年11月30日）、违约责任。饲料公司于2015年6月开始供货。黄某某于2015年9月15日左右开始出虾，但其没有履行出虾即付虾料款的约定。黄某某因虾池出现疫情，经营出现严重亏损，其将出虾款首先偿还了因经营虾池欠下的银行贷款、个人借款、承包费等债务。后经饲料公司催要，黄某某给付饲料公司13.6万元的虾料款。饲料公司于2015年12月10日报案，2016年1月双方签订了《还款计划书》，约定黄某某于2016年2月8日还款30万元，其余款项于2016年10月10日还清，后黄某某还款28万元。至2016年9月27日黄某某被刑事拘留，其持续经营虾池，仍欠饲料公司879 752元虾料款。经某县人民检察院批准，黄某某被某县公安局执行逮捕。

黄某某被提起公诉后，某县人民法院于2017年11月24日作出〔2017〕冀0224刑初155号刑事判决书，判处被告人黄某某犯合同诈骗罪，判处有期徒刑9年，并处罚金20万元。责令被告人黄某某退赔饲料公司879 752元。被告人黄某某不服，提出上诉，某市中级人民法院于2018年2月27日作出〔2018〕冀02刑终72号刑事裁定书，以原判认定事实不清、证据不足为由裁定发回原审法院重新审判。某县人民法院经重新开庭审理，于2018年10月29日作出〔2018〕冀0224刑初111号刑事判决书，判决被告人黄某某犯合同诈骗罪，判处有期徒刑8年，并处罚金20万元。责令被告人黄某某退赔饲料公司879 752元。被告人黄某某再次提出上诉，某市中级人民法院经公开开庭审理后，于2019年3月5日作出［2018］冀02刑终919号刑事判决书，判决撤销某省省某县人民法院［2018］冀0224刑初111号刑事判决，上诉人（原审被告人）黄某某无罪。

【辩护意见】

本案涉及的罪名为《中华人民共和国刑法》（2017年修正）第224条规定的"合同诈骗罪"，该罪名罪状描述为"以非法占有为目的，在签订、履行合同过程中，采取虚构事实或者隐瞒真相等欺骗手段，骗取对方当事人的财物，数额较大的行为"，因此，黄某某是否具有非法占有的目的，是否在签订、履行合同的过程中采取虚构事实或者隐瞒真相等欺骗手段，骗取原告方当事人财物，是本案被告人黄某某出入罪与否的关键。本案辩护人的辩护意见是被告人黄某某不具有非法占有的目的，在与饲料公司签订、履行合同过程中无任何虚构事实或者隐瞒真相等欺骗行为，因而被告人黄某某不构成合同诈骗罪，具体辩护意见如下：

一、在主观方面，被告人黄某某没有非法占有他人财物的主观目的

2015年6月，黄某某在与饲料公司签订《销售合同》时已言明是赊购而非现金结算，黄某某收到饲料公司运送的饲料后及时为饲料公司出具了欠条并承诺支付利息。在虾池经营不善、不能清偿全部欠款的情况下，黄某某又与饲料公司达成了还款计划。黄某某前后共计给付饲料公司饲料款440 848元，尚欠879 752元。黄某某对此欠款予以认可，且愿意按月息1.2%付息，并承诺在2016年10月10日前还清。2016年9月27日，黄某某被公安机关刑事拘留，其承包经营的虾池尚有200亩左右的虾池未出虾，但因黄某某被抓无人管理而造成巨大损失。上述客观事实充分说明，黄某某从合同签订到接收饲料出具欠条及付款清算的整个过程，积极配合，从不赖账。黄某某与饲料公司签订合同时，其所经营的虾池处于正常状态，不存在经营不善的情况，养虾风险导致黄某某未能清偿全部欠款，但这并

非黄某某本意，而是养虾经营不善造成的。黄某某因承包虾池养虾需要饲料，而与饲料公司订立合同，黄某某从饲料公司赊购虾料的目的是为了养虾，且事实上黄某某已将饲料用于养虾。这与司法实践中的合同诈骗犯极不相符。司法实践中，合同诈骗犯取得财物后，便将财物转卖、变卖，将所得款项用于挥霍、赌博或用于其他违法犯罪活动。如果黄某某想非法占有饲料公司的饲料，那么黄某某完全可以直接把饲料转卖、变卖，将钱款据为己有，根本无须将饲料投入虾池喂虾。本案中，黄某某的行为与合同诈骗罪中要求的"以非法占有为目的"有着本质的区别。合同诈骗罪是目的犯，非法占有目的的有无是认定合同诈骗罪的关键。辩护人认为，被告人黄某某从始至终都没有非法占有他人财物的主观目的，而合同诈骗罪是目的犯，无目的则无犯罪。

二、在客观方面，被告人黄某某没有实施《中华人民共和国刑法》（2017年修正）第224条规定的5种合同诈骗情形中的任何一种行为

1. 在签订合同过程中，黄某某用的是真名实姓，没有《中华人民共和国刑法》（2017年修正）第224条规定的"（一）以虚构的单位或者冒用他人名义签订合同"的情形。

2. 在签订合同过程中，黄某某没有《中华人民共和国刑法》（2017修正）第224条规定的"（二）以伪造、变造、作废的票据或者其他虚假的产权证明作担保"的情形。

3. 本案中涉及的销售是赊销，黄某某没有《中华人民共和国刑法》（2017年修正）第224条规定的"（三）没有实际履行能力，以先履行小额合同或者部分履行合同的方法，诱骗对方当事人继续签订和履行合同"的情形。

4. 黄某某在收到饲料公司运送的饲料后及时给饲料公司出具了欠条，没有《中华人民共和国刑法》（2017年修正）第224条规定的"收受对方当事人给付的货物、货款、预付款或者担保财产后逃匿"的情形。

5. 本案中，黄某某没有《中华人民共和国刑法》（2017年修正）第224条规定的"（五）以其他方法骗取对方当事人财物"的情形。

6. 饲料公司的负责人王某某，早在2014年就代表饲料公司与黄某某进行饲料买卖，2014年度黄某某欠饲料公司饲料款7万余元，黄某某从来没有赖过账，双方存在合作的基础。2015年6月，王某某、代某某到黄某某所经营的虾池进行了实地考察后，代表饲料公司与黄某某签订了《销售合同》。黄某某在2015年扩大养虾规模，举债经营是明摆着的事，黄某某想隐瞒债务也隐瞒不了，故黄某某不具有一审判决认定的"隐瞒经营虾池过程中拖欠巨额债务"的可能性。黄某某承包经营的虾池有数百亩之多，出虾时已经为饲料公司留出了二百六七十亩虾池的虾，如果没有意外，足以清偿饲料公司的料款，故不存在一审判决认定的"被告人黄某某隐瞒大量出虾的事实"的情形。

三、本案是民事纠纷，而非合同诈骗

饲料公司在经营过程中，存在着大量的赊销事实，该公司对刘某某（欠款160 808元）、韩某某（欠款1 466 930元）、孟某某（欠款102 150元）等债务人提起了诉讼，人民法院均按民事案件受理，并作出了民事判决。上述事实足以说明，饲料公司在经营过程中，存在着大量的赊销事实，该公司为了追讨债务，对债务人分别选择了向人民法院起诉、向公安机关报案的途径，其目的是为了实现债权。饲料公司在《报案材料》中要求公安机关"依法追回经济损失"。

【判决结果】

2019年1月11日，某省某市中级人民法院公开开庭审理了本案，于2019年3月5日作出（［2018］冀02刑终919号）刑事判决：判决撤销某省某县人民法院（［2018］冀0224刑初111号）刑事判决，上诉人（原审被告人）黄某某无罪。

【裁判文书】

某市中级人民法院（［2018］冀02刑终919号）刑事判决书：

上诉人（原审被告人）黄某某以经营虾池为生，在2014年经营虾池的

基础上于2015年扩大生产，是举债经营。经公安机关向附近其他虾池经营者调查，证实养虾行业为高利润、高风险行业。黄某某与饲料公司签订虾饲料销售合同时，尚拖欠饲料公司上年度饲料款7万余元，饲料公司对黄某某拖欠其饲料款是明知的，饲料公司委托王某、代某到黄某某的养虾池实地考察确认其养虾情况下与之签订《销售合同》并约定了违约责任。黄某某赊购虾饲料后，无证据证明其有变卖、挥霍等行为，其所购虾饲料用于养虾，后因发生疫情导致经营亏损。黄某某将卖虾款按比例偿还当年因养虾而产生的债务，未将卖虾款全部优先给付饲料公司之饲料款，其目的是为了下一年度能够继续经营虾池，符合常理。黄某某始终认可其拖欠饲料公司的饲料款，饲料公司催要时偿还了13.6万元。饲料公司报警后，与饲料公司签订了还款计划，偿还了28万元，直至被公安机关采取强制措施时，未到最后还款期限，其仍在持续经营虾池，且有部分虾池未出虾，故认定黄某某有逃避债务、拒不归还行为的证据不足。原判认定黄某某"向饲料公司隐瞒其负有巨额外债的事实"以及"隐瞒出虾的事实"。经查，黄某某与饲料公司签订合同时虽隐瞒部分债务，但赊购的虾饲料用于了正常经营；黄某某未按《销售合同》履行出虾即付虾料款的约定，但在案证据不能证明其将出虾款予以转移或挥霍。综上，现有证据尚达不到确实、充分标准，黄某某之行为尚不符合合同诈骗罪的构成要件，故对于黄某某上诉及辩护人辩护所提黄某某不构成犯罪的上诉理由及辩护意见，本院予以支持。

【案例评析】

本案属于典型的二审改判无罪案件，在刑事案件中比较少见，原审法院两次作出有罪判决，最终被二审法院纠正，实属不易。本案的焦点在于黄某某主观上是否具有非法占有目的，本案黄某某与饲料公司签订《销售合同》，将涉案饲料全部用于养虾，后因经营不善，导致其未按约定给付饲料款，其主观上不具有非法占有目的，故黄某某的行为不构成合同诈骗罪。

【结语与建议】

在办理刑事案件过程中，辩护人应当认真分析起诉书指控的犯罪事实，结合刑法分则的具体规定，对被告人的行为性质作出准确定性。从在案证据下手，论证犯罪构成要件是否全部具备，只要击破其中之一，便可大功告成。坚定信念，树立当事人信心，实事求是，踏实办案，竭尽全力维护司法正义，维护当事人的合法权益。

李某某涉嫌玩忽职守罪案

◇ 张　巍

律师简介

　　张巍，中共党员，河北君德风律师事务所副主任、高级合伙人，河北省律师协刑事业务专业委员会委员，秦皇岛市律师协会刑事业务专业委员会副主任，秦皇岛市律师协会培训与考核委员会、文化宣传与外联委员会委员，星火律师平台秦皇岛市负责人。专注于刑事辩护，曾获司法部授予的"全国法律援助工作先进个人"称号。

» 案例基本信息

案例类型：无罪判决案例

业务类型：刑事辩护

人民法院判决时间：2019年12月19日

机关名称：某省某市中级人民法院

辩护律师姓名：张巍

律师事务所名称：河北君德风律师事务所

检索主题词：玩忽职守；依嘱托登记；改判无罪

» 案例正文

【案情简介】

2011年9月，某市某区人民法院工作人员宋某某指使其妻子以某房地产开发有限公司名义使用伪造的《民事裁定书》《协助执行通知书》《拍卖成交确认书》以及"某区新一街35号"《房产所有权证》等文件到某区住房保障和房产管理局申请办理"某区新一街35号"房屋产权转移登记。经过层层审核后，由被告人核准，报请专管局长审批，向某房地产开发有限公司发放了秦海房字第20005394号《房屋所有权证》，该房价值16 200 000.04元。后宋某某用该房产及其土地使用证作为担保多次为其妻的公司贷款，案发时尚有1000万元未还。

案发后，某区检察机关以被告人李某某未能审查出《协助执行通知书、民事裁定书》等材料上的时间与某房地产公司营业执照的成立时间存在问题为由，认为被告人构成玩忽职守罪，对其提起公诉。2017年某区人民法院作出〔2017〕冀0302刑初99号刑事判决，认定被告人犯玩忽职守罪，免予刑事处罚。被告人不服一审判决，在法定期限内上诉，经过依法审理，某市中级人民法院作出被告人无罪的终审判决。

【辩护意见】

玩忽职守罪是指国家机关工作人员严重不负责任，不履行或不认真履行职责，致使公共财产、国家和人民利益遭受重大损失的行为。因此，本案的关键在于，被告人是否有审核法院判决和执行文书的职责以及本案的经济损失与被告人的行为是否有刑法意义上的因果关系。辩护人总的辩护意见是李某某没有实体审查的职责，本案不存在构成玩忽职守罪所必备的损失，具体辩护意见如下：

一、李某某没有实体审查的职责，本案是依嘱托登记

李某某的工作是协助法院执行，是按照法院的要求进行登记，是法院执行时进行房屋产权转移登记，属于依嘱托登记。对于这类登记的规范要求，《最高人民法院、国土资源部、建设部关于依法规范人民法院执行和国土资源房地产管理部门协助执行若干问题的通知》（法发〔2004〕5号）第1条明确规定，登记机关只能按照法律文书和协助执行通知书的要求办理协助执行事项；第3条明确规定，被告不对生效法律文书和协助执行通知书进行实体审查。也就是说，本案中李某某没有实体审查的义务，也没有实体审查的职责，一审法院以实体审查的标准要求李某某，进而认定没有实体审查的李某某构成玩忽职守罪，是错误的。

二、本案不存在构成玩忽职守罪所必备的损失

《最高人民法院、最高人民检察院关于办理渎职刑事案件适用法律若干问题的解释（一）》（法释〔2012〕18号）明确规定，玩忽职守罪所要求的损失，是指玩忽职守罪立案时已经实际造成的损失。玩忽职守罪所要求的损失，要在立案时已造成，已经实际发生，既要求有明确的损失主体，也要求有明确的损失数额，并且是经过一切可能的措施或一切必要的法律程序之后所造成的损失。但本案中，银行也好，房屋土地的实际所有人也罢，均不存在符合构成玩忽职守罪必备的损失。《最高人民检察院关于渎职侵权犯罪案件立案标准的规定》（高检发释字〔2006〕2号）明确规定，"直接经济损失和间接经济损失，是指立案时确已造成的经济损失"。《中国银监会关于印发〈贷款风险分类指引〉的通知》（银监发〔2007〕54号）第5条规定："损失：在采取所有可能的措施或一切必要的法律程序之后，本息仍然无法收回，或只能收回极少部分"。中国人民银行《贷款风险分类指导原则》（银发〔2001〕416号，已失效）第4条规定："损失：在采取所有可能的措施或一切必要的法律程序之后，本息仍然无法收回，或只能收回极少部分。"结合本案，一审人民法院对损失的

认定完全不符合上述规定。

三、一审人民法院认定的所谓损失与李某某的行为没有玩忽职守罪所必备的法律上的因果关系

本案确实存在1000万元的欠款没有偿还的事实，但该欠款的事实是经营过程中产生的，是合同履行问题，是经济交往中经营风险的一部分，不是李某某办理房屋所有权证造成的。

宋某某多次贷款，并非仅贷一次且没有归还，而是多次贷款，多次偿还，仅有一笔1000万元的贷款没有偿还。此前的多笔贷款，银行均收取了相应的利息，到立案时并没导致确定的损失。

四、李某某所在的环节是复审

李某某并不负责收件，不是文书的接收人，在实际处理过程中只是负责一个复审的环节，这是本案的一个基本事实。多人因同一事构成玩忽职守罪的概率极低。

综上所述，本案是依嘱托登记，被告人不对生效法律文书和协助执行通知书进行实体审查。玩忽职守罪要求行为人达到严重不负责任的程度，本案中李某某显然不是严重不负责任，李某某是严格按照规定工作，任何人都不能采取"事后诸葛亮"的方式，在发生了一定结果后，采取"倒推"的方式将事情全部反过来看，这是十分危险的，在这个"倒推"的过程中往往会有意无意地忽略罪刑法定的基本要求。

【判决结果】

2019年12月19日，某市中级人民法院作出判决：撤销某市某区人民法院（［2017］冀0302刑初99号）刑事判决，认定上诉人李某某无罪。

【裁判文书】

某市中级人民法院（［2018］冀0302刑终412号）刑事判决书：

上诉人李某某在办理某房地产公司产权转移登记过程中，依据《最高人民法院、国土资源部、建设部关于依法规范人民法院执行和国土资源房地产管理部门协助执行若干问题的通知》（法发〔2004〕5号）及《房屋登记办法》（已失效）等相关规定，在协助人民法院执行土地使用权、房屋时，不对生效法律文书和协助执行通知书进行实体审查，而审核通过该房屋产权转移登记。现有证据不足以证明上诉人李某某有严重不负责任，不履行或不认真履行职责的情形。原审判决认定由于上诉人没有认真履行其职责，导致造成了经济损失1000万元，经查，现有证据不能证实上诉人李某某在办理涉案房产登记工作中与1000万元的经济损失存在刑法意义上的因果关系。综上，上诉人李某某的行为不构成玩忽职守罪。

【案例评析】

本案的焦点在于对国家机关工作人员的职责范围和对玩忽职守罪要求的损害后果的解读。本案中房管部门的工作人员没有权力也没有职责对法院生效法律文书和协助执行通知书进行实质审查，因此，被告没有发现法院文书之间的矛盾，不是渎职行为，不构成玩忽职守罪要求的"严重不负责任"。玩忽职守罪所要求的"损失"，必须是明确、具体且已实际发生的，一审法院认为房屋及土地只有一处，银行和房屋土地的实际所有人均主张债权，无论归属哪一方，另一方一定将存在经济损失，这种"两头堵"的方式，不是认定被告人构成犯罪的严谨方式，亦不符合法律规定的要求。除此之外，损害后果与玩忽职守的行为要有因果联系，而本案中的经济损失与被告的行为没有直接的关系，贷款之后未还款是经营行为，不是办证造成的。

【结语与建议】

在案件办理过程中，辩护人应当广泛查阅、深入掌握案件相关的各种规定，把握法规的同时也要结合实际，考虑公诉机关的指控是否符合常理。从事实和法律的多个角度去说明理由，争取好的判决结果。对案件的把握尽量全面，尽职尽责地维护当事人的利益，加强与办案机关的沟通，不断深化自己的主张，最终说服办案机关。

本案最大的特点是玩忽职守罪的被告人所做的工作是依嘱托登记，对于依嘱托登记的，登记机关只能按照法律文书和《协助执行通知书》的要求办理协助执行事项，主办人不对生效法律文书和《协助执行通知书》进行实体审查。

本案的最大意义在于，因嘱托登记而被控玩忽职守的案件，控方因被告人没有实质审查而构成玩忽职守罪的指控很难成立。对于律师今后办理此类案件有一定的借鉴意义。

第六章

其他案例

李某涉嫌诈骗罪案

◇ 张福杰

律师简介

　　张福杰，中共党员，北京市盈科（常州）律师事务所党支部书记、刑事业务部主任、股权高级合伙人，现任盈科全国刑事业务委员会理事会理事（第四届），盈科全国有组织犯罪研究中心秘书长，盈科刑辩学院副秘书长。曾获2019年江苏省律师行业"优秀党务工作者""盈科全国优秀律师"等称号。

» 案例基本信息

案例类型：撤销案例

业务类别：刑事案例

机关名称：某市某区公安局

辩护律师姓名：张福杰

律师事务所名称：北京市盈科（常州）律师事务所

检索主题词：主观动机；此罪与彼罪；立案标准；取保候审

» 案例正文

【案情简介】

犯罪嫌疑人李某，男，20岁，中国籍留学生，在澳大利亚留学。2019年1月春节假期回云南老家过年期间，因了解澳洲留学生均有外汇兑换的需求，李某产生了在澳洲留学生群体中招揽客户买卖外汇，赚取手续费补贴家用的想法。

后果真有客户找上门，双方均不相识，所有沟通均通过"微信"软件。李某与客户在微信上谈妥手续费后，为取得客户信任，制作了假的银行转账凭证照片发给客户，声称已将澳元打给客户，但因为春节期间跨国汇款有时间差，需过几天才能到账，客户信以为真，于是按约将人民币转给李某。李某原本预想的是客户中既有人民币兑换澳元的，也会有澳元兑换人民币的，且平时可以去换汇公司兑换一部分，认为自己几天时间就能凑足一定量的人民币与澳元并用于周转，然后再将澳元打给客户，客户收到钱也就不会计较了。2019年1月，前后共计有11位客户找到李某要求换汇，但均是人民币兑换澳元的客户，未有澳元兑换人民币的客户，李某均是如此操作，一共收到人民币35万元。

因春节期间换汇公司不上班，加之只有人民币换澳元的客户，而未遇到澳元兑换人民币的客户，导致李某无澳元支付给客户，换汇根本无法完成。后，上述11名客户也发现上述澳元转账迟迟未收到，于是联系李某，声称李某是骗子，并带有辱骂性语言，要求李某立即支付澳元，否则报警。李某深感惶恐，并极其烦躁，于1月底某晚酒后，一气之下将所有客户的联系方式删除，不再联系。但案款35万元人民币一直存于李某银行账户和支付宝内，李某虽未用此款进行消费或者转移，但也未退还给客户。

后，一位某市客户因迟迟未收到兑换的1.5万澳元，并且无法再与李某取得联系，遂觉被骗，于是向某市某区公安局报警，公安局立案受理。2019年2月初，公安联系犯罪嫌疑人李某及其父母，要求其到某市某区公安局接受调查，犯罪嫌疑人李某在其父母陪伴下，主动到了公安局接受调查，第二天以诈骗罪被刑事拘留，所有案款均被公安机关冻结。

【代理意见】

辩护人接受委托后，于当天晚上乘飞机赶往某市会见犯罪嫌疑人李某，并与公安机关办案人员进行了初步沟通。了解了上述事情发展经过后，辩护人首先说服李某父母将上述所有案款全部退还，然后向办案人员申请退还钱财，在征得办案机关同意后，李某父母立即退还了上述所有钱款。

辩护人在两周内4次前往某市会见了犯罪嫌疑人李某，两次与公安机关进行了沟通，并仔细核实了本案的细节及犯罪嫌疑人李某行为时的主观动机，认为本案存在着此罪与彼罪的模糊界限。考虑到若定性改变为非法经营与侵占，罪名看似增加了一个，但一来本案数额达不到非法经营罪的立案标准，二来侵占罪属于"告诉才处理"，从结果上看反而可能对李某更为有利。于是，辩护人起草"法律意见书"，向公安机关提出意见，本案以诈骗罪予以刑事立案并拘留定性不准确，本案定性应为非法经营与侵占，但本案犯罪数额达不到非法经营罪的立案标准，且所有案款均已退还，侵占罪也并不成立，应当立即释放犯罪嫌疑人李某。具体理由如下：

首先，犯罪嫌疑人李某没有诈骗的主观故意，其起意为买卖外汇的非法经营。犯罪嫌疑人李某的初始动机及取得财产时的主观状态均为通过买卖外汇赚取一定的手续费，而非诈骗他人财物的故意，现有证据无法证明犯罪嫌疑人李某在与客户沟通、取得财产时的主观动机为诈骗他人财物，从其向客户提供自己实名认证的支付宝账号及并未进行转移的行为，反而可以推断出其并未有诈骗他人财产的主观动机，提供实名认证的支付宝账号进行网络诈骗未免太过"愚蠢"。

其次，本案受害人并非是基于犯罪嫌疑人李某的诈骗行为而陷入错误认识，进而处分了自己的财产，而是受害者、犯罪嫌疑人均处于买卖外汇的统一认识中，受害人真实地处分了自己的财产，犯罪嫌疑人李某在买卖外汇的非法经营的主观动机下取得了涉案款项。犯罪嫌疑人李某虽有制作假的银行转账凭证的行为，但该行为目的是为了保证完成交易，其应属于非法买卖外汇行为中的欺诈行为，而欺诈并不等同于诈骗，因为此时李某无诈骗的主观动机，达不到诈骗罪犯罪构成的主客观相统一要求，因此只能认定为欺诈行为，而非诈骗行为。

再次，犯罪嫌疑人李某是否有非法占有他人财产的主观故意并不明确，其虽未将人民币退还给客户，但考虑到李某向客户提供实名认证的支付宝账户，且至本案案发时未转移、消费上述款项等行为，现有证据不足以认定其有非法占有他人财产的主观故意，不能排除其在时机成熟后兑换成澳元，主动支付给客户或者将人民币退还给客户的合理怀疑。

最后，退一步讲，即使认为犯罪嫌疑人有占有他人财产的主观故意，但根据本案事实发展经过，犯罪嫌疑人李某发生非法占有他人财物的故意也应是发生在其取得财物之后，但此时李某已经实际控制了涉案财物，无须再有诈骗他人财物的主观故意和实施诈骗行为。犯罪嫌疑人李某基于买卖外汇的非法经营行为取得财产后，即使再产生拒不退还、非法占有他人财产的主观故意，也应当认定为侵占。

为便于理解，辩护人现剖析诈骗罪的内在逻辑及犯罪嫌疑人李某的心路历程并展示如下：

诈骗罪的内在逻辑构成为：犯罪嫌疑人产生非法占有他人财产的主观诈骗故意—实施虚构事实或者隐瞒真相的诈骗行为—受害人产生错误认识—基于该错误认识处分了自身的财产—犯罪嫌疑人取得财产。

本案犯罪嫌疑人李某的心路历程及事实发展经过为：李某产生非法经营的主观动机—实施非法经营的宣传、沟通行为—受害人基于买卖外汇的认识处分财产—李某取得财产并占有—因春节假期等客观原因无法兑换澳元—删除好友，李某产生拒不退还，非法占有的主观动机—继续占有涉案财物。

由此可以清晰地看出，犯罪嫌疑人李某的心路历程是不符合诈骗罪的内在逻辑要求的。诈骗罪的构成要件要求犯罪嫌疑人需先产生诈骗的主观故意，然后在此主观状态的支配下实施诈骗行为取得财产，而本案的犯罪经过为犯罪嫌疑人李某先产生买卖外汇赚取手续费的非法经营动机，基于此主观状态下实施了宣传及联系行为并取得财产，犯罪嫌疑人并没有非法占有他人财物的主观故意。即使犯罪嫌疑人李某某产生了占有他人财物的故意，该占有故意也是发生在犯罪嫌疑人李某已经基于买卖外汇的行为取得财产之后，此时，其行为也仅是侵占他人财物拒不返还的行为，而非诈骗行为。买卖外汇的非法经营行为取得财产，及事后的拒不返还的侵占行为，两者虽有紧密联系，但两者相加并不等同于诈骗，若仅以前有"欺诈"行为，后有非法占有故意，将两者概括成为非法占有故意支配下的一种诈骗行为，而不去考虑犯罪嫌疑人前后内在主观动机的演变过程，这是违反罪刑法定原则及主客观相一致原则的。

【案件结果】

公安机关经与人民检察院多次通案讨论，认为本案定诈骗罪存疑，定性为非法经营罪定性更为合适，但达不到立案标准，故案件未移送人民检察院起诉。

【案例评析】

本案的争议焦点在于犯罪嫌疑人李某的非法占有他人财产的故意产生于取得财产之前还是取得财产之后。若李某一开始的动机就是为了非法占有他人财产，此后其实行的虚构外汇交易事实、制作虚假银行转账记录等所有行为均是为了非法占有他人财产实施的诈骗行为，此时，认定李某构成诈骗罪应当是没有争议的。若李某一开始的起意确实是非法经营，并在此起意下取得财产，截至此时，李某的行为应属于非法经营行为；后因客观原因无法兑付澳元，李某在已占有财产的情况下，又进一步产生了拒不退还、侵占的想法，此时，李某的行为属于侵占。虽然李某的非法经营行为与侵占行为之间存在紧密的联系，整体看似一个行为，且前有客观上实施了虚构事实的"欺诈"行为，后有拒不返还的行为，但此时不宜武断的综合评判认定其行为构成诈骗罪，而应仔细考虑李某内心的动机转化过程，根据其心路历程的不同，将其行为分割为不同主观状态支配下的两种不同的犯罪行为，分别予以认定。否则，若以后主观心态倒推评价前行为，不符合诈骗罪的内在逻辑要求，是违反了罪刑法定原则、主客观相一致原则的。

【结语和建议】

　　辩护人在进行辩护时应重视犯罪嫌疑人的主观动机是否前后一致，是否存在逐渐演变的过程，从而确认此罪与彼罪的界限，准确把握案件定性，找出对当事人最有利的辩护思路。

孙某涉嫌交通肇事罪案

◇　吉海清

律师简介

　　吉海清，江苏琼宇仁方律师所高级合伙人、高级律师。现为江苏省律师协会文化建设与宣传工作委员会委员、扬州市律师协会文化建设与宣传工作委员会主任、扬州市民事行政诉讼"两个专项"督查专家库成员。1996年开始执业。在20多年的律师职业中，参与数百起各类争议或案件的解决，因业绩优秀，先后受到区、市、省司法行政机关的多次表彰。

» 案例基本信息

案例类型：撤销案例

业务类型：刑事辩护

撤销案件时间：2014年8月

机关名称：某省某市公安局某分局

辩护律师姓名：吉海清

律师事务所名称：江苏琼宇仁方律师事务所

检索主题词：交通肇事重新鉴定；撤销案件

» 案例正文

【案情简介】

2013年12月26日17时45分左右，孙某驾驶苏KP××97轿车与驾驶非机动车的受害人姜某某发生交通事故，事故发生后，孙某驾车逃逸。2014年1月20日，在某市公安局交通巡逻警察支队一大队作出的扬公交认字〔2013〕第1131124号《道路交通事故认定书》中，认定孙某负事故全部责任，姜某某不负事故责任。姜某某因在此次交通事故中致右侧额颞叶脑挫裂伤伴内血肿、右侧额颞顶部硬膜下出血、左侧颞顶部硬膜外血肿（小于20毫升），江苏省苏北人民医院司法鉴定所（以下简称"司法鉴定所"）依据《人体重伤鉴定标准》第44条之规定，认定姜某某已构成重伤。因此，某市公安局某分局以孙某构成交通肇事罪向某市某区人民检察院移送起诉。

【辩护意见】

《最高人民法院、最高人民检察院、公安部、国家安全部、司法部关于发布〈人体损伤程度鉴定标准〉有关问题的公告》（法〔2014〕3号）已于2013年8月30日发布，《人体损伤程度鉴定标准》自2014年1月1日起施行。同时废止《人体重伤鉴定标准》。司法鉴定所的司法鉴定意见书出具时间为2014年1月6日，此时《人体损伤程度鉴定标准》已正式施行，根据"从新兼从轻原则"的刑法原则，应依法适用《人体损伤程度鉴定标准》对姜某某进行损伤评定。

经查，《人体损伤程度鉴定标准》比《人体重伤鉴定标准》（司发

［1990］070号）对重伤的认定标准更加规范和严格，就姜某某的伤情而言，适用《人体重伤鉴定标准》（司发［1990］070号）可能构成重伤，但适用《人体损伤程度鉴定标准》（法［2014］473号）可能不构成重伤。因此，辩护人依法向某市某区人民检察院提出对姜某某的伤情进行重新鉴定。某市某区人民检察院接受辩护人重新鉴定的意见，将案件退回公安机关。事后，公安机关再次委托司法鉴定所对姜某某的伤情进行重新鉴定，司法鉴定所依据《人体损伤程度鉴定标准》（法［2014］473号），作出姜某某伤情不构成重伤的认定。

【处理结果】

某市公安局某分局认定犯罪嫌疑人孙某不构成交通肇事罪，依法撤销了案件。受害人姜某某未提出异议。

【案例评析】

辩护人通过认真阅卷，注意到了《人体损伤程度鉴定标准》（法［2014］473号）与《人体重伤鉴定标准》（司发［1990］070号）关于颅脑损伤认定重伤的细小差别。《人体重伤鉴定标准》（司发［1990］070号）认定标准比较单一，颅脑损伤致成硬脑膜外血肿、硬脑膜下血肿或者脑内血肿即构成重伤。但《人体损伤程度鉴定标准》（法［2014］473号）对颅脑损伤采用复合性认定标准，不仅有颅脑损伤的后果，还有伴神经系统症状和体征才能认定重伤。结合姜某某受伤后就诊的病历记录、入院记录等医疗文书证据，没有发现其有呕吐、昏迷等体征。因此，辩护人有理由认为，对照《人体损伤程度鉴定标准》（法［2014］473号），姜某某的伤情尚达不到重伤标准。同时，辩护人发现司法鉴定机构适用的鉴定标准错误。基于以上理由提出重新鉴定申请，并得到检察院的支持。最终经重新鉴定，受害人姜某某的伤情不构成重伤。在此情形下，犯罪嫌疑人孙某不具备交通肇事罪的犯罪构成，依法未被追究刑事责任。

【结语与建议】

辩护人不但需对刑事法律、司法解释的规定了然于胸，对其他学科的专业知识也需要做一些必要的学习和储备。在办理涉及人身伤害后果的案件过程中，辩护人首先考虑的是能否推翻伤情鉴定或者改变伤情鉴定，绝对不要轻易相信司法鉴定机构的鉴定意见。如有合理怀疑，请教专家释疑。如确有必要，在开庭审理时，应依法申请专家证人出庭作证。